KB260749

심리학 노트에 쓴

행복이야기

심리학 노트에 쓴

행복이야기

초판 1쇄 인쇄 | 2010년 6월 5일
초판 1쇄 발행 | 2010년 6월 15일

지은이 | 이종목
발행인 | 황인욱
발행처 | 도서출판 오래

디자인 | 피앤피디자인(www.ibook4u.co.kr)
주   소 | 서울특별시 용산구 한강로2가 156-13
이메일 | ore@orebook.com
전   화 | (02)797-8786~7, 070-4109-9966
팩   스 | (02)797-9911
홈페이지 | www.orebook.com
출판신고번호 | 제302-2010-000029호

ISBN 978-89-964231-3-3(03100)

*책값은 뒤표지에 있습니다.
*잘못 만들어진 책은 구입하신 서점에서 교환해 드립니다.

심리학 노트에 쓴 행복 이야기

이종목 지음

새오래

무엇이 우리의 행복을 결정하는가?

인간은 행복하기 위해 물질적 풍요를 추구해왔다. 행복을 약속할 수 있는 돈만 풍부하면 끝없이 행복해질 것이라고 믿어왔기 때문이다. 그래서 그런 목표를 달성하기 위해 힘든 생존경쟁을 벌여왔다. 그런데도 부자가 되면 행복한가 하는 질문에 대한 지금까지의 정답은 "아니오"이다. 왜 그럴까?

첫 번째 이유는 '쾌락적응 현상'이 있기 때문이다. 더 많은 물질을 손에 넣어도 만족은 순간적이며 곧바로 부족함을 느끼기 시작한다. 요구했던 물질을 손에 넣는 순간에 바로 적응하게 되어 결국 원래의 행복수준으로 다시 내려가게 된다는 뜻이다. 사회에 진입하기 위해 무엇을 소유해야 하는가 하는 물질소유의 문제를 집중적으로 조명한 경제학자 애덤 스미스의 '국부론'은 이제 그 진가를 의심받게 되었다.

두 번째 이유는 '상대적 비교 현상'이 있기 때문이다. 누구나 다른 사람이 소유하지 않거나, 소유하고 있더라도 그들이 자기 것보다 못한 것을 소유했을 때 행복해한다. 그리고 자기가 아무리 좋은 것을 가지고 있더라도 이웃이 그것을 가지고 있다면 행복감은 다시 원래의 수준으로 되돌아간다. 다시 말하면 자신이 얼마나 많은 물질을 소유했는가 하는 물질소유의 '절대성'보다는 주위 사람들보다 얼마나 더 많이 가지고 있는가 하는 '상대성'에 따라 우리의 행복이 결정된다는 뜻이다.

2000년대에 들어서 심리학, 사회학, 경제학을 포함한 사회과학자들은 어떤 요인들이 우리의 행복을 결정하는가 하는 문제를 밝혀내기 시작했다. 이들의 연구결과에 의하면 우리의 행복은 '환경'에 의해서 10퍼센트가 결정되고, '유전'에 의해서 50퍼센트가 결정되며, 자기 자신의 '의도적인 활동'에 의해서 40퍼센트가 결정된다고 한다. 우리 인간은 대체로 이러한 비율로 행복에 대한 설정값이 사전에 정해 있다는 것이다.

다시 말하면 삶의 환경이나 조건이 아무리 좋아져도 그 사람의 행복수준은 단지 10퍼센트 정도만 달라진다. 따라서 그간 경제학자나 통계학자들이 행복지수로 관심을 보였던 낡은 '국민총생산(GNP)'이라는 개념 대신에 '국민행복지수'라는 개념이 보다 설득력 있는 척도로 자리를 잡아야 한다.

생물적·유전적 특질은 우리의 행복을 50퍼센트까지 설명한다. 유

전적 형질이 같은 100명에게 마술지팡이를 휘둘러 이들의 행복수준
을 아무리 바꾸려 해도 50퍼센트까지는 바꿀 수 없는 부분이 있다는
뜻이다. 그러나 이러한 유전적 특질의 개인차는 그리 크지 않다.

다양한 환경의 영향력과 유전적인 배경을 고려하더라도 여전히 사
람마다 느끼는 행복의 차이를 설명할 수 있는 부분이 40퍼센트 남아
있는데, 그것은 개인들이 선택하는 의도적인 활동이다. 유전적 배경
에 대한 개인차가 크지 않고, 환경적 조건의 영향력이 10퍼센트 정도
라면, 개인이 향유할 수 있는 행복의 개인차는 결국 개인들의 의도적
인 활동에 의해서 결정된다.

그런데 우리는 왜 행복해야 할 세 번째 목표를 잊어버린 채 끝없이
물질만을 숭상하는 이른바 물질 제일주의 생활을 하고 있는가? 이 문
제의 근본 이유를 밝히려면 인간의 생물학적·진화론적 특성을 이해
해야 한다. 인간도 다른 동식물과 마찬가지로 생존을 위해 먹을거리
를 확보해야 하며, 후손을 번식하기 위해 최상의 성적 파트너를 확보
해야 한다. 강력한 이 두 가지 기본 욕구는 인간에게도 매우 중요하다.

인간은 이 두 가지 욕구를 성공적으로 해결하기 위해 언제나 이기
적이고 공격적이며, 배타적이고 부정적인 태도로 의심하는 생활을 해
왔고, 이런 생활방식은 지금까지도 우리에게 유전이라는 형식으로 전
해 내려오고 있다. 결국 인간은 동물적인 기본욕구를 충족시키기 위
해 온 힘을 다하는 생활방식을 채택하게 되어 인간에게만 주어진 '행
복한 삶'을 추구하려는 생활방식에는 별다른 관심을 갖지 않게 되었
다. 두 가지 기본 욕구만 충족하게 되면 행복은 저절로 굴러들어온다

고 착각하면서 살아왔다는 설명이 더 타당할지 모른다.

지금까지의 연구결과에 의하면 아무리 많은 부를 축적하고, 높은 지위에 오르고, 아름다운 여인과 생활한다 하더라도 그들의 행복수준은 여전히 별것이 아니라는 점에는 이의가 없다. 돈이 많고 지위가 높은 남자에게는 아름다운 여인이 줄을 서겠지만, 그것만으로 행복할 수는 없다. 세계 400대 부자와 아프리카 마사이족의 행복수준이 똑같다는 연구결과가 이를 입증한다.

우리는 지금 두 개의 길이 나란히 평행선을 그으며 뻗어가는 시대에 살고 있는 듯하다. 한쪽 길에서는 삶의 목표로 최고의 자리를 차지하고 있는 부와 재산의 힘에 대해 의문을 제기하고, 또 다른 길에서는 돈과 이익을 쟁탈하려는 싸움이 갈수록 격해지고 있다. 역사적으로 본다면 우리는 일종의 경제적 산꼭대기에 올라서 있는 셈이다.

이제부터 우리는 삶의 방식을 개선하여 행복의 길로 방향을 바꾸어야 한다. 인간은 동식물과 다른 두뇌와 감정이 있다. 그래서 인간은 동물과는 다른 이타적 행동을 할 수 있다. 개인적(이기적) 특성보다는 타인을 배려하며 타인지향적인 특성을 발휘할 때 더 큰 삶의 만족감이나 행복감을 느낀다.

두뇌와 감정은 인간이 환경에 소극적으로 적응하도록 방치하지 않는다. 두뇌와 감정은 생존욕과 번식욕에 안주하지 않도록 한다. 자연환경에 적극적으로 대처하는 능력과 기능을 발휘하여 진화론적으로 이기적인 인간의 특성을 버리고 이타적인 특성을 발휘하도록 해준다.

인간은 스스로 이타적 특성이 우세하도록 하는 여러 가지 방안을 강구한다. 즉 각종 사회제도와 문화를 발전시켜 이기적 특성을 배제하거나 처벌하여 이타적 특성이 진화하도록 유도한다.

우리가 비록 어두운 측면으로 눈을 돌려 인간은 기본적으로 이기적인 존재라고 가정한다 하더라도 우리의 의식적인 선견능력, 즉 상상력을 통해 이기적 행동에서 우리를 구출하는 능력이 있다고 전제해야 한다. 다시 말하면 적어도 우리에게는 단순히 눈앞의 이기적 이익보다는 오히려 장기적인 이익을 위해 행동할 수 있는 지적 능력을 가지고 있다.

그러나 이러한 각종 사회제도와 특정 문화가 인간을 행복하게 해주는 데는 전제조건이 있다. 이기적 행동을 이타적 행동으로 바꾸는 데는 고통스러운 연습과 훈련과 노력이 있어야 한다. 행복은 가만히 앉아서 향유하는 것이 아니다. 행복은 쟁취하는 것이다. 우리가 훌륭한 피아니스트가 되거나 뛰어난 스포츠맨이 되기 위해서 피와 땀을 흘려야 하는 것처럼 그러한 인내와 반복이 필요하다.

1년 전에 『행복을 만드는 심리학 이야기』라는 책을 출판한 적이 있다. 그런데 주변에서 이 책의 내용을 조금 더 요약·정리해서 다시 쓰기를 바라는 사람이 많아 책으로 출간하게 되었다. 원고를 다시 쓰는 김에 그 책에서 다루지 않았던 인간의 유전적 특성을 좀 더 첨가했다. 심혈을 다해 정성껏 썼지만 미흡한 점이 한두 군데가 아니다. 그간 함께한 동학과 후학들의 정성어린 지도를 바란다.

다만 내가 바라는 것은, 독자들이 이 책을 통해서 진정한 행복이 무엇인지 이해하고, 행복한 삶을 위해 우리가 취해야 할 의도적인 행동의 방향이 무엇인지 탐색하는 과정에서 길라잡이로 활용하는 데 작은 도움이 되었으면 하는 것뿐이다.

이 책을 정성스럽게 꾸며 출판해준 도서출판 오래의 황인욱 사장님과 직원들에게 감사의 인사를 전한다. 끝으로 사랑하는 손자 준하와 손녀 윤하, 그리고 이제 갓 태어난 손녀 윤주가 행복하게 자라기를 기원한다.

설봉(雪峰) 이종목

행복은 우리의 마음속에 있다

지구 상에 존재하는 모든 식물과 동물들은 태어나서 죽을 때까지 생명체로서 해야 할 최소한의 두 가지 의무가 있다. 첫째는 생존해야 할 의무다. 자신의 신체를 건강하게 유지하기 위해 적절하고 왕성한 먹을거리 활동을 해야 한다. 그래서 유전적으로 결정된 범위 내에서 수명을 다해야 한다. 둘째는 후손을 번식해야 할 의무다. 식물이든 동물이든 살아 있는 동안에 자신의 유전자를 닮은 후손을 세상에 남겨 놓아야 한다. 그래야 지구 상에 자신을 닮은 후손이 계속해서 생존하게 될 것이다.

앞에서 말한 두 가지 의무는 당연히 인간에게도 적용된다. 그런데 동식물과는 다르게 인간만이 갖게 되는 특별한 세 번째 의무가 있다. 그것은 바로 수명을 다할 때까지 행복하게 살아가는 것이다. 캘리포니아 대학 심리학과의 류보머스키(Lybomirsky) 교수는 이제까지 행복에 대해 논의해왔던 이론을 정리하여 행복을 결정하는 요인들을 다음의 도표와 같이 설명한다. 그녀가 제시한 이 가설은 행복을 설명하는 이론가들에게 절대적인 지지를 받고 있다.

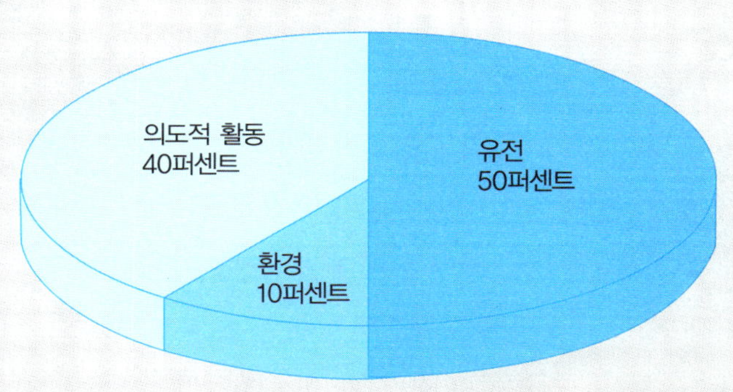

도표의 왼쪽 맨 아랫부분은 환경적 요인에 관한 것이다. 아마도 우리의 직관적 판단과 가장 어긋나는 사실은 '삶의 환경이나 조건'의 차이가 행복의 수준을 단 10퍼센트 정도밖에 좌우하지 못한다는 점일 것이다. '부자인지 가난한지, 건강한지 건강하지 못한지, 아름다운지 수수한지, 결혼했는지 이혼했는지'와 같은 여건이 행복에 미치는 영향력은 단지 10퍼센트에 불과하다. 마술지팡이를 휘둘러서 영화관에 있는 관중 100명을 같은 집, 같은 배우자, 같은 출생지, 같은 얼굴, 같은 고통을 가지도록 만들어도 그들이 느끼는 행복수준의 격차를 겨우 10퍼센트 정도만 말할 수 있다는 뜻이다.

　도표의 오른쪽 부분은 유전적으로 결정되는 요소로서, 이 요인은 사람들마다 행복수준이 제각기 다른 이유를 50퍼센트까지 설명할 수 있다. 쌍둥이 연구를 통해서 이런 주장이 입증되고 있다. 사람마다 생물학적인 엄마, 아빠 또는 두 사람 모두로부터 물려받은 행복의 유전적 기질, 즉 행복의 기본 기준(잠재력)을 가지고 태어난다고 결론짓고 있다. 살아가면서 심각한 역경이나 큰 행복의 도약을 겪더라도 결국은 유전적인 기본 수준으로 회귀할 수밖에 없다는 주장이다.

　이 말은 만약 마술지팡이를 휘둘러서 영화관에 있는 100명의 관중을 같은 형질의 유전자를 가진 복제인간으로 만든다고 하더라도 그 사람들 간의 행복수준의 차이를 최대 50퍼센트밖에 설명할 수 없다는 뜻이다. 행복의 설정값은 사람에 따라 높을 수도, 낮을 수도 또는 그 중간 정도일 수도 있지만 개인 간의 차이는 다른 요인에 비해 크지 않다.

　이러한 주장은 영국 에든버러 대학 웨이스 교수의 연구를 통해서도 다시 확인되었다. 유전자가 동일한 일란성 쌍둥이와 유전자가 다른 이란성 쌍둥이 900쌍을 대상으로 성격과 유전자를 분석한 결과 유전자가 행복과 관련된 성격 특징에 50퍼센트 정도 영향을 미친다는 사실을 확인했다.

　다시 도표를 보자. 모든 사람이 일란성 쌍둥이고 동일한 삶의 환경에 처해 있더라도 사람마다 행복의 수준은 여전히 다르다. 즉 우리가 어떤 사람인지를 규정하는 유전적으로 결정된 특성과 우리에게 다가

오는 복잡하고 다양한 환경을 고려하더라도 여전히 사람마다 느끼는 행복수준의 차이 중에서 40퍼센트는 해명이 필요하다.

이 40퍼센트를 구성하는 것은 무엇일까? 유전자와 환경 이외에도 한 가지 중요한 요소가 남아 있는데, 그것은 바로 우리가 취하는 '의도적 활동'이다. 그렇기 때문에 행복해지는 길은 유전적인 성향을 바꾸거나(사실 그건 불가능하다), 부와 신체적 매력이나 뛰어난 학벌을 추구하는 것과 같은 환경을 변화시키는 것이(이는 대체로 비현실적이다) 아니라, '의도적으로 행하는 일상의 활동'에 달렸다. 즉 스스로의 노력이나 연습을 통해 행복감을 향상시킬 수 있는 여지가 40퍼센트 정도나 있다는 뜻이다.

우리에게 주어진 기회는 일상의 행동과 사고방식을 통해 행복수준을 높이거나 낮출 수 있는 범위가 40퍼센트 정도 된다는 계산이다. 매우 행복한 사람들이 자연스럽게, 그리고 습관적으로 하는 행동과 생각들을 잘 살펴보고 연습하면 우리도 지금보다 훨씬 더 행복해질 수 있다.

따라서 저자 본인도 이러한 이론에 따라 행복을 논하려 한다. 이 책은 크게 3장으로 나누어져 있다.

'1장'에서는 행복의 10퍼센트를 결정하는 환경적 요인에 대해서 알아보았다. 특히 여러 연구결과를 통해 경제적 부를 상징하는 물질(돈)이 얼마나 행복을 약속하는지 검증해보았고, 왜 물질이 우리를 행복하게 해주지 못하는지 그 이유를 다루었다. 부수적으로 행복을 결정하는 환경적 요인으로 신체적 외모, 사회적 지위, 결혼, 그리고 뜻밖의 횡재가 우리의 행복을 어떻게 규정하고 결정하는가 하는 문제를 다루었다.

'2장'에서는 행복의 50퍼센트를 결정하는 유전적 요인에 대해 알아보았다. 여기서는 유전과 행복의 문제를 다루기에 앞서 인간의 사고과정과 행동이 도대체 어떻게 진화되어 왔는가 하는 문제를 생물학적·진화론적 입장에서 조명해보았다. 특히 남을 위한 이타적인 사고와 행동이 얼마나 되는지 알아보았다. 행복은 나만의 이기적 권리가 아니기 때문이다. 그래서 인간이 이기적인 특성만 지니고 태어났는지 아니면 이타적인 특성도 지니고 태어났는지 알아보았다. 그런 다음에 유전이 우리의 행복을 얼마나 지배하는가 하는 문제를 다루었다.

마지막으로 '3장'에서는 우리의 행복을 40퍼센트 정도 결정하는 의도적 활동에 대해 설명했다. 모두 12가지 활동을 소개했는데, 직접적인 행복추구 활동 6가지, 간접적인 행복추구 활동 6가지를 설명했다. '직접적인 행복추구 활동'으로 낙관적 태도, 합리적 목표 설정, 몰입체험, 유머러스한 생활, 돈독한 인간관계, 그리고 운동에 대해서 설명했다. 그리고 '간접적인 행복추구 활동'으로 친절과 감사, 용서하는 생활, 과도한 비교 회피, 느린 삶의 향유, 스트레스 관리, 그리고 종교생활 등 우리가 연습하면서 의도적으로 활동함으로써 행복을 만들어낼 수 있는 지혜로운 삶의 방법을 설명했다.

이와 같이 행복은 부나 신체적 매력과 같은 환경을 변화시키거나 자신의 유전적 성향을 바꾸는 것이 아니라 각 개인들이 의도적으로 선택해서 행하는 일상의 활동에 의해서 결정된다. 지속적으로 의도적인 활동을 연습함으로써 행복을 향상시킬 수 있는 여지가 40퍼센트나 된다는 뜻이다. 의도적인 활동은 나의 마음(정신)에 따라 달라지기 때문에 결국 마음먹기에 따라 행복이 결정된다. 이는 동의보감에 나오는 화엄경의 주요 사상인 일체유심조(一切唯心造), 즉 "세상사 모든 일은 마음먹기에 달렸다"는 의미와 상통하는 말이며, 그러므로 행복도 마음먹기에 달렸다는 뜻인 유심조행복(唯心造幸福)이라 말할 수 있다.

차례

들어가는 말 • 04

이 책을 읽기 전에 • 10

1장 행복의 10퍼센트를 결정하는 **환경**

물질이 풍요로우면 행복한가? • 20

물질이 우리를 행복하게 해줄 수 없는 이유 • 32

우리는 왜 물질을 과대평가하는가? • 46

기타 환경요인들 • 65

2장 행복의 50퍼센트를 결정하는 **유전** 

진화는 1만 년 전에 멈추었다 • 96

성차는 원인이 아니라 결과다 • 103

남성 뇌의 이점과 여성 뇌의 이점 • 116

남자는 섹시한 여자를 좋아한다 • 126

인간은 이기적인 동물인가? • 139

유전과 행복 • 160

3장 행복의 40퍼센트를 결정하는 의도적인 활동

우리는 행복할 수 있는가? • 172

직접적인 행복추구 활동 • 185

간접적인 행복추구 활동 • 236

참고문헌 • 270

물질이 풍요로우면 행복한가? / 물질이 우리를 행복하게 해줄 수 없는 이유 / 우리는 왜 물질을 과대평가하는가 / 기타 환경요인들

행복의 10퍼센트를 결정하는 환경

물질이 풍요로우면
행복한가?

침팬지는 가끔 동물을 사냥한다. 사냥은 주로 수컷들로 이루어진 무리가 담당하는 집단 활동이다. 침팬지가 이런 사냥을 하는 목적은 동료들로부터 강력한 힘을 과시하고 좋은 평판을 얻기 위한 것도 있지만, 가장 중요한 목적은 교미를 위한 것이다. 좀 더 정확한 예측 기준은 무리 속에 발정 난 암컷이 있는가 없는가이다. 무리 속에 발정 난 암컷이 있으면 수컷들은 반드시 사냥을 한다. 사냥감으로 작은 원숭이를 잡으면 수컷들은 우선 자신의 몫에서 일부를 떼어 발정이 난 암컷에게 준다. 이때 참으로 놀랍게도 암컷은 고기를 가장 후하게 준 수컷과 교미할 확률이 제일 높다.

인류학자들은 최초의 유인원인 오스트랄로피테쿠스도 다수의 남성이 다수의 여성을 공유하고 서로 차지하기 위해 경쟁하는 침팬지와 같은 사회를 이루고 살았다고 추정한다. 인류 수렵행위의 기본 목적은 먹을거리 확보에 있지만, 부수적으로 고기와 섹스를 교환하기 위해 사냥하기도 했을 것이다. 불쾌하게 생각할지 모르지만 현대의 수렵채집인을 보더라도 이는 상당 부분 진실이다. 난교가 흔한 부족일수록 남성들은 육류 사냥에 많은 시간을 할애한다는 사실이 밝혀졌다.

육류를 좋아하는 사람이 채식을 좋아하는 사람보다 섹스에 관심이 더 많을 것이라는 예상은 크게 틀리지 않다. 그렇다면 채식문화에서 살아온 동양인보다 육식문화에 익숙한 서양인에게는 행복의 중요 요인으로 섹스를 지목하는 것도 무리는 아닐 것이다. 실제로 서양인들은 섹스를 행복의 가장 중요 요인으로 생각하고 있음이 확인되었다.

인간이 더욱 더 덩치 큰 짐승 사냥에 집착하는 이유에 관한 열쇠가 여기에 있는 것 같다. 포획의 성공도가 더 높은 작은 짐승을 포기하고 여러 사람이 공유할 수 있는 큰 짐승을 쫓아다니는 것이 전 세계 인간 남성의 공통점이다. 고기를 획득함으로써 성교의 기회를 잡으려는 이러한 성향이 현대 남성의 본능 속에도 남아 있다고 가정하는 것은 큰 무리가 없을 것이다. 사냥한 짐승은 섹스라는 특별한 화폐가치로 거래가 이루어지게 된다.

경제적 능력이 곧 힘이다

인간도 다른 동식물과 같이 자신의 유전자를 세상에 널리 퍼뜨리고 싶어 한다. 그러려면 일단 자식을 많이 두어야 하는데, 이것은 내가 일생 경제적으로 얼마나 좋은 성과를 거두는가에 달렸다. 그런 기회는 큰 짐승의 사냥으로부터 얻어질 것이다. 이것이 오늘날의 화폐, 즉 경제적 능력이다. 자신의 후손을 번식하기 위해 경제적 능력으로 자신을 과시하는 것이 오늘날의 경제활동이다.

수렵채집 생활에서 농경생활, 산업혁명을 통한 산업사회, 그리고 오늘날의 후기산업사회에서도 자손을 가능한 한 많이 낳으려는 이러한 유전적 특질은 여전히 유효하다. 수렵채집 생활에서는 힘이 강한 사냥꾼이, 농경생활에서는 여러 가지 기후조건을 잘 이해하고 효율적으로 대처하는 농사꾼이 그런 기회를 더 많이 가졌을 것이고, 산업사회에서는 소비자들의 소비심리를 정확히 파악할 수 있는 지적 능력이 우수한 사람에게 그런 번식의 기회가 더 많을 것이다. 오늘날과 같은 후기산업사회에서는 정보처리 능력이 우수한 사람을 가장 높게 평가하며, 자연히 그런 사람이 후손 번식의 기회가 가장 좋을 것이다.

서구인들이 산업혁명을 통해 물질적으로 얼마나 풍요로운 생활을 하고 있는지 한번 살펴보기로 하자. 미국에는 플라이-인(fly-in)이라는 비행기 전용식당이 1,000여 곳에서 성업 중이다. 그러나 아직은 비행기에서 주문한 음식을 내리지 않고 바로 받을 수 있는 플라이-스루(fly-through) 식당은 없다. 가까운 미래에 가능할 것이다. 중요한 것은 이 식당에 내리는 비행기가 엄청난 부자의 개인 비행기가 아니라는 점이다. 농부, 유전에서 일하는 노동자, 전문직 종사자와 그 밖의 중산층이 소유한, 엔진 하나 또는 두 개짜리 프로펠러 비행기가 이곳을 이용한다. 수수한 비행기 한 대를 소유하고 신선한 요리 한 접시를 위해 기꺼이 100달러를 쓸 여유가 있는 사람들이면 누구나 이런 생활을 즐길 수 있다.

활주로를 끼고 플라이-인 주택단지도 생겨나고 있다. 플로리다 주 근처의 1,200채는 활주로와 연결하는 약 23킬로미터의 유도로를 자랑하는 플라이-인 주택단지다. 활주로에 착륙한 비행기는 유도로를 통해 집 앞까지 갈 수 있다. 데이트 상대를 데리러간 10대 조종사들은 친구 집 현관 앞에 비행기를 세울 수 있다.

골프주택 단지인 파우더 혼(powder-horn)은 30만 달러 정도에 살 수 있다. 이런 것들과 다른 비싼 물건들의 마케팅 대상은 이제 상류층이 아닌 중류층으로까지 확산되고 있다.

2000년 미국 인구조사에서 나온 몇 가지 통계자료를 보면 미국 가정의 약 23퍼센트는 적어도 7만 5,000달러 이상의 소득을 얻고 있다. 이는 생활수준 면에서 중상층이 6,300만 명에 이른다는 뜻이다. 1890년 당시에는 1퍼센트 이하가 이 정도의 소득이었는데, 지금은 당시의 전체 인구보다 더 많은 6,300만 명이 물질적인 면에서 높은 수준의 생활을 영위하고 있다. 조만간 면허증 소지자 수보다 자동차 수가 더 많아질 것이다.

갤브레이스는 미국이 이미 1958년에 물질적으로 최고점에 이르렀다고 주장한다. 그가 미국은 더 이상 풍요로워질 수 없을 것이라고 선포한 지 한 세대가 지난 지금 미국 내 평균 실질소득은 두 배 이상 증가했다. 미국의 인류학자 올슨은 오늘날의 미국과 유럽연합의 중산층과 상류층은 지금까지 존재했던 현생 인류 800억 명의 99.4퍼센트보다 더 잘 살고 있다고 추산한다. 역사에 기록된 대부분의 왕족보다도 더 잘 산다고 말할 수 있다. 우리가 오늘날 누리는 물질적인 안락함의 수준은 반세기 전의 상위 5퍼센트 이내에 드는 사람들이 누리던 부의 수준과 같다.

물질적 풍요 = 행복수준?

여기까지 읽은 독자들은 아직도 행복의 열쇠는 분명 경제적 부에 있다는 데 동의할 것이다. 그런데 놀라운 사실은 이 같이 높은 생활수준을 영위하고 있지만 이런 생활이 전혀 행복을 보장하지 못한다는 점이다. 1950년에 미국인의 약 60퍼센트가 스스로를 "행복하다"고 평가했는데, 이 수치는 이후 약간의 변동은 있었지만 별로 변하지 않았다. 스스로를 "매우 행복하다"고 말한 비율도 1950년대에 약 7.5퍼센트에서 오늘날 약 6퍼센트로 오히려 줄어들었다. 마이어스가 2007년에 미국인을 대상으로 한 연구에서도 이러한 결과가 입증되었다.

다음의 그림은 1950년대부터 2000년대에 이르는 기간 동안 미국인들의 소득은 3배 이상 증가했지만 행복수준은 거의 증가하지 않았음을 보여주는 실질적인 자료이다.

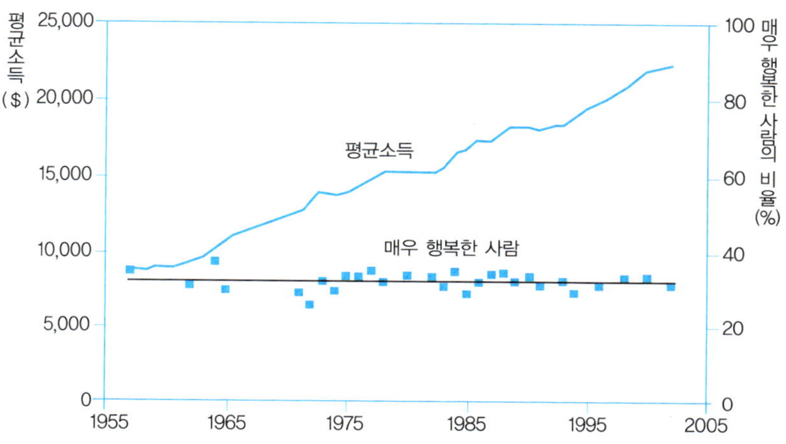

삶 전반에 걸친 만족도에 대해 1940년의 미국인들은 10점 만점에 7.5 정도의 점수를 얻을 정도로 "매우 행복하다"고 대답했다. 그런데 오늘날 미국인의 경제적 수준이 풍요로움의 극치에 달했음에도 불구하고 그들의 행복 점수는 오히려 감소하여 7.2점에 그치고 있다. 제2차 세계대전이 끝난 후 미국인, 영국인과 일본인들이 느끼는 삶의 만족은 거의 변함이 없는 것으로 조사되었다. 그들의 실제 소득은 두 배 이상이나 증가했는데도 말이다.

우리는 분명 물질적인 면에서 예전보다 훨씬 더 부유해졌지만 그럼에도 불구하고 그만큼 더 행복해하지 않는다. 오히려 우울증세를 호소하는 환자들이 더 늘고 있다는 사실이 의아하다. 경제력과 행복과는 도대체 어떤 관계가 있는 것일까? 일리노이 대학교 심리학자인

디너는 행복에 관한 연구를 통해 경제적인 소득은 행복감을 일정 수준까지만 올려준다는 사실을 밝혀냈다. 이를 구체적으로 살펴보면 다음과 같다.

1 가난은 사람들을 불행하게 만든다. 하지만 돈이 있다고 행복해지는 것은 아니다.

2 나이 든 사람이 젊은이들보다 더 행복하다. 나이가 들면서 행복을 더 느끼는 경향이 있다. 젊은 층보다 나이 든 층에서 행복감을 더 느낀다는 사실은 청년이 인생의 전성기라는 일반적인 가정과 상반된 결과다. 젊은이들의 마음은 성취하고 싶은 목표와 소유하지 못한 물질로 가득 차 있다. 반면 나이가 든 사람들은 대부분 원하는 것을 이뤘거나 결코 성취할 수 없다는 사실을 받아들여 마음의 평화를 얻었기 때문에 행복을 느낀다.

3 장애인이나 만성질환자들이 항상 일반인들보다 더 불행하지는 않다. 오히려 조금 더 많은 행복감을 느낄 수도 있다. 자신에게 주어진 삶의 의미를 더욱 소중하게 여기기 때문이다.

4 미국인의 심리적 가치관은 긍정적이긴 하지만 아주 미미한 정도에 그치고 있다. 미국인의 평균점수는 '약간 만족함'이라는 범위에 속해 있는 정도다.

그의 연구결과에 따르면 소득이 올라가기 시작하면 행복감도 따라서 올라가지만, 일정수준까지만 그렇다는 것을 알 수 있다. 즉 빈곤층에서 중산층으로 올라가면서 주택과 상당한 재정적인 안정을 얻게 되면 행복도는 현저하게 증가한다. 하지만 일단 중산층에 도달하면 돈은 행복과 분리되고 둘은 별다른 관계가 없게 된다.

이러한 디너의 연구결과를 입증하는 부가적인 연구결과 몇 가지를 좀 더 살펴보기로 하겠다. 행복에 관한 본격적인 연구가 이루어지기 시작한 1967년에 윌슨 등은 40여 개 국가에서 나라별로 1,000명씩 참가하는 생활만족도를 비교, 연구했다. 미국의 구매력을 100으로 하여 조사한 결과는 다음과 같다.

■ 각국의 구매력 대비 생활만족도 비교

국가	생활만족도	구매력	국가	생활만족도	구매력
불가리아	5.03	22	독일	7.22	89
러시아	5.37	27	아르헨티나	7.25	25
벨라루스	5.52	30	중국	7.29	9
라트비아	5.70	20	이탈리아	7.30	77
루마니아	5.88	12	브라질	7.38	23
에스토니아	6.00	27	칠레	7.55	35
리투아니아	6.01	16	노르웨이	7.68	78
헝가리	6.03	25	핀란드	7.68	69
터키	6.41	22	미국	7.33	100
일본	6.53	87	네덜란드	7.77	76
나이지리아	6.59	6	아일랜드	7.88	52
한국	6.69	39	캐나다	7.89	85
인도	6.70	5	덴마크	8.16	81
포르투갈	7.07	44	스위스	8.36	96
스페인	7.15	57			

조사 당시 40개 국가 중에서 중국, 인도, 나이지리아는 매우 가난했지만 국민의 생활만족도는 상당히 높게 나타났고, 반면에 일본은 부유하면서도 국민들의 생활만족도가 비교적 낮게 나타나는 이례적인 현상을 보이고 있다. 이런 결과는 조사 이후 40여 년이 흐른 뒤에도 마찬가지다.

현재 미국, 프랑스, 일본 등의 구매력은 다른 나라에 비해 두 배가 넘지만 생활만족도에서는 큰 차이가 없다. 가난이 생존 자체를 위협하는 극빈 국가에서는 부가 행복을 예측하는 분명한 잣대로 작용한다. 그러나 기본적인 사회안전망이 비교적 잘 되어 있는 선진 국가에서는 부의 증가가 행복에 미치는 영향은 무시해도 좋을 만큼 하찮다. 미국 경제전문지 「포브스」가 선정한 100대 갑부는 평균 순수입이 1억 2,500만 달러에 달하는 어마어마한 부자들이지만 그들의 행복도는 일반 시민보다 약간 더 높을 뿐이다.

빈호벤과 빌렌브룩의 연구결과에 의하면 돈과 행복이 분리되는 마법의 숫자는 1인당 연간 1만 달러라고 한다. 국민의 행복과 소득 간의 관계는 1인당 연소득 1만 달러 지점에서 상승세가 멈추고 그 후로는 매우 분명한 수확체감의 패턴을 나타내게 된다. 행복수준은 돈의 절대적 액수보다는 상대적 수준에 의해 영향을 받는다는 점을 암시하고 있다.

세계 각국의 1인당 GNP와 행복도와의 관계를 알기 쉽게 도표화한 그림은 다음과 같다. 이 자료는 1995년에 발표된 자료로서 각국의 소득기준은 달러로 계산했으며, 행복도는 백분율로 표시되어 있다. 이

도표를 보면 1인당 연간 소득 1만 달러까지는 행복도가 가파르게 상
승하지만 그 이후로는 행복도가 소득과 비례하지 않음을 알 수 있다.
국가의 1인당 GDP는 국민의 행복과 대체로 .50의 상관을 보이는 것
으로 보고되고 있다.

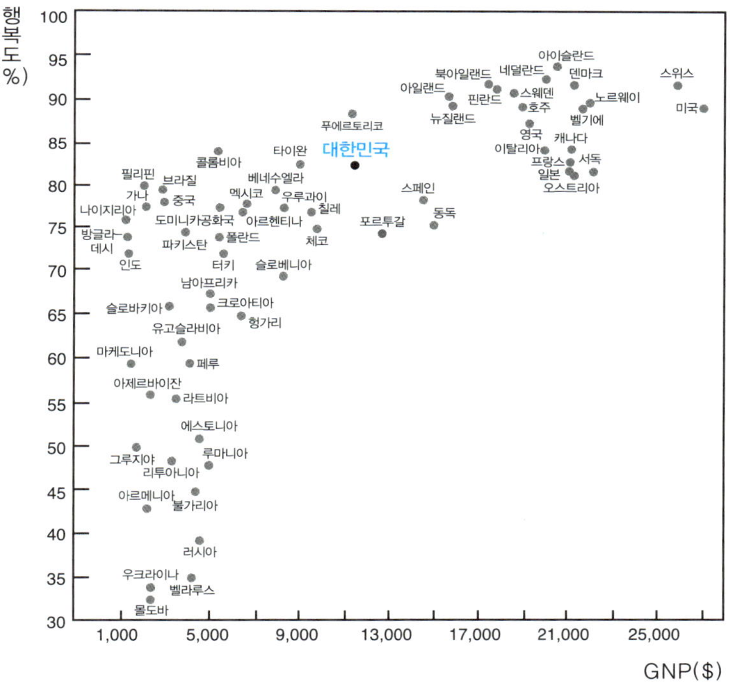

■ 국가별 1인당 GNP와 행복수준 간의 관계

한국의 경우도 마찬가지다. 한국의 1인당 국민소득에 대한 통계는
1953년부터 발표되었다. 발표 당시 한국의 1인당 국민소득은 겨우

67달러에 불과했다. 아프리카의 나이지리아(150달러)나 케냐(129달러)보다도 못했고, 홍콩(470달러), 멕시코(562달러), 아르헨티나(907달러)는 희망의 나라였다. 그러나 1960년대 이후 '한강의 기적'이라 불리는 초고속 압축형 산업화 정책을 통해 한국은 급격한 경제발전을 이루어냈다. 지금 한국은 세계 경제규모 10위권의 문턱까지 치고 올라온 초고속 산업사회 국가가 되었고, 1인당 국민소득도 거의 2만 달러에 달하고 있다. 50여 년 만에 약 300배의 경제적 성장을 이룩한 것이다.

한국은 국토면적이 세계의 0.07퍼센트에 불과하고, 인구 역시 세계 인구의 0.7퍼센트에 불과한 작은 나라이지만 경제력은 세계 10위권에 있다. 올림픽 성적도 5~10위권에 드는 스포츠 강국이다. 국가별 지능지수로 보면 세계에서 가장 두뇌가 좋은 국가에 속해 있으며, 기대수명도 80세가 넘는 세계 20위권의 장수 국가가 되었다.

이처럼 경제적으로 잘 살게 되었고, 세계에서 가장 머리가 좋고, 장수하는 국가가 되었음에도 불구하고 한국인들은 현재의 생활이 상당히 불행하다고 생각한다. 최근의 통계자료에 의하면 자신의 소득에 만족하는 사람은 10명 중 고작 1명에 불과했다.

영국 레세스터 대학의 화이트 교수는 세계 178개국을 대상으로 각국의 행복지수를 조사하여 2007년에 발표한 바 있다. 건강, 경제적 부와 교육 등 세 가지 요소를 토대로 조사한 결과 덴마크가 1위를 차지했으며, 스위스, 오스트리아, 아이슬란드, 바하마, 핀란드, 스웨덴, 부탄 등이 그 뒤를 이었다.

여기에서 주의 깊게 볼 것은 미국이 23위이며, 중국이 82위, 일본이 90위, 그리고 한국이 102위를 차지했다는 사실이다. 1인당 GDP 가 겨우 1,400달러인 히말라야의 작은 나라 부탄이 8위에 올라 있고, 3만 1,500달러인 경제대국 일본이 90위에 머물러 있다는 사실, 그리 고 세계 10위권의 경제 강국으로 부상한 한국이 겨우 102위라는 초라 한 성적표를 받아들었다는 사실은 정말로 아이러니하고 이해할 수 없 는 통계다.

지금까지 살펴본 바에 따르면 우리의 삶에서 일어나는 중요한 환 경적 사건, 특히 경제력이 각자에게 의미가 있긴 하지만, 그러한 사건 이 사실상 행복의 아주 작은 부분만을 결정한다는 사실이 입증되었 다. 믿기 어렵겠지만 최고급 외국 자동차를 타든 고물 트럭을 타든, 젊고 늙든, 주름살을 제거하는 성형수술을 받았든 그냥 태어난 얼굴 그대로 지내든, 복잡한 도시에서 생활하든 깊은 산속에서 생활하든, 그런 것들이 당신의 현재 행복수준이나 앞으로의 행복수준에 별다른 영향을 미치지 못한다는 것이다.

억만장자 폴 게티가 말하는 것처럼 "돈이 없는 사람은 항상 돈을 생각하고, 돈이 있는 사람은 오로지 돈만 생각"한다. 그래서 돈은 어 떻게든 기이한 방식으로 사람들의 성격을 파괴하거나, 아니면 아예 덜 행복하도록 만든다. 오늘날의 경제생활이 과거의 경제생활과는 비 교가 되지 않을 정도로 윤택해졌는데도 우리의 행복감이 더 줄어든 이유를 도대체 어떻게 이해해야 하는가?

물질이 우리를
행복하게 해줄 수 없는 이유

그동안 어떤 사람도 부유함과 행복 사이의 연관관계에 대해 어떠한 의문도 품지 않았다. 스코틀랜드의 경제학자 애덤 스미스가 1776년에 『국부론』을 통해 이런 생각을 발표한 이래 지난 230여 년 동안 가장 강력한 영향력을 발휘하는 사상으로 발전해 왔다. 그런데 200여 년이 지난 1974년 봄 미국에서 아주 이상한 논문이 발표되었다.

펜실베이니아 대학의 경제학자 이스털린은 미국, 아시아, 아프리카, 그리고 라틴 아메리카의 주민들을 대상으로 소득과 삶에 대한 만족도를 조사하고 그 결과를 발표했다. 약 25년에 걸쳐 24회 이상 실시한 이 연구에서 같은 나라 안에서 더 부유한 사람들이 덜 부유한 사람들보다 삶에 대한 만족도가 더 크다는 결과는 예상과 다르지 않다. 그렇지만 서로 다른 국가들 사이에서는 부의 차이가 삶의 만족도에 미치는 영향이 거의 완벽하게 무시되고 있었다. 1인당 국민소득이 225달러에 불과한 이집트 사람들은 그들보다 네 배나 더 많이 벌고 있는 이웃 나라 이스라엘 사람들보다 더 행복한 삶을 살고 있었다. 그리고 다시 이스라엘 사람들은 경제적으로 1.8배 더 높은 모습을 보여주었던 당시의 서독사람들보다 삶에 더 만족하고 있었다. 이스털린 교수는 그가 발견한 이 이상한 결과를 해석할 수 있는 여러 가지 가설을 내세워 그 현상을 설명하려 했다.

그중 가장 중요한 것이 바로 인간의 '적응능력'에 관한 가설과 '상대적 비교'에 관한 가설이다. 이 두 가설은 물질과 행복은 별다른 관계가 없다는 점을 설명하는 데 유용하다. 그리고 앞으로 설명할 '기타 환경요인들(특히 미모와 뜻밖의 횡재)' 역시 행복과 특별한 관계가 없다는 사실을 설명하는 데 동일하게 적용된다.

적응능력

작가 챈들러는 "첫 번째 입맞춤은 황홀하다. 두 번째는 친숙한 것이고, 세 번째는 일상이 된다. 그러고 나면 이제 옷을 벗기는 일만 남는다"고 말한다. 그가 말한 익숙해지는 효과를 심리학자들은 '쾌락적응(hedonic adaptation)'이라고 부르는데, 이 개념은 심리학자 헬슨이 1964년에 처음으로 사용했다.

무더운 여름철에 선풍기를 돌려대도 곧바로 끈적거림을 떨칠 수 없어서 에어컨을 켜지만 역시 시원함을 느끼는 시간은 얼마 가지 않는다. 이런 모든 일이 일어나는 원인은 깊은 곳, 바로 우리의 신경시스템에 있다. 신경시스템은 자극의 '절대적인' 강도에 반응하는 것이 아니라, 익숙한 수준에서 벗어나는 편차에 반응하기 때문이다.

더 행복해지고자 하는 열망에 깃들어 있는 가장 큰 아이러니는 삶의 환경이 변화되면 행복이 찾아올 것이라는 희망에 호도되어서 너무나 많은 사람들이 상황을 변화시키는 일에만 집중한다는 점이다. 그러나 수많은 연구결과에 의하면 삶의 환경을 바꿈으로써 행복해지려는 시도는 결국 효과가 없다. 살을 에는 추운 날씨 속을 걷다가 실내로 들어오면 난로의 따뜻함이 처음에는 천국의 온기처럼 느껴지겠지만, 곧 그것에 익숙해지고 답답해지기까지 할 것이다. 이사, 결혼, 새로운 직장과 같은 일신상의 변화가 단지 잠시 동안만 당신을 행복하게 해주는 것도 그 때문이다.

이 같은 적응현상은 언제 어디서나 벌어지기 때문에 우리는 이 적응의 힘을 얕보곤 한다. 예를 들어 사람들은 자동차 사고가 나서 척추를 다치고 몸이 마비되어 장애인으로 살아남느니 차라리 죽는 편이 낫다고 말하곤 한다. 여기서 그들이 잘못 생각하고 있는 것은 많은 신체마비 환자들이 분노와 슬픔의 단계를 지나고 나면 건강한 사람이었을 때 그들에게서 기대할 수 있는 수준의 만족감을 다시 회복한다는 사실이다. 심리학자 카네만은 "신체가 마비된 장애인이 얼마나 행복할 수 있는지를 알면 누구나 놀랄 것"이라고 하면서 그 이유를 다음과 같이 설명한다.

"그 이유는 간단합니다. 신체가 마비된 장애인이라는 상황이 그들의 전부가 아니기 때문입니다. 그들은 다른 일을 합니다. 좋은 식사를 즐기고 친구들을 사귑니다. 신문도 읽습니다. 중요한 것은 관심을 어디에 두는가 하는 것입니다."

기분 좋은 것들도 쉽게 일상적인 것으로 변할 수 있다. 예를 들면 우리는 돈이나 생활수준에 기록적인 속도로 익숙해진다. 소득이 늘면 우리의 욕심도 자동적으로 커지는 것이다. 행동연구가들은 임금인상의 긍정적인 효과 중 80퍼센트는 함께 증가하는 욕심에 곧바로 '잡아먹히게' 된다는 사실을 밝혀냈다.

경제학자 레이어드는 "생활수준은 상당 부분 술이나 마약 같은 성질을 가지고 있다"고 말한다. 유쾌하고 새로운 경험을 하게 된 사람이 이후 계속해서 똑같은 기분을 느끼려면 점점 더 많은 것을 필요로 한다. 이 모든 잘못은 인간의 뛰어난 적응능력에 있다. 우리가 막 어떤 생활수준에 이르게 되어 행복할 때, 적응능력은 어느새 우리에게 "이것은 이제 평범한 거야"라고 속삭인다. 다른 사람들이 보기에는 평범하지 않은 것이라고 해도 우리에게는 이제 새로운 표준에서 조금이라도 벗어나는 것이 평범하지 않은 것이 된다.

갤럽여론연구소가 매년 미국 시민들을 상대로 소득에 대해 조사를 벌인 결과를 보면 실제 소득과 원하는 소득 간에 두 개의 선이 생겨난다. 그 두 선은 마치 모래 위에 유모차가 남기고 간 바퀴자국처럼 거의 평행선을 이루고 있다. 소득이 높을수록 기대도 높아진다. 우리의 의식은 약간의 적응기간이 지나고 나면 모든 새로운 상태를 평범한 상태로 선언한다. 돈이 더 많아져도 우리는 짧은 시간 동안만 행복할 수 있다. 어째서 그럴까? 이 몹쓸 현상의 중요한 이유가 바로 적응이다. 일단 적응이 되고 나면 아무리 다른 사람이 보기에 우리가 벌써 충분히 소유하고 있다고 해도 우리는 그보다 더 많은 것을 요구하게 된다.

적응의 위력을 알게 되면 이제 물질적 만족에 대해 완전히 새로운 생각을 갖게 될 것이다. 행복은 실제로 사용 가능한 소득에서 생겨나는 것이 아니다. 중요한 것은 기대하는 소득과 실제 소득과의 차이다. 이 차이가 적을수록 자기 자신과 삶에 대한 만족감은 커진다. 이런 이유 때문에 캘커타의 빈민가 주민도 행복하게 살아갈 수 있는 것이다. 이들은 현실적으로 기대할 수 있는 생활수준 대부분이 이미 도달해 있는 생활수준과 크게 차이가 나지 않는다고 생각한다.

그러나 흥미롭게도 적응의 법칙이 들어맞지 않는 몇 가지 예외가 있다. 예를 들면 소음이 그렇다. 소음은 완전히 적응할 수 없는 요소다. 사람들은 표면적으로 높아진 소음수준에 적응하는 듯 보이지만 계속되는 소음은 분명히 신체적, 정신적 피해를 입힌다.

뉴욕의 한 고속도로 건너편에 건축설계 미숙으로 소음이 매우 높은 아파트가 있다. 이곳에 살고 있는 어린이의 청각변별력과 독서성취능력을 연구했는데, 소음척도에 따르면 8층이 32층에 비해 2배 이상 소음이 더 컸다. 이 아파트에서 4년 이상 살고 있는 아동들을 대상으로 한 연구에서 소음에 지속적으로 노출된 아동들의 청각능력과 독서능력이 현저하게 떨어짐을 밝혀냈다.

배우자를 잃는 일과 직업을 잃는 일 또한 적응법칙의 예외적인 사건이다. 행복연구가 디너가 알아낸 바에 따르면 이 두 가지 사건의 경우 인간의 놀라운 적응력은 눈에 띄게 약화된다. 배우자의 죽음 이후 홀로 남겨진 사람이 과거에 누리던 삶에 대한 만족감을 회복하려면 5~8년의 기간이 걸린다. 직업을 잃는 일 역시 당사자에게 쉽게 적응하기 힘든 심각한 상실감을 안겨준다. 실업 이후 곧바로 새로운 직업을 찾았다 해도 여전히 그 후유증이 측정될 정도로 심한 상처를 남긴다.

만성적인 질환도 그런 상실감과 비슷한 결과를 보이는 것으로 알려졌다. 이런 주장은 앞에서 언급했던 놀랍도록 행복한 신체마비 장애인에 대한 연구와 크게 반대되는 입장이다. 여기서 분명한 사실은 다른 사람은 결코 적응할 수 없었던 생활환경에 유독 어떤 사람은 빠르고 쉽게 적응할 수도 있다는 것이다. 이 말은 반대로 다른 사람들이 쉽게 적응하곤 하는 몇몇 긍정적인 것에 어떤 사람은 거의 적응하지 못하는 경우도 있다는 의미다.

좋은 친구나 직업적인 성취 그리고 행복한 결혼 등도 적응현상으로 설명할 수 없는 예가 될 수 있다. 친구와 연인 등은 매번 '소비'할 때마다 새롭게 다가오는 매혹적인 능력이 있다. 우정과 사랑 등의 관계는 쓰면 사라지는 돈이나 값싼 휴가와는 달리 쉽게 줄어들지 않는다. 도리어 자주 만날수록 친구들은 더 좋은 친구가 되고, 사랑하는 연인은 미치도록 사랑하는 연인이 된다. 우리가 지닌 능력과 재능을 마음껏 발휘하는 직업은 더 열심히 할수록 더 큰 만족을 준다. 학자들은 이런 현상을 흔히 '본질적인 재화'라 부르는데, 이런 가치들은 기이하게도 우리가 더 많이 '소비'할수록 더 많아지는 효과가 있다. 더 오래될수록 더 좋아지는 포도주와 마찬가지로 그런 재화들은 우리가 더 많은 것을 바치면 더 많은 행복을 돌려준다.

상대적(사회적) 비교

아무리 열심히 일하고 경제적으로 나아지려고 애쓴다 해도 어찌된 일인지 절대로 충분하지가 않다. 우리는 삶의 기준을 세우면서 어쩔 수 없이 이웃이나 친구, 동료들이 소유하고 있는 것을 바라보게 된다. 그럴 때마다 우리는 우리보다 더 많이 가지고 있는 사람들이 있음을 확인하고 정신을 번쩍 차리기 마련이다. 이러한 부의 상대성은 돈이 우리를 지속적으로 행복하게 만들어주지 못하는 궁극적인 이유가 된다. 기상을 관측할 때 '체감 온도'에 대해 말하는 것처럼 경제에서도 '체감 행복지수'를 중요하게 다루지 않을 수 없다.

내 이웃이 부유하면 나는 그만큼 불행해진다

많은 연구를 통해 밝혀진 흥미 있는 사실은 각자의 기대수준을 결정하는 또 다른 요인으로 '이웃의 소득'이 작용한다는 점이다. 지역의 평균소득에 따라 각 개인의 기대치도 높아진다. 다른 지역보다 부자들이 10퍼센트 많이 살고 있는 지역의 응답자들은 4.9퍼센트 더 높은 소득기대치를 갖고 있었다. 보편적인 생활수준과 개인적인 기대의 관계는 점점 높아지는 수면 위에 떠 있는 부표와 아주 비슷한 모습이었다.

우리들의 가치관은 사회적 상호작용을 비교하면서 정해진다. 이웃이 부유할수록, 또 우리가 더 자주 이웃집 울타리 너머를 바라볼수록, 우리에게는 부유함이나 부족함이 더욱 당연한 것처럼 느껴진다. 만일 그 정도에 미치지 못한다면 당연히 우리는 더 불행하고 더 못하다는 느낌을 갖게 된다.

부자들 사이에 끼어 있을 때 불행하다는 느낌을 갖게 된다면, 반대로 가난한 사람들 속에 끼어 있는 부자들은 어떤 느낌을 갖게 될까? 그리고 가난한 사람들 속에서 가난한 사람으로 살아간다면 그들은 어떤 느낌으로 살아갈까? 당연히 남보다 돈이 많으면 더 행복하다. 하지만 그것은 소유한 부의 절대적인 규모 때문이 아니라 단지 남보다 더 가졌기 때문이다. 남보다 적게 가진 사람들은 그것 때문에 상처를 받는다. 소득경쟁은 승자를 조금 더 기쁘게 하는 반면에 뒤처진 사람들을 실제보다 훨씬 더 불행하게 한다.

경제잡지 「포브스」가 선정한 세계 최고 부자 400명과 동아프리카 마사이족의 목동이 느끼는 행복수준이 동일하다는 연구결과가 있다. 디너는 이런 현상을 좀 더 깊이 연구하기 위해서 인도의 캘커타로 날아갔다. 캘커타의 500만 인구 중에서 30만 명이 길가, 공원 등지에서 빈곤하게 살아가고 있다. 기대했던 대로 그들 모두가 자신들의 사회적 위치, 복지상태, 그리고 의료혜택에 불만을 표시했다. 그렇지만 그들은 자신들의 삶을 행복하게 생각한다는 놀라운 조사결과가 나왔다. 1부터 7까지의 행복지수 가운데 대부분의 사람들이 4에 해당했다. 동일한 방법으로 조사했던 캘리포니아의 프레즈노나 포틀랜드, 오리건의 노숙자들보다 훨씬 더 행복했다. 미국의 노숙자들은 인도의 그들과는 천양지차의 사회적 서비스와 복지혜택을 누리고 있음에도 말이다. 인도의 노숙자들은 한 달 평균 24달러로 생활하지만, 포틀랜드와 프레즈노의 노숙자들은 270~358달러를 사용한다. 미국의 노숙자들이 인도의 노숙자들보다 열 배 이상 더 부유한데도 덜 행복한 이유는 무엇일까?

디너는 인도, 특히 캘커타처럼 빈곤율이 더 높은 환경에서 노숙자라는 상황은 덜 모욕적인 상황이 된다는 점에서 해답을 찾았다. 미국에서 비슷한 상황에 처한 사람들은 자신들의 처지를 인간적인 실패의 결과로 느낀다. 다시 말해서 인도의 노숙자들은 가난한 환경에 살고 있기 때문에 그렇게 가난하게 느끼지 않는 것이고, 또 그만큼 더 행복할 수 있다는 해석이다.

통일 이후 구동독 시민들이 과거에 비해 현저하게 많은 자동차와 텔레비전, 그리고 장거리 여행, 그 밖의 부를 상징하는 많은 물건들을 소유하게 되었음에도 예전보다 더 불행하다고 느끼는 이유는 무엇 때문일까? 이런 현상은 간단하게 설명할 수 있다. 동·서독을 갈라놓았던 장벽이 무너지면서 그들이 지니고 있던 비교의 척도가 갑자기 변했기 때문이다. 전에는 절대로 다가갈 수 없는 것이어서 아예 관심조차 없었던 기준, 즉 서쪽에 살고 있는 동포의 생활수준이 그들의 척도가 되어 버린 것이다. 그런 비교를 통해서 동쪽의 독일인들은 실제로 손해를 보고 있다고 느끼게 되었다.

사람들은 자신의 행복이 지금 어디에 있느냐 하는 문제보다는 앞으로 주변 환경과 소득이 얼마나 좋아질 것이냐를 근거로 판단한다. 이를테면 1950년대 대부분의 미국인들은 작은 집에, 차 한 대를 소유했으며, 가족 중에 대학생은 거의 한 명도 없었지만 그래도 그들은 행복했다. 곧 더 많이 벌고 더 많은 것을 소유할 수 있으리라 기대했기 때문일 것이다. 지금 미국인들은 더 큰 집에서 살고 적어도 자동차 두 대를 굴리며 대부분의 자녀들을 대학에 보낸다. 다시 말해서 1950년대를 살던 사람들이 꿈꿨던 것들을 이룬 것이다. 하지만 대부분의 사람들은 너무도 많은 것을 손에 넣었기에 훨씬 더 많은 것을 얻게 되리라 기대하게 된다.

이미 앞에서 살펴본 바와 같이 한국은 1950년대 1인당 GNP가 67달러에 불과했지만 50~60년이 지난 지금은 300배나 수직상승한 2만 달러의 소득을 올리고 있다. 그러나 세계 178개국을 대상으로 조사한 국가별 행복지수는 겨우 102위에 머무르고 있다. 행복은 절대적 비교가 아니라 상대적 비교로서만 해석이 가능한 것이다.

30개 OECD 회원국의 상대적 빈곤율을 보면 그 의미를 이해할 수 있다. 한국의 상대적 빈곤율은 14.6퍼센트로 30개국 중에서 8번째로 높다. 좀 더 구체적으로 2007년도 자료에 의하면 한국의 상·하위 10퍼센트 계층 간의 시장 소득 격차가 14.5배나 벌어진 것으로 나타났다. 상위 10퍼센트 계층의 가구당 연간 소득은 85,922,000원이며,

하위 10퍼센트 계층의 연간 소득은 5,907,000원이다. 10여 년 전인 1995년의 소득 격차가 4.9배였던 것을 감안하면 12년 새에 2.9배나 확대된 것이다.

소득분배의 불평등 정도를 나타내는 통계개념인 지니계수가 있다. 이 계수는 0~1의 값을 갖는데 1에 가까울수록 소득분배의 불평등 정도가 높다는 의미로 해석하고, 통상 지니계수가 0.35를 넘으면 소득분배가 매우 불평등하다고 평가한다. 그런데 2008년 말 한국의 지니계수는 0.325로 나타났고, 그 수치는 매년 높아지고 있다. 1990년에 0.274로 출발하여 1995년에 0.268, 2000년에 0.286, 2005년에 0.304로 점차 높아졌으며, 2006년에는 다시 0.313, 2007년에는 0.324, 그리고 2008년에는 0.325로 계속 높아지고 있다.

인간의 욕구는 끝이 없다

많은 사람들은 "물건을 소유하는 기쁨보다 물건을 갖지 못한 비참함이 더 크다"는 사실을 피부로 느낀다. 만약 당신이 세상의 물질을 갖지 못한다면 불행하다고 느낄 것이다. 그렇지만 세상의 물질을 소유한다고 해서 반드시 행복해지는 것은 아니다. 당신이 가지고 있는 신용카드로 잠깐 동안의 행복은 살 수 있을지 모르지만, 역설적으로 장기적인 불행을 사들이는 결과가 될지 모른다. 학자들은 이런 현상을 '신용카드의 복수'라고 말한다.

이제 필요한 것과 원하는 것 사이의 구별이 사라져버렸다. 역사적으로 모든 사람들은 필요를 중심으로 삶을 영위해왔다. 지금 선진 경제국가에서는 식량과 의약품 면에서 아무것도 부족하지 않은 수억 명의 사람들이 살아가고 있다. 그렇지만 그들은 더 새로운 다른 욕구를 생각하며 살아갈 것이다. 그들은 모두 '최신 모델 증후군'의 희생자로 전락했다. 그래서 일단 그런 욕구에 초점을 맞추게 되면 절대로 마음의 평화를 얻을 수 없게 된다. 인간의 욕구는 결코 만족할 수 없기 때문이다. 쇼핑으로 욕구를 달래려는 행위는 마약중독과 같다. 똑같은 쾌락을 위해 점점 더 많은 물건을 사야 하고 그 쾌락은 점점 더 빨리 사라진다.

자본주의는 단지 현재에 가능한 최선의 사회제도일 뿐이다. 미국과 유럽연합은 지난 50년간 경제적 번영이 행복을 만들어낼 수 있는가 하는 거대한 사회공학 실험을 했지만 그 결과는 분명히 "아니다"이다. 불멸의 경제학자 스미스가 저술한 『국부론』에서 사람들이 사회에 진입하기 위해 소유해야 하는 것이 무엇인지에 대해 썼다면, 갤브레이스는 사회에서 남보다 앞서 나아가기 위해 무엇이 필요한지를 알아내려고 한다.

하버드 대학의 경제학자 뒤젠베리는 '외부 효과의 비대칭적 구조'라는 개념으로 사회비교 이론을 더욱 구체적으로 설명한다. 사람들은 서로 비교를 할 때 항상 위쪽을 바라보게 된다는 것이다. 나폴레옹은 시저를 질투했고, 시저는 알렉산더를 질투했다. 그리고 알렉산더는 실제로 존재하지도 않았던 신화 속의 헤라클레스를 질투했을 것이다. 그러므로 성공만으로 질투를 극복하는 것은 불가능하다. 역사나 전설 속에는 언제나 자기 자신보다 더 성공한 인물이 있기 때문이다.

　실제로 운동선수들에 관한 연구들을 통해 은메달 수상자가 동메달 수상자보다 더 불행하다는 사실을 확인했다. 동메달을 딴 선수들은 수상대에 오를 수 있다는 것에 만족하면서 행복을 느낄 수 있지만, 은메달 수상자는 금메달을 딸 수 없었다는 것 때문에 상처를 입고 괴로워한다. 경제적 관점에서 보면 우리 모두는 기껏해야 은메달 수상자이기 때문에 언제나 우리보다 한 단계 높은 곳에 서 있는 사람들이 있다는 사실에 상처를 입고 우울하게 된다. 우리는 앞에 놓인 장애물을 간신히 뛰어넘고 곧바로 그 장애물을 더 높은 곳에 올려놓는다. 우리가 힘들게 막 뛰어넘은 장애물의 위치는 내일이면 일상에 그칠 뿐이기 때문이다.

　축구선수 베컴은 눈이 오나 비가 오나 공휴일이거나 매일 1만 8,500유로를 벌고 있지만, 그가 성공의 기준을 소득수준으로 판단하는 한 늘 불만족할 것이다. 자동차 경주선수인 슈마허는 자동차 경기장에서 끝도 없이 제자리만을 빙글빙글 맴돌면서 그보다 열배의 돈을 벌고 있으며, 골프선수 우즈는 매일 골프를 치고 놀면서 세계 최고의 연봉을 받고 있으니 말이다. 자기 앞에 무한히 많은 경쟁자들이 있고, 또 넘어지면 닿을 만한 가까운 거리에 있으니 비교를 하지 않을 수가 없다. 얼마나 많은 돈을 벌고 있든, 얼마나 많이 옆에다 쌓아두었든, 그런 것들은 아무 상관이 없다.

　이런 부의 상대성이야말로 돈이 우리를 지속적으로 행복하게 만들지 못하는 이유가 된다. 우리는 언제나 충분한 돈을 가지고 있지 않다는 불만을 가지고 살아간다. 우리는 마땅히 벌어야 하는 돈보다 항상

적게 번다고 투덜댄다. 점점 더 많은 것을 소유해가고 있지만 소유욕은 절대로 채워지지 않는다. 그것은 모두 이웃, 직장동료, 그리고 친구들 중에 우리들보다 많이 가지고 있는 사람이 있기 때문이다.

불행하게도 오늘날 우리는 우리보다 더 많이 가지고 있는 사람들을 예전보다 훨씬 더 빠르고 정확하게 찾아낼 수 있다. 옆집 사람은 물론이고 새로 이사 온 이웃집과도 쉽게 비교할 수 있다. 뿐만 아니라 아주 잘 사는 광고 주인공이나 연예인들이 텔레비전을 통해 매일 우리 집을 방문하여 거실에 백만장자만큼이나 물건을 가득 채워 놓으라고 부채질을 해댄다. 지금 우리는 최고 갑부들이 어떻게 사는지 직접 눈으로 볼 수 있게 되었고, 이로 인해 마음속의 불만은 더욱 커지고 있다. 텔레비전을 많이 볼수록 우리는 다른 사람들이 소유하고 있는 부에 경탄하게 되고 자신의 삶을 더욱 뒤떨어지고 형편없는 것으로 여기며 한탄한다.

일주일에 텔레비전을 한 시간 더 보면 약 4유로를 더 지출하게 된다는 연구결과를 가슴 깊이 새겨볼 만하다. 불행한 사람들이 행복한 사람들보다 30퍼센트나 더 오랫동안 텔레비전 앞에 앉아 있다는 연구보고가 있다. 3만 명의 미국 성인을 대상으로 텔레비전 시청사항을 분석한 결과 행복한 사람은 주당 평균 19시간 동안 시청하는 데 반해서 불행한 사람들은 주당 25시간이나 시청하는 것으로 밝혀졌다. 텔레비전 시청이 잠깐의 기쁨을 줄 수 있을지 몰라도 그 대신 장기적인 불행감이 뒤따른다는 사실은 당연할 것이다.

우리는 왜 물질을 과대평가하는가?

경제적인 물질이 행복을 담보하지 못한다는 사실에도 불구하고, 돈이 최고의 인기를 누리는 가장 중요한 이유는 상당 부분 수천 년 동안 우리의 생각이 그렇게 굳어져 살아왔기 때문일 것이다. 이른바 돈에 대해 모두가 습관적으로 그렇게 조건형성되어 버린 것이다. 대부분의 동물은 자연적인 환경에서는 배고픔을 해결할 정도의 먹이만 확보하면 그 이상 먹이 사냥을 하지 않는다. 눈에 보이는 대로 사냥해버리면 결국에는 사냥감이 부족하게 되고, 따라서 그 동물은 자연히 도태되어 버린다.

유명한 심리학자 스키너는 비둘기 실험을 통해서 이런 행동이 학습을 통해서 바뀔 수 있는지를 알아보았다. 비둘기 새장에 원판을 달아 놓고, 원판을 쪼면 자동적으로 먹이 한 알이 새장 안으로 굴러 떨어지게 설계하여 비둘기의 행동을 관찰했다. 비둘기에게 원판을 쪼는 행위와 먹이를 얻는 결과 간의 관계를 연결시켜주는 학습을 시켰다. 그랬더니 지금까지 본능적으로 행동했던 먹이행동에 대한 습관이 서서히 바뀌어버리고, 그렇게 바뀐 행동은 영속적으로 지속된다는 사실을 알게 되었다.

비둘기는 배고픔을 해결할 수 있는 먹이를 충분히 획득했음에도 불구하고 계속해서 일을 했고, 그렇게 해서 얻은 먹이는 계속 쌓아두었다. 인간의 저금행위와 같은 행동을 학습한 것이다. 그런데 이 실험에서 의도하는 중요한 결과는 배가 고프지 않은데도 계속해서 얼마만큼이나 오랫동안 먹이활동을 하는가, 즉 인간과 같은 저축행동을 얼마나 하는가 하는 문제를 밝히는 것이다. 관찰결과 한 시간, 즉 3,600초에 3,000번이나 원판을 쪼는 행동을 지속했으며, 결국에는 부리가 깨져 비둘기가 죽어버리는 처참함을 보게 되었다. 놀랍게도 당장 필요도 없는 먹이를 위해 초당 한 번씩 왕성한 먹이활동을 하다가 끝내는 목숨까지 잃게 되었다. '쾌락의 쳇바퀴'에 희생되어 버린 것이다.

물질을 과대평가하는 진화론적 이유

인간은 어째서 당장은 필요도 없는 먹잇감(재화)에 그렇게도 집착하는가? 진화론적으로 볼 때 인간의 뇌 구조상 우리를 행복하게 조작하는 기제는 없는 것 같다. 경제학자 프랑크가 말하는 것처럼 우리는 '재생산 능력', 즉 생식능력을 배가하는 활동들에 모든 역량을 집중하도록 구조화되어 있는 듯하다. 재산이 많고 무리 가운데 서열이 높으면 두말할 필요 없이 생식의 성공률은 그만큼 더 높아지기 때문이다. 더 많은 먹을거리를 갖고 있는 사람, 높은 지위에 있어서 적을 겁주고 쉽게 쫓아낼 수 있는 사람은 자신의 후손을 위해 더 매력적인 상대를 유혹할 수 있을 뿐 아니라 후손들이 살아 생존할 확률도 크게 높일 수 있다.

인류학자 호크스가 파라과이의 아체부족에게서 관찰한 내용은 이런 유전학적·진화론적 이유를 설명해줄 수 있는 근거가 된다. 이들은 관찰 당시에도 여전히 농업이나 목축보다는 원시 수렵생활을 했다. 그의 관찰에 의하면 이들은 사냥에서 성공하는 사람은 항상 일정하며, 따라서 사냥에 참여하지 않은 사람은 계속해서 남이 잡아온 고기를 받아먹기만 한다. 더욱이 어떤 사람이 성공적으로 사냥을 했다고 떠돌아다니면서 자신의 사냥 실력을 자랑하는 것은 크게 징계를 받을 사항이며, 남이 잡아온 고기만 받아먹고 사냥을 나가지 않거나 사냥을 나가더라도 빈손으로 돌아오기 일쑤인 사람에게도 어떤 징계나 비난을 하지 않는다는 것이다.

오늘날 현대인들은 자신이 이루어 놓은 재력을 과시하거나 뽐내고 다니지만, 그들은 자기의 사냥실력을 뽐내지 않는다. 오히려 이들에게 가장 죄악시되는 것은 '잘난 체' 하는 것이다. 자신의 성공에 대해 떠벌리는 일, 자신의 성과에 대해 자랑하는 일 등은 동료들에게 지탄을 받을 뿐 아니라 때로는 사회의 근간을 뒤흔드는 행위로 간주되어 심각한 징계의 사유가 되기도 한다. 즉 내가 능력이 있다고 뽐내는 것이 금지되어 있는 사회에서 간접적으로 내 능력을 보여줄 수 있는 유일한 길은 사냥에서 뛰어난 실력을 발휘해 엄청난 포획물을 가지고 돌아오는 것뿐이다.

그러면 자신의 능력을 사냥을 통해 과시함으로써 얻는 것은 무엇일까? 그것은 배우자 선택에서의 유리함이다. 따라서 사냥이라는 이타적 행동은 자신의 능력을 표출하기 위한 값비싼 신호 보내기 행위로 이해할 수 있다. 능력 있는 사람만이 사냥에서 성공할 수 있으므로, 누구든지 누가 사냥을 잘 하는지를 보면 능력이 있는 사람이 누구인지 금방 알 수 있다. 이것은 곧 가장 아름다운 배우자를 선택하여 자기의 후손을 영원히 남기고자 하는 이기적 유전자의 충실한 역할로 해석할 수 있다.

자신의 재력을 과시하는 신호 보내기 행위의 극단적인 예는 누구도 흉내 내기 어려울 정도로 과소비를 하는 것이다. 웬만한 사람은 엄두도 못 낼 정도로 비싼 명품을 입거나 비싼 최고급 외제차를 몰고 다니는 행동이다.

북아메리카 대륙의 북서부에 '콰키우틀'이라는 인디언이 살고 있다. 이들에게는 포틀라치(Potlatch)라는 특유의 축제가 유명한데, 이 축제를 주최한 마을의 우두머리는 축제에 참가한 다른 마을 사람들에게 엄청난 양의 선물 보따리를 안겨준다. 때로는 축제가 끝날 즈음 자신이 가지고 있는 소유물을 하나하나 타오르는 불길 속으로 던져 넣기도 한다. 의례적으로 몇 개 던지고 끝나는 것이 아니라 점점 더 가치 있는 물건을 던져 넣고, 급기야 자신이 사는 집까지도 불태워버리는 경우도 있다.

이런 생각은 수천 년이 흐르면서 우리의 뇌리 깊숙이 뿌리박히게 되었다. 그래서 우리는 벌써 오래 전부터 더 이상 생존 그 자체를 위해 투쟁할 필요가 없어졌음에도 불구하고 여전히 혹시나 하는 불안감 속에 물질을 우선적으로 고려하고 있는 것이다. 대부분의 부모들은 아이들과 더 많은 시간을 함께 보내면 아이들이 그만큼 더 행복할 것임을 잘 알고 있다. 그럼에도 부모들은 왠지 모를 불안감 때문에 직장에서 밤늦게까지 피로에 지치면서 일을 한다. 그렇게 해야 아이들을 더 좋은 학교가 있는 더 좋은 지역에서 살게 해줄 수 있다는 믿음이 있기 때문이다. 진화론적 관점에서 볼 때는 아주 중요한 결정이겠지만, 그런 것들이 그들을 행복하게 해주지 않는다는 것을 이해해야 한다. 나뿐만 아니라 내 이웃도 모두 그렇게 행동하기 때문에 결과적으로는 집값만 천정부지로 올라가게 된다는 것이다.

우리는 종종 다른 사람들의 소비 때문에 입게 되는 손해를 막기 위해서 소비경쟁에 휩쓸리게 되는 경우가 있다. 어떤 사람이 자신의 기준에서 평균적인 소비수준을 결정하면, 그 수준은 다른 사람들이 낙오자로 낙인찍히지 않고서는 그 아래로 내려갈 수 없는 일종의 표준으로 굳어버린다. 명품 가방 대신에 천 가방을 들고 학교에 가는 아이들, 낡은 청바지와 보풀이 일어나는 스웨터 차림으로 면접을 보러가는 구직자, 번쩍거리는 외제차 대신에 20년 된 낡은 자동차를 타고 의뢰인을 만나러 가는 변호사, 이들 모두는 그들의 소비형태가 '표준'에 맞지 않기 때문에 이런 저런 형태로 손해를 보게 된다. 따라서 자기 자신의 욕구를 채우기 위해서가 아니라, 다른 사람들의 욕구에 대해 방어하기 위해서 '방어적 소비'가 나타나게 된다.

　사람들이 돈, 명성, 지위, 혹은 특권과 같은 외형적인 재화를 이른바 내면적인 욕구들과 비교하여 평가하면 심하게 잘못된 결정을 내리게 된다. 심리학자들이 꼽는 인간의 중요한 내면적 욕구로는 가족, 친구, 직장 동료들과 즐거운 관계를 가지려는 바람, 인정받는 느낌과 자신감을 얻고 싶어 하는 욕구, 인생을 자기 생각대로 꾸며 나갈 수 있는 자율성 획득을 위한 노력과 같은 것들이다. 우리가 이러한 내면적 욕구의 충족과 외형적 재화의 획득 사이에서 어느 한쪽을 결정해야만 할 때, 우리는 근본적으로 외형적인 재화에 더 큰 의미를 부여한다는 것이 슈투처와 프라이의 주장이다.

　인간이 그런 결정을 내리는 것은 내면적 욕구의 충족이 우리의 행복에 외형적인 재화만큼 중요하지 않아서가 아니라, 그저 내면적 욕구의 충족이 이에 못지않게 중요하다는 사실을 자꾸 잊어버리기 때문이다. 우리는 1킬로그램의 지위와 1킬로그램의 우정을 저울에 올려놓고는 지위가 분명히 더 무겁다고 확신해버린다. 다시 말해서 우리는 아주 체계적으로 잘못된 결정을 내린다.

　슈투처와 프라이는 「잘못된 효용의 경제적 결과」라는 제목의 논문에서 우리가 이렇게 계속해서 잘못된 결정을 내리는 이유를 탐구했다. '효용'이라는 말은 고전경제학파의 이론이 빚어낸 개념으로 우리가 내리는 결정이 이익이 될지 아닐지를 판단하는 근거로 사용된다.

우리가 옳지 않은 가정이나 어떤 다른 이유로 잘못된 결정을 내리게 된다면 본래 우리가 얻을 수 있는 것보다 더 적은 효용을 갖게 된다. 다시 말해서 우리가 도달할 수 있는 자리보다 아래에 머무르게 되는 것이다. 슈투처와 프라이는 우리에게서 그런 잘못이 체계적일 뿐만 아니라 아주 규칙적으로 벌어진다고 주장한다.

그들의 주장에 따르면 우리가 실제 현실에서 고전경제학 이론과는 전혀 다르게 행동하고, 계속 반복해서 불행한 결정을 내리는 것은 우리가 외형적 요인들에 부여하는 의미가 과도하게 크기 때문이다. 돈과 지위는 우리의 가치 시스템 내에서 언제나 가족이나 친구들을 무시한다. 돈과 지위라는 외형적 요소들은 직접 느낄 수 있고 측정 가능하기 때문에 우리 스스로가 그런 것들을 추구하는 동기에 매력을 느끼기 쉽기 때문이다.

그렇지만 외형적 요인이 지니는 행복의 힘이 시간이 흐르면서 적응과정을 통해 얼마나 빨리 그 위력을 소진하고 마는지 생각조차 하지 못하고 있다. 적응현상에 대해 이미 앞에서 살펴보았던 것처럼 모든 외형적 요인들의 잠재력은 길지 않은 시간 내에 무위로 돌아간다. 우리 자신이 행복을 담금질하고 망치질하는 대장장이라고 믿고 있지만, 사실 우리 대부분은 계속 되풀이해서 자신의 손가락을 내려치는 우를 범하고 있는 것이다. 외형적인 요소들을 실제 이상으로 과대평가하기 때문에 균형 있는 계산을 하는 경우가 오히려 드문 일이 되고 만다.

이러한 모든 원인이 우리의 유전자에 있을지도 모른다. 이스털린은 "어떻게 해서라도 물질적 욕심을 다 채울 수 있었던 사람들은 역사 속에서 더 높은 생존의 기회를 가졌을 것이다. 그렇게 해서 우리의 유전자에는 그런 욕심이 고스란히 남아 있다"고 추측하고 있다. 이런 주장이 옳다면, 우리는 선조들이 살아남는 데 성공한 값을, 오늘날 우리가 행복을 놓치고 불행의 언저리에서 사는 것으로 그 대가를 치르고 있는 셈이다.

이런 가정이 사실이라면 우리는 어째서 실패의 경험으로부터 그 진실을 배워 깨우치지 못하고 있는 것일까? 물질을 통해 행복해지겠다는 소망이 지속적으로 실망을 안겨주고 어떤 경제적 단계에 도달해서도 계속해서 또 다른 새 목표를 향해 눈을 부릅뜨고 악을 품어야 한다면, 지금 우리가 달려가고 있는 궤도를 어째서 수정하지 않는 것일까? 왜 우리는 이번에는 뜨겁지 않을 거라고 확신하면서도 계속해서 뜨겁게 달궈진 난로 뚜껑에 손을 대는 것일까?

분명 우리는 교훈을 배우는 능력이 부족하다. 그 원인은 우리의 평가능력이 매우 제한적이기 때문이다. 과거를 평가하면서 우리는 대개 당시에 지니고 있던 욕구보다는 오늘날 지니고 있는 욕구를 기준으로 삼는다. 그래서 우리는 오늘날의 상황이 과거보다 더 좋아졌다고 믿는다. 그저 더 많이 가지고 있다는 이유 때문이다. 그렇지만 삶에 대한 만족은 조금도 나아지지 않고 있지 않은가? 이런 식으로 우리는 지속적으로 자신을 속이고 있는 것이다. 일자리를 선택하면서, 쇼핑을 위해 얼마나 많은 시간과 돈을 써야 할지 생각하면서, 가능한 한 행복해지기 위해서 시간자원과 재정자원을 어떤 식으로 분배해야 할지 걱정하면서 계속 잘못된 길로 들어서고 있는 것이다.

우리는 행복이 어디에서 우리를 기다리고 있는지 꽤나 정확하게 알고 있다고 믿는다. 그렇지만 우리가 짐작하고 있는 곳에서는 행복을 찾을 수 없다. 바로 그 옆에서 행복이 우리를 부르고 있지만 신기하게도 우리는 눈길 한번 주지 않는다. 볼테르는 인간에 내재된 이러한 무능력을 다음과 같이 표현했다.

"행복이 문제가 될 때, 인간은 집을 찾아가려고 하는 술 취한 사람처럼 행동한다. 그들은 집을 찾을 수는 없지만 어디엔가 집은 분명히 있다는 사실만은 알고 있다."

심리학이 경제학에 말을 걸다

지금까지 경제학에 널리 퍼져 있는 원칙과 관념들이 실제로 인간의 만족을 증가시키고 있는지 살펴보면 금세 회의에 빠지지 않을 수 없다. 우리는 할아버지 세대보다 훨씬 더 부유하지만 행복은 소득과 비례하지 않는 것이 원칙이다. 오직 누가 진짜 더 큰 텔레비전을 소유하고 있느냐 하는 것만이 문제다. 그러므로 이제는 삶 속에 무언가 다른 것이 없는지 진지하게 고민할 때가 되었다.

영국의 경제학자 오스왈드는 '행복경제학'이라는 완전히 새롭고 혁명적인 학문분야를 열어 이런 문제점을 설명하고자 한다. 그 역사는 이제 10년이 조금 넘었지만 이 분야는 크게 붐을 일으키고 있다.

행복경제학이라는 이 새로운 학문 분야에서는 심리학자, 사회학자, 그리고 경제학자들이 학문의 벽을 뛰어넘어 거의 유래를 찾아볼 수 없는 협조체제를 구축하고 있다.

사실 오스왈드가 지금까지의 전통적인 경제학의 한계에 의심을 갖게 된 것은 이스털린의 연구결과로부터 점화된 것이다. 과거의 자료를 잠깐만 들쳐보는 것만으로도 더 많은 소득이 더 큰 행복을 의미하는 것이 아님을 확인할 수 있다. 어떤 것이 행복일까? 그리고 그런 행복을 어떻게 측정할 수 있을까? 다시 말해 주관적 감정인 행복을 어떻게 객관적이고 학문적으로 평가할 수 있는 크기로 전환시킬 수 있을까?

오스왈드가 고전경제학파라면 인간의 행복을 외형적 재화들을 측정하여 이런 문제에 답했을 것이다. 예를 들어 1인당 국민소득을 기준으로 삼는다면, 북유럽 국가들이 세계 정상에 등극할 것이며 콩고 민주공화국이 세상에서 가장 불행한 국민이 될 것이다. 국가 의료공급체계를 기준으로 삼는다면 모나코가 가장 행복한 나라이며 모잠비크가 가장 불행한 나라로 기록될 것이다. 인간개발지수(HDI : Human Development Index)라는 좀 더 섬세한 도구를 사용한다면 노르웨이가 가장 행복한 나라가 될 것이고 나이지리아에서 살고 싶다는 생각은 절대로 하지 말아야 할 것이다.

그 반대의 기준으로 행복의 수준을 측정할 수도 있다. 예를 들면 우울증의 빈도나 자살자의 숫자를 기초로 하여 한 국가의 불행을 파악해볼 수도 있다. 자살률로만 보자면 세계에서 한국이 참으로 불행한 나라에 속할 것이며, 유럽에서는 리투아니아가 불행한 나라에 속할 것이다.

이처럼 경제적인 기준만으로 인간의 행복을 평가하려는 것은 체온을 재서 암 환자의 건강상태를 알려고 하는 것과 별반 다를 게 없다. 이제 이런 문제에 관심이 있는 대부분의 학자들은 행복이 단지 경제적 조건만으로 설명할 수 없음을 알고 있다. 경제적 요소 이외에 사회관계적 요소, 사회 심리적 요소, 환경적 요소, 제도적 요소와 신체적 또는 인구학적 요소들을 함께 고려해야 한다. 이제 행복지수를 발표하는 국제기구들도 (아직은 통합된 모델은 없지만) 각기 나름대로 행복 관련요소들을 포함하기 시작했다.

예를 들면 세계경제포럼(WEF)에서는 국가 간의 기본요소, 효율성 제고, 기업 혁신 및 정교화 요인을 조사하여 '국가경쟁력 지수'를 발표하고 있으며, 국제연합개발계획(UNDP)에서는 기대수명, 문맹 퇴치율, 취학률, 1인당 국내총생산과 같은 지수를 조사하여 '인간개발지수(HDI)'를 발표하고 있다. 신경제재단(NEF)에서는 생태학적 요소에 중점을 둔 '행복한 지구 지수(HPI)'를 발표한다. 세계보건기구(WHO)에서는 100개의 질문으로 구성된 6가지 삶의 질 영역(신체적 건강, 심리적 요소, 자립성, 사회적 관계, 환경, 종교 및 개인적 신념)을 측정한 '삶의 질' 척도를 활용하고 있으며, OECD에서는 100여 개의 행복관련 지표를 조사하여 '국가행복 지수(NIW)'를 발표하고 있다.

그런데 디너는 아주 직접적인 방법으로 행복을 측정하려 한다. 그는 직접 사람들에게 물어보는 단순한 방법을 취한다. 그는 20년 동안 캘리포니아의 노숙자부터 독일의 평균적인 시민, 그리고 「포브스」가

선정한 미국의 400대 부호들에 이르기까지 전혀 다른 생활환경에서 살아가는 다양한 집단의 사람들을 대상으로 설문조사를 했다. 사람들에게 여러 가지 다양한 질문 외에 언제나 다음과 같은 똑같은 질문을 하나 더 던졌다. 그 질문은 "모든 점을 고려할 때 당신의 현재 상황은 '행복함', '그럭저럭 행복함', '별로 행복하지 않음' 중에서 어디에 해당할까요?"라는 것이었다. 이러한 연구를 통해 디너는 행복경제학의 가장 중요한 자료들 중 하나를 만들어냈다.

그렇게 해서 찾게 된 몇 가지 규칙들은 이런 것들이다. 가장 행복한 사람은 기혼자이며, 좋은 교육을 받았고, 돈을 잘 벌고, 부모가 이혼하지 않은 사람이다. 그리고 실업자는 세계 어디서나 가장 불행한 사람이었다. 두 번째 결혼은 첫 번째 결혼보다 덜 행복하다. 종합적으로 보면 행복과 삶에 대한 만족감은 일생을 지나는 동안 U자 형태를 그리게 된다. 다른 요소들이 안정적으로 머문다는 것을 전제로 삶에 대한 만족은 30대에서 40대 사이에 최저점에 이른다.

행복의 척도는 무엇인가?

이제 우리 삶의 행복도를 결정하는 것이 무엇인지 알아보자.

우리의 행복한 삶에 영향을 주는 첫 번째 요인으로 '소득'을 꼽는다. 그런데 영국인과 독일인들은 50년 전에 비해 두 배 이상의 돈을 벌고 있음에도 불구하고 어째서 그때보다 더 행복하지 않을까? 비슷한 경제성장을 누리고 있는 미국인들은 심지어 어째서 더 불행하다고 생각하는 것일까? 이런 질문에 대한 해답은 2004년에 경제학자 디뉴, 텔라, 맥클로프가 하버드에서 발표한 「개인패널들의 소득과 지위에 대한 행복의 적응」이라는 논문을 통해 밝혀졌다. 이런 현상은 그것을 처음으로 설명한 사람의 이름을 따서 '이스털린 패러독스'라고 한다. 그 내용을 좀 더 살펴보자.

이들은 표본으로 선발된 7,812명의 독일인을 대상으로 16년 이상 매년 반복해서 설문조사를 했다. 연구결과는 이렇게 요약할 수 있다. 더 좋은 직업이나 더 높은 지위에 오른 사람들은 몇 년 후까지도 훨씬 높은 만족도를 보여주었다. 인정을 받게 되면 지속적으로 긍정적인 작용을 하는 것으로 나타났지만 이와는 달리 더 높아진 소득은 오로지 첫 해 동안에만 현저하게 삶의 만족도를 높이는 작용을 한다. 두 번째 해에도 여전히 측정 가능한 수준의 효력을 발휘하지만, 세 번째 해가 되면 거의 찾아보기가 힘들어진다. 그리고 네 번째 해가 되면 소득 증가에 따른 효과는 흔적조차 확인할 수 없게 된다.

돈이 행복을 만드는 효과가 완전히 없어졌다고 말할 수는 없지만, 돈의 위력은 4년이 지나면 그 효과가 0이 되거나 0까지 내려감을 확실하게 발견한 것이다. 이러한 현상이 벌어지는 이유는 이미 앞에서 상세하게 설명한 인간의 '적응능력'에 있을 것이다. 우리는 가능한 모든 것에 익숙해진다. 더 높아진 소득도 마찬가지다.

우리의 행복한 삶을 결정하는 두 번째 요소는 '욕구'다. 1978년 미국인을 대상으로 텔레비전에서 수영장까지 총 24개의 재화목록이 적혀 있는 설문지를 보여주고 현 시점에서 소유하고 있는 것을 물었다. 그리고 16년이 지나서 똑같은 사람들에게 똑같은 질문을 다시 던졌다. 무엇을 소유해야 잘 사는 것일까? 우리의 꿈이 실현되면 어떤 일이 벌어질까? 삶의 수준과 욕구 사이에는 어떤 연관성이 있을까? 더 많이 가지고 있는 사람들이 또 더 많은 것을 필요로 할까?

우리가 예상하듯이 어제의 꿈이 이루어지고 나면 손바닥 뒤집듯 쉽게 그리고 빠르게 더 높은 꿈을 새로 꺼내들게 된다. 수준과 수준을 넘어서려는 욕구, 표준과 표준을 넘고 싶다는 바람은 마치 약속이라도 한 것처럼 함께 움직인다. 원하는 것이 채워지면 또 다른 한 쪽, 즉 욕구의 수준이 금방 위로 올라간다. 16년이 지난 오늘날 미국인들은 '행복한 삶'을 위해 새로운, 훨씬 더 호화스러운 재화를 거의 필수적인 물건으로 여기고 있다. 이 연구에서 알 수 있었던 것은 한편으로는 삶으로부터 무엇을 기대하는가 하는 우리의 욕구가 중요하게 작용하며, 다른 한 편으로는 우리의 적응능력 역시 우리의 행복한 삶을 결정하는 중요한 요소로 작용한다는 것이다.

그렇다면 욕구는 어떻게 생겨날까? 욕구가 생겨나는 자리는 바로 우리가 과거에 직접 쌓은 경험이다. 지난 달 1천 달러를 벌었다면 다음 달에도 최소한 같은 월급을 받을 것이라고 기대한다. 그러나 보다 더 결정적이고 더욱 가시적인 욕구의 출발점은 우리의 이웃, 동료 그리고 친구들이 세워 놓은 표준, 즉 생활수준이다. 이들이 앞서 달려나가면 우리는 즉각 큰 충격에 휩싸여 차별대우를 받고 있다고 느낀다. 그리고 의식적, 무의식적으로 최대한 빨리 선행주자를 따라잡기 위해 전력질주를 하게 된다.

하버드 대학 경제학과 러트머 교수가 발표한 「이웃은 마이너스 요인」이라는 논문은 이웃이나 친구가 설정하고 있는 목표나 이미 소유한 재산이 우리를 얼마나 크게 동요하게 만드는지를 잘 보여주고 있다. 그는 수년 동안 9천 명의 미국인을 대상으로 소득과 주관적 행복을 조사했다. 기대했던 대로 재정적으로 큰 손실을 입어야만 했던 사람들은 모두 그들의 삶에 대한 만족도가 크게 감소했다.

그는 또 하나의 요소를 추가해 그것이 사람들의 주관적인 행복감에 어떤 영향을 미치는지 연구했다. 그 요소란 응답자와 가까운 사람들의 소득이다. 결과는 충격적이었다. 사람들은 자신의 소득은 변하지 않았지만 이웃의 소득이 증가하면 자기 소득이 감소한 것과 똑같은 불행을 느낀다.

우리의 주관적 행복을 조종하는 세 번째 요소는 앞에서 언급한 '지위', 다시 말해서 '상대적 위치' 이다. 지위는 우리의 욕구를 높은 곳으로 끌어올리는 추진력이다. 우리의 행복은 지금까지 설명한 적응능력, 욕구와 지위라는 세 가지 요인이 강력한 영향력을 지닌 삼각편대에 의해서 결정되는 것이다.

칠레의 경제학자 니프와 그 일행이 치아파라는 고원지대를 여행하던 중 마음에 쏙 드는 나무의자를 발견했다. 목공에게 의자의 가격을 묻자 12페소라고 대답했다. 비싸지 않다고 생각해 10개를 사면 얼마냐고 다시 물었다. 그랬더니 목공은 150페소를 달라고 말했다. 일행이 "어째서 가격이 더 올라갈 수 있나요?" 하고 따지듯이 말하자 인디오 목공은 이렇게 대답했다.

"그렇기는 하지만, 의자 하나를 만들 때는 재미있게 일을 하는데, 10개를 만드는 것은 지루하잖아요."

목공은 이 단 한마디로 온 세상이 떠받들고 있는 돈의 논리를 깨뜨려버렸다. 돈의 논리 속에서는 개인의 이익이 곧 공익이 된다. 돈은 즉 행복이고, 더 많은 돈은 더 큰 행복이어야 하는 것이다.

생활수준을 더 높이 밀어 올리는 데 성공하면 바로 우리보다 더 화려하게 살아가는 다른 수준을 기준으로 삼는다. 그렇기 때문에 우리는 평균적으로 50년 전 우리의 할아버지 세대보다 두 배는 더 부유하지만 더 만족하지는 못한다. 그렇기 때문에 수많은 사람들이 많은 돈을 가지고 있으면서도 별로 행복하지 못하다고 고백할 수밖에 없다. 오늘날까지도 사유재산을 거부하고 있는 전 후터교 지도자 발포트는 "더 많은 재산을 가질수록 사람들은 더 가난하게 된다. 찾으려는 자는 잃게 될 것이요, 탐하는 자에게는 오히려 부족하게 될 것이다"라는 명언을 남겼다.

행복경제학의 선구자인 이스털린은 이렇게 말한다.

"대부분의 사람들은 그들의 만족과 행복을 아주 간단하게 증진시킬 수 있다. 돈을 버느라 쓰는 시간을 줄이고, 가족이나 건강 등의 '본질적 재화'를 위해 더 많은 시간을 쓰는 것으로 충분하다. 그들은 본래 얻을 수 있는 것보다 훨씬 더 적은 만족을 얻는 것에 그치고 있다. 더 많은 돈이 지속적으로 더 행복하게 만들어준다는 잘못된 가정에서 출발했기 때문이다.”

행복경제학자들은 절대로 돈이 불필요하다든지 나쁜 것이라고 말하지 않는다. 그렇다고 돈이 좋다는 말은 절대 아니다. 돈은 단순히 실용적인 수단일 뿐이다. 인간의 생명유지에 산소가 필요하듯이 돈은 절대적으로 필요하다. 그렇지만 돈이 개인이 살아가는 목표, 집단 사회가 지향하는 목표가 되면서 우리는 거의 절망적으로 돈의 가치를 망가뜨리고 있다. 부유함을 목표로 달려간다는 것은 마치 해적들이 항해하는 배를 약탈하기 위해 만든 거짓 등대를 향해 달려가는 것과 같은 이치다. 안전한 길인 양 유혹하면서 올바른 길에서 벗어나게 만든다. 그래서 돈은 늘 인생이란 배를 난파시키곤 한다.

이제 자신이 행복한 사람인지 불행한 사람인지, 행복하다면 얼마나 행복하고 불행하다면 얼마나 불행한지 그 정도를 한번 측정해보기로 하자. 류보머스키는 전반적인 행복의 정도를 측정할 수 있는 간단하고 대중적인 네 문항짜리 척도로 구성된 다음과 같은 ‘주관적 행복 척도’를 만들어 사용한다.

주관적 행복 척도

다음의 진술이나 질문을 읽고 당신을 가장 적절하게 묘사한다고 생각하는 숫자에 동그라미를 치십시오(4개의 각 문항마다 척도의 양끝에 표시된 표현이 다르다는 사실에 유의하십시오).

1 나는 자신이 대체로 __________이라고 생각한다.

* 매우 행복하지 않은 사람 ❶-❷-❸-❹-❺-❻-❼ 매우 행복한 사람

2 대부분의 내 연배들과 비교해볼 때 나는 자신이 ________라고 생각한다.

* 덜 행복하다 ❶-❷-❸-❹-❺-❻-❼ 더 행복하다

3 "어떤 사람들은 대체로 행복하다. 그런 사람들은 삶에서 어떤 일이 일어나든 상관없이 모든 것을 최대한 누리면서 삶을 즐기는 것 같다." 이 진술은 당신을 묘사하는 데 어느 정도나 해당되는가?

* 전혀 해당되지 않는다 ❶-❷-❸-❹-❺-❻-❼ 매우 크게 해당된다

4 "어떤 사람들은 대체로 행복하지 않다. 우울증을 앓는 것은 아니지만 그들이 마땅히 행복해야 할 만큼 행복해 보이지 않는다."
이 진술은 당신을 묘사하는 데 어느 정도나 해당되는가?

* 매우 크게 해당된다 ❶-❷-❸-❹-❺-❻-❼ 전혀 해당되지 않는다

● **점수계산 방법**

▌1단계

총점 = 1문항 :___ + 2문항 :___ + 3문항 :___ + 4문항 :___ = ____

- 행복점수(앞에서 산출한 총점을 4로 나눈 수치) = ______

  날짜 : ______

- 행복점수(2차 측정) : ______

  날짜 : ______

- 행복점수(3차 측정) : ______

  날짜 : ______

여러분이 얻을 수 있는 가장 높은 행복점수는 7이며, 가장 낮은 점수는 1이다. 평균 점수는 4.5에서 5.5다. 당신의 행복점수가 4.5보다 낮다면 평균적인 사람들보다 덜 행복한 것이며, 당신의 점수가 5.6 이상이라면 평균적인 사람들보다 더 행복한 것이다.

기타
환경요인들

환경은 행복에 10퍼센트 정도 영향을 미친다. 행복에 영향을 끼치는 환경요인으로 가장 강력한 것은 물질, 즉 경제력(돈)이다. 지금까지 물질과 행복과의 관계에 대해 알아보았다. 이제 물질 다음으로 중요하다고 생각되는 또 다른 환경요인과 행복과의 관계에 대해 차례로 알아보겠다. 이제부터 논할 환경적 요인은 신체적 외모, 사회적 지위, 결혼, 뜻밖의 횡재와 같은 요인들이다.

미모와 행복

스톡홀름 동물학회에서 한 연구를 통해 닭도 사람과 같이 외모가 잘 생긴 사람을 좋아한다는 논문을 발표한 바 있다. 여러 가지 얼굴

모양을 그린 먹이통 위에 먹이를 놓아두면, 닭은 잘 생긴 얼굴이 그려진 먹이통 위에 있는 먹이를 제일 많이 먹는다. 닭도 잘 생긴 얼굴을 좋아한다고 해석할 수 있다.

신생아 역시 매력적인 얼굴을 더 좋아한다는 사실이 밝혀졌다. 성인들이 매력적이라고 평가하거나 매력적이지 않다고 평가하는 한 쌍의 사진을 생후 6~8개월 된 34명의 신생아에게 보여주었다. 신생아는 말을 할 수 없기 때문에 사진을 응시하는 시간을 측정했다. 그 결과 71퍼센트의 신생아들이 매력적이라고 평가했던 사진을 더 오랫동안 쳐다보았다. 아마도 매력적인 얼굴은 그렇지 않은 얼굴에 비해 더 부드럽게 보이고 곡선을 이루며 좌우가 대칭적으로 균형이 잘 잡혀 있기 때문일 것이다. 어른들도 잘 생긴 사람을 더 좋게 평가한다. 미국의 한 조사에 의하면 잘 생기고 스타일 좋은 남성들은 같은 나이의 못생긴 남자들에 비해 월급을 25퍼센트나 더 받았다고 한다.

이처럼 사람에게 외모만큼 중요한 것도 없을 것이다. 요즈음 육순이 넘은 할머니들도 쌍꺼풀 수술이나 주름살 제거수술은 물론 가슴 확대수술까지 받는 것을 보면 젊은 사람들만 외모를 중시하는 것은 아닌 것 같다. 외모가 매력적인 사람은 그렇지 못한 사람에 비해 호감을 사기 쉽고 자긍심 또한 높아지기 때문일 것이다.

사람에 대한 호감도를 평가하는 데 있어서 신체의 외모가 매우 큰 영향을 끼친다는 것은 오래 전부터 밝혀진 사실이다. 사람들은 매력적인 사람이 그렇지 않은 사람에 비해 더 재미있고 안정되어 있다고 생각한다. 게다가 사교적이고 독립적이며 온화한 것으로 평가하는 경향이 있다. 또한 잘 생긴 사람은 지능이 더 우수하고, 더 유쾌하다고 여긴다.

이를 증명하는 한 예를 들어보겠다. 한 연구에서 남자 대학생들에게 'TV의 역할과 사회적 영향'이라는 제목의 글을 읽고 평가하게 했다. 명료하고 문법적으로 틀리지 않으면서 체계적으로 구성되어 있는 글과 문법과 철자가 정확하지 않고 산만한 내용인 두 가지 글이 평가 대상이었다. 물론 각각의 글에는 글을 쓴 아주 매력적인 여자 사진과 못생긴 여자 사진이 붙어 있었다. 분석 결과 전반적으로 매력적인 사람이 쓴 글이라고 생각했을 때 후한 점수를 주는 것으로 밝혀졌다.

외모라는 것은 사실 체격뿐 아니라 복장이나 표정, 자세, 태도, 행동거지 등을 모두 포함한다. 이런 관점에서 외모란 신체적인 미모뿐 아니라 그 사람의 총체적인 모습을 의미하기 때문에 포장지를 탓하는 데 에너지를 쓰기보다는 품질을 향상시키는 데 쓰는 것이 더 현명할 것이다. 사람들은 "보기 좋은 떡이 먹기도 좋다"고 말하지만, 적어도 일회용이 아니라면 품질을 더 중요시한다. 왜냐하면 포장만을 중시한 순간의 선택은 평생을 후회하게 만들 수 있기 때문이다.

한국 사람들은 왜 성형을 하는가?

인간의 품성보다는 포장지와 같은 외모를 중시하는 풍조는 서양의 개인주의적 특성을 강조하는 문화적 적응의 결과로 보인다. 미국 심미성형수술협회는 점점 더 많은 사람들이 매년 외모를 고치고 있다고 보고한다. 2004년에는 2003년에 비해 미용시술의 사례가 44퍼센트 증가했다.

대부분의 사람들은 수술 후 외모에 만족한다고 대답한다. 그렇지만 만족은 잠깐뿐이다. 그렇게 높아진 행복감은 지속되지 못한다. 아름다운 사람들에게 자신의 외모에 만족하느냐고 물으면 "물론"이라고 대답할 것이다. 그렇지만 전반적으로 그들의 외모는 행복을 판단하는 데 지극히 사소한 영향만 미칠 것이다. 왜냐하면 수술하여 외모를 아무리 아름답게 만들어도 곧 쾌락적응이 일어나서 더 이상 아름답게 생각하지 않기 때문이다.

2007년도 기준으로 전체 성형수술 횟수를 국가별로 보면 미국이 1위이며, 아시아에서는 일본이 4위, 대만이 14위, 한국이 15위를 차지하고 있다. 특히 일본의 경우 전체 성형수술 중 21~50세 미만의 비율이 91퍼센트인데 비해 한국은 49퍼센트이며, 50대 이상도 43퍼센트나 된다. 한국인의 3대 성형수술 빈도에 해당되는 것은 레이저 박피수술, 주름을 제거하기 위한 보톡스 주사, 쌍꺼풀 수술인 데 반해서 일본인은 쌍꺼풀 수술, 피부를 당겨 올리는 주름제거 수술, 지방제거 순이다. 한편 10만 명당 성형수술 횟수로 보면 아시아에서는 대만이 13위, 일본이 18위이며, 한국은 27위에 올라 있다.

한국인은 자신의 신체 중에서 불만스러운 부분으로 하체(17.1퍼센트), 배(14.6퍼센트), 체중(12.5퍼센트), 키(11.6퍼센트)를 들고 있으며, 얼굴(9.6퍼센트)과 상체(9.5퍼센트)는 생각보다 적다. 한국인은 북방계형의 체질적 영향이 강해 하체가 굵으므로 이에 대한 불만이 높아 각선미에 특별한 관심을 보이고 있음을 알 수 있다. 그렇지만 미를 결정짓는 가장 중요한 요인으로 역시 얼굴(25.8퍼센트)이 가장 높고, 몸매(18.6퍼센트)가 그 다음을 차지하며, 마음씨(13.5퍼센트), 매너(10퍼센트)는 적은 비중을 차지한다.

한국 여성의 55퍼센트가 인생에 있어 내면보다는 외모가 더 중요하다고 생각한다. 다른 조사에서는 이보다 높아서 얼굴(64퍼센트)이 몸매(16퍼센트)와 체형(15퍼센트)보다 더 중요하다고 생각한다. 얼굴에서는 이목구비의 조화(47퍼센트), 뚜렷한 눈코입(30퍼센트), 좋은 피부(17퍼센트), 얼굴형태(8퍼센트), 얼굴크기(3퍼센트) 순으로 중요성을 인식하고 있다.

성형수술의 동기는 한일 간 차이가 크다. 한국인은 자기현시욕이 강하다. 한국에서는 다른 사람에게 자기를 돋보이려는 목적에서 성형수술을 받는다. 화장도 같은 목적이다. 그러나 같은 질문을 일본에서 해보면 자기만족을 위해서 성형수술 받는 일을 자랑스럽게 생각하지 않는다. 한국에서는 성형수술 받는 일을 다이어트 성공처럼 적극적인 자기관리 정도로 생각한다. 그러나 일본에서는 성형수술을 받았느냐고 물으면 아주 결례가 된다. 외모의 아름다움에 집착하는 사람 정도로만 보느냐며 아주 불쾌하게 여긴다.

한국에서는 72퍼센트의 여자가 용모관리를 위해 성형수술이 필요하다고 생각하고 있으며, 가능하면 안 하는 편이 좋다고 생각하는 사람은 20.4퍼센트 정도로 적다. 국내의 한 일간지 조사결과에 의하면 한국의 18세 이상 여자 10명 중 8명꼴로 미용을 위해 성형수술이 필요하다고 생각하고 있으며, 2명 중 1명꼴로 1번 이상 성형수술을 받은 적이 있다고 한다. 자신의 외모 때문에 스트레스를 받은 적이 있다는 응답자도 아주 많아서 이 때문에 25~29세의 여자 중 81.5퍼센트가 성형수술의 필요성을 느끼고 있고, 61.5퍼센트는 실제로 성형수술을 한 경험이 있다.

다른 국가의 여성들도 이처럼 성형수술을 생활의 한 과정으로 생각하고 있을까? OECD 30개 국가별 15세 이상 국민의 비만 순위를 보면 한국은 29위, 일본은 30위에 올라 있어서 실제로는 한국인이 비만 국가에 노출되어 있지 않지만, 아름다워지려는 욕구는 대단히 높음을 알 수 있다. 한국인의 비만 인구 비율은 OECD 30개 국가 중에서 3.5퍼센트로 가장 낮다. 한국에 이어 일본(3.9퍼센트), 스위스(7.7퍼센트), 노르웨이(9.0퍼센트), 이탈리아(9.9퍼센트)도 비만 인구가 적다.

한국과 일본이 다른 나라에 비해 비만율이 현저히 낮은 이유는 채식이 많은 식습관이 영향을 미친 것으로 풀이된다. 한국인의 1인당 연평균 과일과 채소 섭취량은 275.1킬로그램으로 OECD 30개 국가 중 그리스(422.7킬로그램), 터키(338.1킬로그램), 이탈리아(309.3킬로그램), 포르투갈(297.2킬로그램)에 이어 가장 많다.

비만 비율을 성별로 보면 여성의 경우 한국(3.3퍼센트)이 일본(4.3퍼센트)과 상당한 격차를 나타내며 가장 양호한 것으로 밝혀졌다. 이런 결과는 한국인들의 강박증에 가까운 다이어트 열풍을 무색하게 하고 있다. 그러나 남성의 경우 일본(3.4퍼센트)이 제일 낮고, 한국(3.7퍼센트)이 뒤를 이었다. 우리나라의 과체중 인구 비중은 27.0퍼센트로, 비만과 과체중 인구를 합한 비율(30.5퍼센트)은 일본(24.9퍼센트)보다 높

았다. 비만율이 높은 나라는 미국(34.3퍼센트), 멕시코(30.0퍼센트), 뉴
질랜드(25.0퍼센트), 영국(24.0퍼센트), 그리스(21.9퍼센트), 룩셈부르크
(18.6퍼센트), 캐나다(18.0퍼센트), 체코(17.0퍼센트), 핀란드(14.1퍼센트),
독일(13.6퍼센트), 덴마크(11.4퍼센트), 스웨덴(10.7퍼센트), 네덜란드
(10.7퍼센트), 이탈리아(9.9퍼센트), 노르웨이(9.0퍼센트) 등의 순이었다.

진정한 미의 기준은 내 마음속의 행복이다

특히 성형은 관심을 가질수록 빠져나오기 힘든 측면을 갖고 있어
중독되기 쉬운데, 성형 중독은 대개의 경우 뇌의 전달물질 부작용으
로 일어난다. 성형을 하고 나서 "예뻐졌네" 하는 이 한마디의 칭찬을
들었을 때 느끼는 전율, 그리고 거울을 통한 확인, 다시 하고 싶은 충
동 등의 일은 중독이라고 부르기에 충분하다.

상상하는 외모에 비교해 자신의 외모가 부족함에 집착하는 신체기
형 장애(BDD : Body Dysmorphic Disorder)는 일종의 강박장애이고 정
신병이다. 거울 앞에서 몇 시간씩 자신의 외모에 흠을 잡으면서 보낼
정도로 상태가 심각하다. 성형에 지나친 관심을 가진 사람도 신체기
형 장애로 갈 가능성이 높다.

신체기형 장애가 발생하는 원인에 대해서는 여러 가지 이론이 있
다. 우선 생물학적 이론으로, 이는 뇌 안의 신경전달물질에 불균형이
일어났기 때문이라는 견해다. 다음으로 사회문화적 이론을 들 수 있
다. 오늘날 우리 사회는 잡지를 펴도, TV를 켜도 계속 동일한 메시지
를 받게 된다. 특히 외모가 중요하다는 정보를 광범위하게 접하다 보

니 자신의 외모를 개선하기 위해 노력해야 한다고 판단하게 된다. 이러한 메시지에 더 많은 영향을 받게 되면 장애가 일어날 수 있다.

그러나 가장 이상적인 미의 기준은 마음속의 행복이다. 마음이 평온하고 행복하면 외모는 크게 문제가 되지 않으며 성형을 할 필요도 없다. 성형을 하는 대부분의 여성은 부정적인 자아 이미지를 가지고 있으며 성형외과를 찾아가서 수술을 해서 나아지고 싶어 한다. 신체 기형 장애는 치료가 가능하며 치료결과는 상당히 효과적이다. 가장 간단하면서 효과적인 치료법은 바로 거울을 이용하는 것이다. 얼굴의 어느 부분이 마음에 들지 않는다고 생각하더라도 거울을 보면서 다른 부분에 대해서 긍정적인 면에 대해 대화하는 형식으로 이야기를 해나 간다. 그리고 긍정적인 면을 의도적으로 부각시키면서 스스로에게 말 한다.

우리 뇌의 전두엽은 쓸데없는 생각을 할 때 이를 적절히 억제하는 기능을 갖고 있어서 우리 몸의 CEO라고 불린다. 강박증 환자들은 전 두엽 기능에 일부 이상이 있기 때문에 그 생각을 적절하게 억제하지 못하고 자꾸 반복해서 떠올리는 것이다. 자꾸 떠오르는 생각 때문에 불안하고, 불안을 없애기 위해 반복적인 행동을 한다. 강박증이 심한 경우 자기의 수족을 절단하고 싶은 열망을 강하게 느끼는 '신체통합 정체성 장애'를 경험하기도 한다.

행복한 대학생과 불행한 대학생들을 자원 참가자들로 실험실에 끌 어들여서 다양한 방법으로 연구해 보았다. 학생들의 사진과 비디오를 찍어서 그것을 평가단에게 보여주면서 그들의 신체적인 매력을 평가하도록 했다. 어떤 연구에서는 참가 학생들에게 "평소 차림 그대로 오라"고 했고, 또 다른 연구에서는 화장을 지우고 액세서리도 달지 말라고 하고 옷과 머리를 가렸다.

참가자들에게 목욕용 모자로 머리를 가리고 흰색 실험용 가운을 입혀서 옷도 가리도록 했다. 또는 마치 놀이공원에서 공주나 근육맨 모형에 사람들의 머리를 밀어 넣고 사진을 찍는 것처럼 커다란 판자에 구멍을 뚫어 참가자들이 머리를 들이밀게 했다.

이 같은 특이한 설정을 통해서 행복과 매력 간의 관계를 연구할 수 있었다. 연구결과 의미심장한 결과가 나타났다. 자신이 행복하다고 생각하는 참가자는 자신이 매력적이라고 믿는 경향이 있지만 심사위원들은 그들을 다른 참가자들보다 더 잘생겼다고 평가하지 않았다. 행복한 사람들이 자신의 자연스러운 아름다움을 더 돋보이도록 꾸미는 데 재주가 있을지는 모르겠다.

결론적으로 잘 생긴 사람이 더 행복한 것은 아니었다. 행복한 사람은 자신의 외모를 포함한 삶의 모든 것을 긍정적이며 낙관적으로 인식할 가능성이 높다. 다른 사람들이 그를 신체적으로 더 아름답다고 평가하는 것이 아니라 스스로 자신을 아름답다고 평가한다. 결국 다른 사람들에게 더 아름답게 보이려는 행위는 그를 더 행복하게 해주지 못한다는 사실을 입증한다. 연구결과는 이처럼 자신을 아름답다고 믿는 것이 행복감을 높여주는 여러 요인들 중의 하나일지 모른다는 점을 암시한다.

사회적 지위와 행복

진화론적으로 말해서 사회적 지위가 높을수록 생존 가능성은 그만큼 높아진다. 따라서 한 집단의 사회적 위계에 잘 적응하면 그 집단 내에서 번성할 수 있다. 그런 면에서 남성은 위계를 파악하고 그에 적응하는 능력이 여성에 비해 매우 뛰어나다. 사회적 지위가 생존기회를 결정짓는 이유를 설명하는 것은 그리 어려운 일이 아니다. 사회적 질서와 체계를 잘 이해하지 못하면 그 집단에서 제외되기 쉽고, 그래서 생존 확률은 그만큼 떨어진다. 남성들은 어떤 행위를 하면 사회적 지위를 잃고 어떤 행위를 하면 사회적 지위를 얻을 수 있는지를 파악하는 능력이 우수하다. 예를 들면 경쟁 상대와의 눈맞춤을 통해서 신속하게 위험성을 인지하고, 자신의 지위를 잃을지 또는 높일 가능성이 있을지를 판단하여 효율적인 행동을 취한다.

사회적 지위를 선호하는 또 다른 이유는 성 상대자 선택 때문이다. 사회적 지위가 높을수록 여성으로부터 선택받을 가능성은 그만큼 높아진다. 그래서 사회적 지위는 수컷 간 경쟁에서 핵심적으로 중요한 요인이 된다. 이와 관련된 보다 구체적인 내용은 2장에서 상세히 논하기로 하자.

상대적 비교의 대상으로서 사회적 지위에 대한 연구결과는 우리에게 재미있는 결론을 시사한다. 캘리포니아 대학의 사폴스키는 20년 넘게 동아프리카에 살면서 개코원숭이의 계급과 지위가 건강에 미치는 영향을 연구했다. 낮은 계급이 높은 계급에 의해 괴롭힘을 당하게 되어 더 많은 스트레스를 받을 것인지, 아니면 높은 계급이 자신의 지위를 지키기 위해 더 많은 신경을 쓰는지를 알아보았다. 그는 개코원숭이를 마취하고 혈액을 추출해 스트레스 호르몬과 콜레스테롤 수치를 분석했다. 그 결과 계급구조에서 가장 아래쪽에 위치하고 있는 개코원숭이들은 가장 심각한 스트레스에 시달리고 있었다.

결국 낮은 위치의 원숭이들이 지속적으로 혈액 속에 많은 호르몬을 분비하고 있어서 병에 걸릴 위험도 훨씬 크다는 것을 알아냈다. 그러나 그들이 계급구조 속에서 높은 위치에 오르는 데 성공하면 그들의 상태는 단번에 나아진다는 사실도 밝혀냈다. 높은 위치의 원숭이들은 분풀이를 하기 위해 자기보다 약한 원숭이를 찾기 때문이다.

이 연구를 통해 배울 수 있는 것이 몇 가지 있다. 실제로 낮은 사회·경제적 위치에 있는 사람들은 더 높은 위치에 있는 사람들에 비해 스트레스로 인한 질병에 걸리는 빈도가 훨씬 더 높다. 이러한 결과는 낮은 위치에 있는 사람들이 성공한 위치에 있는 사람들보다 더 열악한 의료서비스를 받는다는 견해와는 별로 관계가 없다. 질병을 일으키고 죽음을 부르는 결정적인 요인은 바로 '사회적인 위치', 즉 '지위'다.

상대적 지위가 높을수록 오래 산다

영국의 공중보건학자 마멋은 이러한 사폴스키의 연구결과가 인간 사회에서도 똑같이 적용됨을 확인했다. 그는 영국의 공무원을 대상으로 수행한 연구에서 건강과 수명은 소득이나 생활방식과는 별로 관련이 없으며, 사회적인 위치가 훨씬 더 결정적인 요인임을 밝혀냈다. 다시 말해 자기 인생에 대한 환경의 영향, 그리고 사회의 가치 있는 일원으로서 인정받을 수 있는 기회가 중요한 것이다. 이런 사실을 마멋은 '지위 신드롬'이라고 불렀고, 이를 확인하기 위해 장기간에 걸친 '화이트 홀 연구'에 착수했다. 화이트 홀은 수많은 정부기관들이 들어서 있는 런던의 거리 이름으로, 영국에서는 공무원의 동의어처럼 사용된다.

이 공무원 사회의 1만 8,000명 이상을 대상으로 마멋은 1967년부터 연구를 시작했는데, 중요한 사실 한 가지를 발견했다. 단순직 공무원은 최고 등급의 공무원보다 네 배나 높은 사망률을 가지고 있을 뿐 아니라, 그런 현상이 사회적 계급에 따라 진행된다는 것이다. 계급이 낮을수록 정년이 되기 전에 사망할 확률이 더 높게 나타났다. 사환들은 서기들보다 일찍 죽었고, 서기들은 관리직 공무원보다 일찍 죽었다. 관리직 공무원은 다시 고위 행정관들보다 이른 나이에 세상을 떠났다.

통계적으로 보면 고위 행정관이 심장병으로 사망하는 확률은 가장 낮은 계급의 공무원들에 비해 3분의 1에 불과했다. 뇌졸중이나 심지어 사망사고와 같은 다른 사망원인의 경우에도 그런 확률의 차이는 비슷한 수준으로 낮은 직급의 공무원에게 불리한 것으로 나타났다. 관리자나 부서장은 사환이나 서기 같은 단순직 공무원에 비해 평균 4.4년을 더 오래 사는 것으로 확인되었다. 이러한 현상에 대해 마멋은 이렇게 말한다.

"우리가 사회의 계급구조 속에서 어느 단계에 위치하고 있든, 우리의 건강은 평균적으로 우리보다 아래에 있는 사람보다 좋고 우리보다 위에 있는 사람보다 나쁩니다. 아래쪽으로 내려갈수록 병에 걸리기 쉽고 죽을 확률이 높아지는 것입니다."

세계보건기구가 발표한 통계자료도 이런 결과를 입증하고 있다. 저소득층의 평균 기대수명은 56.5세(남 55세, 여 58세)지만 중하층은 68.5세(남 67세, 여 70세)까지 살았으며, 고소득층은 79.5세(남 77세, 여 82세)까지 사는 것으로 나타나 고소득층이 저소득층에 비해 23년이나 더 오래 사는 것으로 조사됐다.

교육수준도 사회적 지위의 영향과 비슷하다. 비교적 사회적 차이가 적은 나라인 스웨덴에서 흥미 있는 조사 결과를 발표했다. 박사학위를 갖고 있는 사람들이 같은 대학에서 석사학위까지만 취득한 사람들보다 수명이 더 길다는 점이다. 석사학위 소지자들은 학사학위 소지자들보다 더 오래 살았고, 학사학위 소지자들은 대학을 가지 않은 사람들보다 더 긴 수명을 누렸다.

그러면 대학 학위가 건강에 좋다는 말인가? 절대로 그렇지 않다. 그러면 무엇을 의미하는가? 교육수준이 높을수록 주어진 환경을 처리하는 자신감이 높아진다. 즉 더 많은 교육을 받은 사람은 여러 상황에서 자기 생각대로 삶을 이끌어갈 수 있는 기회를 더 많이 가질 수 있다. 혹은 더 나은 교육은 자기 자신을 가치 있는 사회인으로 느낄 수 있는 기회가 더 많다는 의미이기도 하다.

한국의 경우 부모의 교육수준이나 경제력, 소위 '교육에 의한 부의 대물림 현상'이 자녀의 성적에 얼마나 영향을 미칠까? OECD 40개 국가 중에서 덴마크(0.94), 독일(0.90), 미국(0.80), 캐나다(0.70), 영국(0.68), 스위스(0.67), 프랑스(0.59), 핀란드(0.57) 등이 상위권에 있으며, 33번째에 속해 있는 한국(0.43)과 일본(0.27)은 하위권이다. 선진국에 비해 한국은 아직도 "개천에서 용이 날 수 있으며, 기회가 많은 나라"임을 알 수 있다.

사회적 지위가 높거나 교육수준이 높은 집단은 사회적 지위가 낮거나 교육수준이 낮은 집단과 비교하여 상대적으로 건강하고 수명도 더 길다는 결과는 이들이 삶을 살아가는 일과 환경 등을 보다 효율적이고 능동적으로 통제할 수 있기 때문이다. 이들이 일과 환경을 통제할 수 없을 정도로 힘들고 어려운 것으로 판단하면 그 반대의 결과를 예상할 수도 있다. 이를 입증하는 재미있는 동물 실험의 예를 들어보겠다.

동물에게 심리적인 스트레스를 주어 행동이나 호르몬의 변화를 연구해 보았다. 다음에 오는 그림에서 볼 수 있는 것처럼 플라스틱 상자 앞에는 천정에서 내려온 둥근 원반이 있으며 그것은 쥐가 아래로 잡아당길 수 있게 되어 있다. 그리고 세 마리 모두 꼬리에는 전기 충격을 주기 위한 전극이 달려 있다. A쥐는 눈앞에 있는 원반을 끌어당겨서 꼬리에 가해지는 전기충격을 정지시킬 수 있다. 즉 스트레스를 통제할 수 있는 A쥐를 인간에 비유하면 관리직이라 할 수 있다.

이에 비해 쥐 B의 상황은 A쥐와 한 가지 차이가 있다. B쥐 눈앞에도 원반이 내려와 있지만 그 원반은 아무리 끌어당겨도 전기충격을 정지시킬 수 없는 가짜다. 따라서 B쥐는 전기충격을 통제할 수 있는 기술을 가지고 있지 못하다. 게다가 꼬리의 전극은 A쥐와 직렬로 연결되어 있어서 A쥐와 강도와 길이가 똑같은 전기충격을 받게 되어 있다. 전기 충격 통제에 대한 성공과 실패를 A쥐와 함께 감수해야 하는 운명공동체라는 의미에서 이 쥐를 부하직 쥐라 부르겠다. 그러나 오른쪽 쥐 C는 다른 두 마리의 쥐와 마찬가지로 상자에 담겨 있고 전깃줄도 연결되어 있지만 전기 충격은 조금도 가하지 않는다. 즉 C쥐는 통제군 쥐에 해당한다.

■ 관리직 쥐와 부하직 쥐에 대한 위궤양 분비 실험

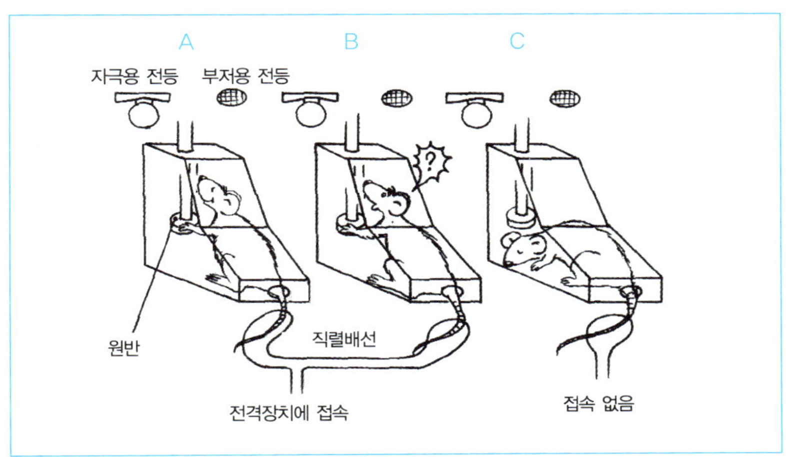

일정한 시간에 전등이 켜지고 부저가 울리면 전기 충격이 온다. 쥐는 놀라서 소리를 지르거나 발버둥을 친다. 이러한 일이 계속되는 동안 A쥐는 우연한 기회에 원반을 당기게 되고, 점차 전기충격을 정지시킬 수 있음을 배운다. B쥐도 처음에는 원반을 당기기도 하지만 이런 일은 아무런 도움이 되지 않기 때문에 결국 포기하게 된다.

이런 실험을 21시간 계속했을 때 궤양이 어떻게 진행됐을까? C집단 쥐의 위에는 변화가 거의 없었다. 가장 심한 궤양을 보인 것은 전기충격에 대해 아무런 제어수단을 갖지 못한 부하직 쥐 B였다. 전기충격을 제어할 수 있는 관리직 쥐 A에도 궤양은 발생했지만 B쥐에 비하면 훨씬 약했다.

이런 사실을 통해서 스트레스를 스스로 제어할 수 있는가 없는가 하는 점이 매우 중요한 요소라는 사실을 알게 되었다. 즉 스트레스를 제어할 수 있는 편이 그렇지 못한 편보다 훨씬 더 좋다는 사실이다. 그런 의미에서 관리직 쥐가 부하직 쥐보다 환경에 잘 적응하는 것으로 보인다.

그러면 제어할 수 있는 수단을 좀 더 어렵게 만든 상황에서도 관리직 쥐가 더 유리하게 적응할 수 있을까? 이번에는 원반을 5번 누르지 않으면 전기충격이 정지되지 않도록 하고 실험을 했다. 이런 실험을 21시간 계속시켜 보았더니 이번에는 앞의 결과와 반대의 결과가 나왔다. 그저 수동적으로 전기충격을 받고 있던 부하직 쥐에 비하면 전기충격을 제어하도록 되어 있는 관리직 쥐 쪽에 훨씬 심한 궤양이 진행되었다.

인간의 경우 똑같은 관리직이라 해도 비교적 단순하게 일을 통제하고 처리하는 관리직도 있을 것이고, 온갖 정보를 통합하고 모든 부서에 대한 영향을 고려하면서 장래에 대한 전망을 세운 뒤에 최종 판단해야 하는 스트레스가 높은 관리직도 있을 것이다. 이런 경우 모든 업무책임은 상사에게 있다고 하면서 느긋하게 지낼 수 있는 부하 쪽이 훨씬 편할지도 모른다.

이상의 쥐에 대한 실험을 마멋의 인간연구와 직접 비교하여 설명할 수는 없겠지만 시사하는 점은 있다. 즉 마멋이 연구한 영국의 공무원들을 쥐의 실험결과와 비교하면 영국의 공무원들이 일에 지칠 만한 스트레스가 아주 높은 일을 하는 것은 아니라고 예상할 수 있다. 교육수준이 높은 집단도 교육수준이 낮은 사람들에 비해 그만큼 위험이 높거나 스트레스 수준이 많은 직무를 수행하지는 않는다고 예상할 수 있다. 사폴스키가 연구한 높은 지위의 개코원숭이나 마멋이 연구한 영국의 고급 공무원 집단은 모두 자기에게 주어진 업무와 업무관련 상황요인을 모두 스스로 통제하고 조절할 수 있는 통제범위 내에 있음을 예견하게 된다.

왜 우리는 상대적 지위에 집착하는가?

사회적 지위, 명성, 진급과 강등 같은 요인들이 어떻게 병이나 죽음으로 이어지게 되는 것일까? 간단하게 말해서 그 질문에 대한 열쇠는 우리의 가장 중요한 기관, 즉 뇌에 있다. 관리직 쥐와 부하직 쥐에 대한 실험결과에서 볼 수 있는 바와 같이 불평등의 심리적인 경험은

우리의 신체 시스템에 심각한 영향을 미친다. 다시 말해서 어떤 사람
이 자신이 무엇을 할지 스스로 결정을 하고, 외부의 압력에 억눌리지
않는다면 통계적으로 병에 걸릴 위험이 크게 줄어든다는 것이다. 빈
곤이 아니라, 걱정이 병을 만든다. 세계에서 가장 잘 사는 미국의 기
대수명은 20위로, 훨씬 가난한 나라인 말타, 그리스는 물론 코스타리
카보다도 한참 뒷자리를 차지하고 있다.

인정을 받지 못하는 현실이 치명적으로 작용할 수 있다면, 사회적
으로 누릴 수 있는 명성이 수명을 길게 해줄 수도 있다. 캐나다 학자들
은 오스카 상 수상자와 후보자들의 비교 연구를 통해서 이런 현상을
입증했다. 그들은 할리우드가 이 상을 수여하기 시작한 때부터 72년
간 오스카 상 수상자 전체의 수명을 조사했다. 비교그룹으로 학자들
은 그 배우들에게 오스카상의 영광을 안겨준 영화에서 함께 연기했던
동성의 연기자를 선택했다. 추가적으로 후보에 오르기만 하고 수상하
지는 못했던 연기자들의 수명도 조사했다. 이들은 모두 같은 사회적
환경, 즉 할리우드에 살았고, 같은 직업에 종사하고 있었으며, 외부에
서 같은 기준에 의해 평가받았다. 유일한 차이는 배우가 이룰 수 있는
최대의 영광인 오스카상을 받았다는 것뿐이다.

연구자들 역시 수명이 지위의 차이에 따라 크게 좌우된다는 사실
을 발견했다. 오스카상 수상자들은 수상 이후에 평균적으로 40년을
더 살았고, 그토록 갈망하는 트로피를 결코 손에 넣지 못했던 동료들
보다 4년 더 긴 수명을 누렸다. 오스카상을 수상한 배우는 더 이상 동
료들처럼 인정을 받아야 한다는 압박을 느끼지 않았고, 또 더 나은 작

품을 선택할 수 있었으며, 수많은 무명의 동료들보다 훨씬 더 많은 돈을 벌 수 있었다. 따라서 오스카상 수상자에게 지위 신드롬은 절대적으로 건강을 증진시키는 요소이고 수명을 길게 해주는 명약이 된다.

이렇게 지위, 다시 말해서 ‘상대적인 위치’에 따라서 우리가 정말로 병들거나 수명을 늘리게 할 수 있다면 우리가 지위와 성공을 위해서 목숨을 걸다시피 달려드는 것은 전혀 놀라운 일이 아니다. 그러나 이미 밝힌 여러 가지 이유 때문에 우리가 계속 좋아질 수는 없는 것이라면 우리의 상대적 위치를 높이는 길은 단 하나뿐이다. 우리가 행복하기 위해서 다른 사람들이 더 불행해져야 하는 것이다. 작가 비어스는 행복을 "다른 사람의 슬픔을 바라볼 때의 유쾌한 느낌"이라고 규정한 바 있다.

실제로 우리들에게 이런 현상이 있는지를 알아보기 위해서 경제학자 솔닉과 보건 전문가 헤멘웨이는 하버드 보건학과의 강사들과 직원들, 그리고 학생들을 대상으로 일련의 설문조사를 실시했다. 이들은 다음의 두 가지 상황 중에서 개인적으로 더 매력적으로 보이는 것을 선택해야 했다.

A : 당신의 연소득이 5만 달러이고, 다른 사람들은 2만 5천 달러를 번다.
B : 당신의 연소득이 10만 달러이고, 다른 사람들은 20만 달러를 번다.

연구자들이 세웠던 가설처럼 ‘상대적인 위치’가 개인의 소득보다 중요하지 않거나 덜 중요하다고 생각한다면 당연히 B의 조건을 선택할 것이다. B의 조건이 응답자 자신뿐만 아니라 모든 다른 사람들이 더 많은 돈을 갖게 되기 때문이다. 그렇지만 실제의 결과는 가설을 한 꺼번에 무너뜨리는 것이었다. B조건을 선택했을 때보다 소득이 반에 불과함에도 불구하고, 50퍼센트 이상의 응답자들이 A의 조건을 선택한 것이다. 다른 사람에 비해 소득이 두 배가 많기 때문이다. 다시 말해서 지위를 위해서 돈을 포기한 것이다. A의 조건을 선택한 몇 명과 면접을 했는데, 그들 대부분은 삶을 지속적인 경쟁이라고 보는 시각을 선택의 이유로 제시했다.

결혼과 행복

행복해지고 싶으면 결혼을 하라는 말이 있다. 결혼한 사람들이 독신자들보다 훨씬 행복하다는 사실을 보여주는 연구결과는 많다. 시카고 대학교 리서치 센터에서 지난 30년 동안 3만 5,000명을 대상으로 실시한 조사결과 기혼자의 40퍼센트가 "매우 행복하다"고 대답했다. 그러나 미혼자, 별거 중인 사람, 이혼하거나 사별한 사람은 24퍼센트만이 행복하다고 응답했다. 이 결과는 인종이나 문화와 관계없이 공통적으로 통용되는 사실이다. 오늘날 동거가 꽤 보편화되었지만 결혼만큼 안정적인 형태라는 결론은 아직 내릴 수 없다. 사실 동거 부부가 이혼하는 비율은 정식으로 결혼한 부부에 비해 평균 두 배나 더 높다.

결혼생활에 만족하는 부부는 더 오래 살며 정신적으로나 육체적으로 더 건강한 편이다. 흡연과 음주를 덜 하기 때문이라고 한다. 자살할 확률도 더 낮다. 여기에 수입도 더 좋은 편이라는 점은 매우 흥미로운 점이다. 2만 명을 대상으로 조사한 결과에 의하면 기혼 남성이 미혼 남성에 비해 3년을 더 살고 평균적으로 연간 3,000파운드를 더 버는 것으로 나타났다.

결혼으로 인해 행복해진다는 것은 확실하지만 오히려 행복한 사람이기 때문에 결혼하는 것이라고 보아야 할 측면도 있다. 행복한 사람들은 불행한 사람들보다 결혼상대자로서 더 매력적이기 때문이다. 불행한 사람들은 아예 처음부터 결혼을 하지 않는 경향이 있다는 점도 고려해보아야 할 부분이다. 행복한 사람이 의기소침한 사람보다 더 사교적이기 때문이다.

또 다른 해석은 결혼을 통해서 행복해질 수 있는 여러 가지 혜택을 받기 때문이라는 점을 고려해야 할 것이다. 물론 결혼 자체가 행복을 보장하는 것은 아니다. 보다 중요한 요인은 결혼생활의 질이다. 부부가 긍정적 관계를 맺고 있을수록 결혼은 행복도에 더 강력한 영향을 미친다. 긍정적인 상호작용과 정서적 표현을 많이 하고 역할분담이 잘 되어 있으며 자기개방을 통해 솔직하고 친밀한 관계를 맺을수록 결혼만족도가 높아진다.

그렇지만 심리학자들은 이 말이 틀렸음을 증명하는 증거들을 확보하고 있다. 독일에서 15년간 매년 독일인, 이민자, 외국인을 포함해서 모두 2만 5,000명의 동서독 주민들을 조사했다. 연구기간 동안 1,761명이 혼인을 하고 결혼생활을 지속했다. 학자들은 안타깝게도 이렇게 엄청난 자료들을 활용해서 결혼생활이 행복에 미치는 영향이 일시적이라는 사실을 알아냈다. 결혼 후 남편과 아내는 약 2년간 행복의 상승을 체험한 후 원래의 행복 설정값으로 되돌아가는 것으로 나타났다.

결혼이 행복의 조건이 아니라는 의견에 찬성하는 사람이 많아짐에 따라 독거세대가 증가하고 있다. 영국에서 2003년에 조사한 결과에 의하면, 세대주의 30퍼센트가 1인 세대주였다. 다시 말해서 2,500만 명에 달하는 성인이 미혼이라는 계산이다. 시장조사 기관인 민텔이 2005년에 조사한 바에 의하면 미혼 여성의 56퍼센트가 "인생이 매우 행복하며 결혼할 생각이 없다"고 대답했다. 46퍼센트의 남성도 비슷한 대답을 했다. 응답자의 반 정도는 미혼생활의 문제점으로 마음껏 섹스를 할 수 없다는 점을 들고 있지만.

영국의 직장 여성 1,000명을 대상으로 조사한 바에 의하면 섹스가 행복을 만들어내는 데 가장 중요한 요소로 꼽힌다. 그렇다고 섹스 파트너를 동시에 여러 명 두고 있는 사람들이 더 행복한 것은 아니다. 심리학자들은 사람들이 1년에 몇 명의 섹스 파트너가 있어야 가장 행복하다고 느끼는지 계산해 보았는데, 한 명이라는 결과가 나왔다. 이 연구는 한 파트너와의 성생활이 더 멋지고 행복할 수 있음을 보여준다. 사랑하는 사람을 애무하고 오르가슴을 느끼면, 기분을 좋게 하고 행복감을 유발하는 화학물질인 엔도르핀이 분비된다. 면역력을 강화시키는 역할을 하는 엔도르핀의 분비량은 성행위를 하는 동안 평소의 두 배까지 증가한다.

그래서 만족스러운 섹스는 면역체계를 강화하고 혈액순환을 촉진시킨다. 그 말은 심장에도 좋다는 뜻이니 육체적으로나 감정적으로 다 좋을 수밖에 없다. 단순한 섹스뿐만 아니라 지속적인 신체접촉도 옥시토신을 비롯한 엔도르핀 생성을 돕는다. 이런 물질들이 천연 안정제 역할을 하며 약물과 비슷한 중독성을 이끌어냄으로써 파트너와의 관계를 안정시키는 데 도움이 된다. 왜 두 사람이 친근해지고 서로 사랑하는 관계로 발전하는지에 대한 여러 이유 중에 엔도르핀도 한 가지 요인이 될 수 있다.

일반적으로 두 사람이 처음 만난 후 18개월 동안이 섹스에 대한 욕구가 가장 높은 시기다. 18개월이 지나면 원래의 '설정값'으로 되돌아가는 성향이 있다. 이것은 임신과 짝짓기를 위해 진화적으로 고정화된 행태이다. 임신을 위한 열애기간인 셈이다. 그러나 이 기간이 지나면 섹스의 횟수가 자연스럽게 줄어든다. 그러므로 죄의식을 느끼거나 서로에 대한 관심이 식은 것은 아닌지 걱정할 필요가 없다.

대체로 남성은 오르가슴에 도달하는 데 2분 30초가 걸리는 반면 여성은 12분이 걸린다. 게다가 남성은 5일 주기로 섹스를 원하지만 여성은 그 주기가 10일이다. 남성을 흔히 '성기 지향적'이라고 말하는데, 이는 남성이 발기를 하면 성기에서 성욕을 느끼기 때문이다. 그러나 여성은 성욕이 뇌에서부터 시작하는 경향이 있어서, 한 다발의 꽃이나 잘 차려진 훌륭한 음식처럼 기분 좋은 대접을 받을 때 성욕을 느끼게 된다. 불행한 부부를 만드는 여러 요인 중 하나가 여자들이 삽입성교를 통해서만 오르가슴을 느낀다는 잘못된 생각을 가지고 있는 것이다. 실제 삽입성교를 통해 오르가슴을 느끼는 여성은 30퍼센트에도 미치지 않는다.

세계적인 조사자료를 보면, 가장 불행한 사람은 별거 중인 사람이고, 그 뒤를 미망인과 실직자들이 잇고 있다. 별거는 평균적으로 평생 수입에서 13만 2,000파운드, 배우자의 죽음은 16만 8,000파운드가 감소하는 괴로움과 맞먹는다고 한다. 특히 이혼을 한 해는 우울증이 가장 심한 시기다. 그 시기가 지나면 일반적으로 남성은 원래의 '설정값'을 회복하지만 여성은 그렇지 못하다. 미망인은 이전의 행복수준으로 되돌아가는 데 5~8년이라는 다소 긴 세월이 필요하다고 한다. 만족스럽지 못한 가정생활을 유지함으로써 불행해지는 정도는 남성보다 여성에게 더 큰 영향을 미치는 것 같다.

만족스럽지 못한 결혼생활을 할 때 정신적 건강과 육체적 건강 모두 남성에게는 별다른 영향을 주지 않지만, 여성은 두 가지 건강 모두 크게 손상되는 것으로 알려졌다. 그 이유는 남성이 괴로운 결혼의 갈등으로부터 멀어지려는 경향이 강한 데 반해서 여성은 결혼생활을 다시 회복하려는 데 더 많은 책임과 노력을 투여하기 때문이다.

부부관계 전문가인 고트먼은 결혼생활에서 일주일에 다섯 시간만 더 투자하면 행복한 부부관계를 가질 수 있다고 충고하는데, 그 내용은 이런 것들이다.

1 애정을 담아 입맞춤하기, 토닥여주기, 손 꼭 잡아주기 등의 스킨십을 하라(5분×7일).

2 부부가 각자 그 날 할 일을 한 가지씩 찾아라(2분×5일).

3 퇴근하고 돌아오면 가벼운 주제로 대화를 나누어라(20분×5일).

4 일주일에 한 번씩 두 사람만이 편안한 분위기에서 데이트를 하라(2시간).

5 적어도 하루에 한 번씩 진심을 담아 칭찬하고 감사를 표하라(5분×7일).

반대로 그는 다음과 같은 징조는 이혼의 가능성이 90퍼센트에 달한다고 말한다.

1 의견이 맞지 않으면 즉각적으로 심한 말이 나온다.

2 배우자에게 불평보다는 비난을 한다.

3 멸시감을 드러낸다.

4 걸핏하면 화를 낸다.

5 배우자의 의견을 들으려 하지 않는다.

6 부정적인 의미의 보디랭귀지를 사용한다.

뜻밖의 횡재와 행복

이번에는 복권당첨과 같은 뜻밖의 횡재가 과연 우리에게 행복을 가져다주는지 알아보겠다. 돈과 물질적 풍요로움을 확보하고 나면 얼마 안 있어서 다시 원래의 설정값 상태로 되돌아가는데, 복권에 당첨되어도 이와 비슷한 현상이 나타남을 확인했다.

심리학자들은 일리노이 주에서 1970년대의 화폐가치로 50만 달러부터 100만 달러짜리 복권에 당첨되었던 운 좋은 사람들을 면접했다. 놀랍게도 그들은 삶을 송두리째 바꿔놓을 수도 있는 복권당첨 소식이 들려 온지 1년이 채 되지 않아 보통 사람들보다 더 불행하다고 응답했다. 실제로 복권당첨자들은 보통 사람들과 비교할 때 텔레비전을 보거나 점심식사를 하러 나가는 것과 같은 일상적인 활동을 제대로 즐기지 못한다고 생각했다.

복권에 당첨되면 그 전보다 더 행복하기는커녕 오히려 더 불행해진다는 연구가 많다. 2000년 이상의 역사를 가지고 있는 복권의 당첨 확률은 한국의 경우 840만분의 1이며, 주택복권은 540만분의 1이라고 한다. 이는 벼락을 맞을 확률인 50만분의 1보다도 훨씬 적은 확률이다. 이렇게 어렵게 당첨된 거액의 당첨금은 돈에 대한 철학이 없으면 행복의 씨앗이 아니라 불행의 씨앗이 된다. 실제로 복권 1등 당첨자들을 대상으로 조사한 결과 이들의 80퍼센트 이상이 대인기피증이나 각종 정신질환에 시달리고 있음을 알게 되었다. 그중에는 파멸의 길로 접어들어 급기야 범법행위나 자살을 하는 경우도 상당하다. 억세게 운 좋은 날이 실제로는 행복 끝 불행 시작이 되어버린 것이다.

그러한 사례 몇 가지를 들어보겠다. 캐나다에 거주하는 머스웨이 건은 1998년에 단 2달러로 1,000만 달러 상당의 로또에 당첨되어 인생역전의 꿈을 이룬 행운의 사나이가 되었으나 불과 몇 년 만에 모든 돈을 날리고 결국 지난해 10월 자신의 부모 집 차고에서 목을 매 자살

로 인생을 마감했다. 1997년 미국 텍사스 주에서 3,100만 달러 복권
에 당첨된 하렐도 고급승용차와 부동산을 사고, 친지들에게 마구 돈
을 뿌렸으나 2년 만에 자살로 인생을 마감했다. 죽고 난 뒤에 보니 유
산으로 남겨진 부동산의 세금을 낼 돈조차 없었다고 한다. 1998년에
이탈리아에서 로또 1등에 당첨되어 3,000만 유로를 탄 한 시민이 5년
후에는 오히려 2,000만 유로의 빚을 지고 자신의 건물에서 투신자살
을 하기도 했다.

자살은 아니지만 불행의 길을 걸은 사례도 많다. 2001년에 1,100만
달러의 복권에 당첨된 빅토리아 거주자 젤은 재산을 모두 탕진하고
2005년 3월에 약물과 술에 취한 상태에서 운전을 하다가 다른 사람을
치어 사망하게 한 죄로 교도소에 들어갔다. 복권에 당첨돼 벼락부자
가 된 독일의 한 남성은 재산을 모두 탕진한 뒤 절도행각을 벌이다 경
찰에 체포되었다. 경찰 조사 결과 이 남성은 복권에 당첨된 직후 다니
던 회사를 그만두고 2003년 가을까지 76만 유로에 달하는 당첨금을
모두 탕진한 것으로 밝혀졌다. 1985년과 1986년 연달아 복권에 당첨
되어 총 540만 달러를 탄 뉴저지 거주자 애덤스는 도박으로 돈을 모두
날리고 2001년부터 트레일러에서 근근이 살아가고 있다고 한다.

한국의 경우도 예외는 아니다. 몇 년 전 로또 복권 1등에 당첨되어
19억 원이라는 거액의 당첨금을 받았던 20대 전직 다방 종업원은 도박
으로 당첨금을 모두 탕진한 뒤 용돈을 마련하기 위해 한 금은방에서
150만 원 상당의 금품을 훔쳐 달아나다가 경찰에 체포되었다. 경찰은
그에게서 18차례에 걸쳐 500만 원 상당의 금품을 더 훔친 전과도 확인

했다.

복권 당첨자나 유명 운동선수, 유명 연예인 등 갑작스럽게 떼돈을 번 사람들이 결국 빈털터리가 되어가는 과정을 연구하고 있는 텍사스 기술대학의 바이어 교수는 돈을 다 써버렸다는 사실 때문에 "돈을 쓰는 것 대신 할 것이 없다는 것"을 많은 사람들이 깨닫지 못한다고 지적한다.

횡재를 하면 일시적으로 행복도가 상승하다가 얼마 안 있어 다시 원래의 상태로 되돌아오는데, 이러한 쾌락적응은 왜 일어날까? 이 문제에 대해 이미 앞에서 상세히 설명했듯이 거기에는 '쾌락적응 현상'과 '상대적 비교'라는 두 가지 이유가 있음을 밝히고 싶다. 한 가지 이유는 돈이 많아진 것에 대해 금세 적응해버린다는 것이다. 예를 들면 횡재를 한 후 큰 집을 사면 얼마 지나지 않아서 그 큰 집은 당연한 것으로 여겨진다. 횡재가 슬그머니 정상적인 상황으로 자리 잡으면서 그보다 더 큰 횡재를 원하기 시작한다. 또 한 가지 이유는 사회적으로 비교하게 된다는 점이다. 새로운 동네에서 사귄 사람들이 고급 외제차를 타고 다니니까 자신도 그래야만 할 것 같은 기분이 드는 것을 예로 꼽을 수 있다.

결과적으로 사람들은 매년 자기가 원하는 것 이상을 소유하더라도 전반적인 행복감은 제자리걸음을 하게 된다. 우리는 점점 더 빠른 속도로 달리지만 결국은 바로 그 자리에 다시 돌아오고 마는 다람쥐 쳇바퀴와 같다.

그 밖의 환경요인과 행복

지금까지 우리를 행복하게 해주는 환경적 요인으로 물질, 외모, 사회적 지위, 결혼, 뜻밖의 횡재 등에 대해서 알아보았는데, 이외에도 행복과 관련이 있다고 짐작하는 수많은 환경적 요인들이 있다. 셀리그먼은 행복을 위한 조치로 효과를 볼 수 있는 것과 그렇지 못한 것들을 다음과 같이 요약했다.

■ 행복을 위한 조치로 효과가 있는 것과 효과가 없는 것들

행복을 위한 조치를 취해서 효과를 볼 수 있는 것들
• 가난한 독재국가에서 살지 말고 부유한 민주국가에서 살아라(효과가 크다).
• 결혼하라(효과는 크지만 인과관계는 불분명하다).
• 부정적 사건과 부정적 정서를 피하라(효과는 보통이다).
• 광범위한 대인관계를 형성하라(효과는 크지만 인과관계는 불분명하다).
• 신앙생활을 하라(효과가 보통이다).

행복을 위한 조치를 취해도 효과가 없는 것들
• 더 많은 돈을 벌어라(물질 만능자일수록 덜 행복하다).
• 건강을 지켜라(중요한 것은 객관적 건강이 아니라 주관적 건강이다).
• 되도록 많은 교육을 받아라(전혀 효과가 없다).
• 자신의 인종을 바꾸거나 따뜻한 지역으로 이사하라(전혀 효과가 없다).

또 다른 긍정심리학자인 패터슨은 행복과 관련된 수많은 연구결과를 개관하고 이러한 요인들을 행복과의 상관정도에 따라 세 가지 수준으로 분류하여 그 결과를 다음과 같이 발표했다. 표에서 보는 바와 같이 나이, 성별, 교육수준, 사회계층, 경제적 수입 등은 행복과 미미

한 상관을 나타내는 반면에 결혼, 종교, 여가활동, 신체건강 등은 중간 정도의 상관을 보이며, 직업, 낙관성, 자존심, 성생활 등은 행복과 높은 상관을 보인다.

■ 행복과 상관이 있는 요인들

낮은 상관	중간 정도의 상관	높은 상관
나이	결혼	직업 만족도
성별	종교	낙관성
교육수준	여가활동	자존감
사회계층	친구의 수	성적활동 횟수
경제적 수입금	신체건강	긍정적 감정의 경험빈도
자녀 유무	성실성	행복척도의 검사–재검사 신뢰도
종족(다수집단 대 소수집단)	외향성	일란성 쌍둥이의 행복도
지능수준	정서적 안정성	감사 경험
신체적 매력도	내적 통제소재	–

2장

진화는 1만 년 전에 멈추었다 / 성차는 원인이 아니라 결과다
/ 남성 뇌의 이점과 여성 뇌의 이점 / 남자는 섹시한 여자를
좋아한다 / 인간은 이기적인 동물인가? / 유전과 행복

행복의 50퍼센트를 결정하는 유전

진화는
1만 년 전에 멈추었다

진화심리학에서 가장 기념비적인 연구가 발표된 것은 1980년대 후반이었으며, 현대 진화심리학은 1992년을 기점으로 본다. 그러면 그 전에는 인간의 마음을 어떻게 이해했을까? 현대 진화심리학이 소개되기 전까지 대부분의 사회과학자들은 '표준 사회과학 모델(sssm : the standard social science model)' 이라는 방식으로 인간의 행동을 이해했다. 밀러와 가나자와의 『처음 읽는 진화심리학』을 통해 표준 사회과학 모델이 설명하고자 했던 인간행동에 대한 가설과 현대 진화심리학이 설명하고자 하는 가설이 어떻게 다른지 비교해보기로 하겠다.

우선 '표준 사회과학 모델' 이 주장하는 가설은 아래와 같은 것들이다.

제1원칙 인간은 생물학의 법칙에서 벗어난다. 이 모델은 지구 상에 존재하는 다른 모든 종의 행동은 설명할 수 있지만, 인간만은 생물학의 원칙과 이론으로 설명할 수 없는 유일한 종족이라며 예외로 친다. 표준 사회과학 모델은 인간 예외주의를 특징으로 한다.

제2원칙 인체의 진화는 목에서 멈춘다. 인간의 손가락이나 발가락 같은 해부학적 특징은 기나긴 진화과정을 통해서 지금의 모습을 갖추었지만, 진화과정은 인간의 두뇌와 정신에는 아무런 영향을 미치지 않았다고 주장한다. 이 원칙에 따르면 인간의 신체에서 두뇌는 이례적인 부분이다.

제3원칙 인간의 본성은 빈 판자(a blank slate)와 같다. 이 모델을 따르는 사회과학자들은 인간이 백지상태와 같은 정신을 지니고 태어났다고 역설한다. 그들은 인간을 제외한 모든 종은 타고난 본성이 있지만, 인간의 마음만은 백지상태인 채로 태어나므로 타고난 본성은 없다고 주장한다.

제4원칙 인간의 행동은 거의 전적으로 환경과 사회화의 산물이다. 이 모델에 따르면 인간 행동의 지침이 될 인간 본성은 태어난 이후에 기록된다고 한다. 사회화 과정은 부모, 친척, 교사와 같은 여러 대리인이 수행하는 사회화를 통해 평생에 걸쳐 진행된다고 본다. 특히 남성과 여성은 성적 사회화를 거쳐 각각의 전형적인 남성적 행동과 여성적 행동을 익힌다고 말한다. 그래서 이 모델을 '환경결정론' 이라고도 부른다.

　　그러나 오늘날의 진화심리학은 지금까지 인간의 행동을 설명해왔던 '표준 사회과학 모델'에 따르지 않는다. 밀러와 가나자와는 인간의 마음과 행동을 다음과 같이 설명해야 한다고 주장한다.

　　제1원칙 사람은 동물이다. 진화심리학의 기본 원칙은 인간이라고 해서 특별한 것은 하나도 없다. 인간은 분명 독특하지만 독특하다는 것 자체는 독특한 것이 아니다. 모든 종은 독특하며 각자가 처한 환경에 적응하는 과정에서 각자의 독특함을 진화시켜왔다.

　　제2원칙 인간 두뇌라고 특별한 것은 없다. 진화심리학자는 인체의 다른 부위에 적용하는 진화의 법칙을 두뇌에도 똑같이 적용한다. 진화는 목에서 멈추는 것이 아니고 그 위로도 쭉 이어진다.

　　제3원칙 인간 본성은 타고났다. 개가 개의 본성을 타고나고, 고양이는 고양이의 본성을 타고나듯이, 사람은 사람의 본성을 타고난다. 진화심리학의 원칙은 표준 사회과학 모델에서 전제로 삼는 '빈 판자' 개념과는 분명 대조된다. 진화심리학은 지금까지 한 번도 비어 있지 않았던 인간의 본성이 적혀 있는 '판자'를 읽기 시작하는 학문이다.

　　제4원칙 인간 행동은 타고난 인간 본성과 환경이 함께 낳은 산물이다. 유전자가 진공상태에서 발현되는 법은 거의 없다. 유전자의 발현, 즉 유전적 요인이 행동으로 변환되어 나타나는 것은 환경에 따라 이루어지는 경우가 흔하다. 진화심리학자는 인간 행동이 위의 두 가지 요소 중 한 가지에 의해 100퍼센트 결정된다고 생각하지 않는다. 오히려 인간의 타고난 본성에 초점을 맞추는 경향이 강하다.

현대 진화심리학은 인간의 손과 발, 그리고 내부 장기의 기본 형태와 기능이 지금으로부터 약 1만 년 전인 빙하기 말 이후로 변함이 없듯이, 두뇌의 기본적인 기능도 지난 1만 년 동안 그다지 달라지지 않았다고 본다. 결국 우리는 석기시대의 두뇌를 가지고 21세기인 지금을 살아가고 있는 셈이다. 이처럼 우리는 지금도 상당 부분 석기시대의 생각과 행동방식으로 살아가고 있기 때문에 현재의 상황을 파악하고 대처하는 데 어려움을 겪는다.

따라서 오늘날도 1만 년 전에 살아남거나 번식에 성공할 확률을 높이는 행동들을 그대로 습관적으로 따르는 것들이 많다. 예를 들어 오늘날도 열량이 높은 달고 기름진 음식을 선호하는 것은 오래 전부터 살아남기 위해 사용해왔던 생존을 위한 적응전략이다. 당분과 지방질을 좋아하는 사람은 그런 음식을 좋아하지 않는 사람에 비해 신체 건강상태가 더 좋았다. 그들은 더 오래, 더 건강하게 살았고, 튼튼한 자손도 더 많이 남겼다. 그래서 달고 기름진 음식을 좋아하는 자신들의 입맛을 후손들에게 물려주게 되었다.

오늘날 산업사회에서 영양결핍으로 죽는 사람은 거의 없지만, 여전히 달고 기름진 음식을 먹어대지 않을 수 없게 하는 심리적 기제를 그대로 가지고 있기 때문에 비만자를 양산하는 기이한 상황에 직면하게 된다. 두뇌가 슈퍼마켓이라는 존재를 정말로 이해하면 그런 행동을 하지 않겠지만, 우리의 두뇌는 여전히 식량공급이 불확실하고 예측할 수 없는 수렵채집 시기에 살고 있는 것으로 잘못 판단하면서 살아가고 있다.

남성의 성적 질투심도 마찬가지다. 산업사회에서는 임신을 제어할 수 있는 피임약이 얼마든지 있으며, 설령 여자가 남편을 속이고 바람을 피워 임신을 했다 하더라도 정확한 친부확인 검사를 할 수 있기 때문에 어떠한 불확실성도 있을 수 없다. 그래서 오늘날에는 다른 남자의 유전자를 물려받은 자식을 자기도 모르게 키우게 될 가능성은 매우 희박하다. 그럼에도 불구하고 남자는 배우자가 성적으로 부정을 저지를 가능성만으로도 질투를 느끼고 배우자를 감시하는 심리적 기제를 여전히 지니고 있다.

그러면 인간의 두뇌는 왜 1만 년 전에 진화를 멈추어 아날로그 형식의 두뇌로 고정되어 디지털 시대인 오늘날의 환경에 적응하는 데 이토록 어려움을 겪게 되는 것일까? 이 문제를 설명하기 위해서는 최소 한두 가지 조건을 이해해야 한다.

첫째, 진화는 수많은 세대를 거치면서 이루어진다. 그런데 하나의 종이 진화하는 속도는 그 종의 개체가 성적으로 성숙하는 데 드는 시간에 비례한다. 초파리는 지구 상에서 가장 빠르게 성숙하는 종으로, 7일이면 성적으로 성숙한다. 이에 반해 인간은 성적으로 성숙하는 데 보통 15~20년 정도가 걸린다. 인간 아기는 1년이 되어야 걸을 수 있을지 말지 할 정도이지만 초파리는 1년에 50세대가 교체될 수 있다. 인간이 한 세대(20년)를 거치는 동안 초파리는 수천 세대를 거치는데, 인간이 그런 세대를 거치려면 2천 년 이상이 필요하다. 결국 인간의 성적 성숙 주기가 진화를 위한 조건에 부합하지 못해서 아직까지 충분한 진화를 하지 못했다.

둘째, 보다 중요한 조건인데, 진화가 이루어지려면 수많은 세대에 걸쳐 환경이 안정적이고 변화가 없어야 한다. 그런데 우리는 1만 년 전 농경사회가 도래된 이후 안정적인 환경 속에 있었던 적이 없었다. 예를 들면 고작 2세기(10세대) 전만 해도, 서구 국가들은 농업을 기반으로 한 사회였다. 농업사회에서 최고의 농부가 되면 높은 지위를 얻을 수 있고, 이에 따라 다른 사람보다 자손 번식에 크게 성공할 수 있었다.

그러다 겨우 한 세기가 지났을 뿐인데 세상은 온통 산업사회로 바뀌어버렸다. 순식간에 자연과 땅, 동물들을 사랑하는 마음, 야외에서 일하거나 날씨를 예측하는 능력 같은 것들은 더 이상 중요하지 않게 되었다. 그 대신 시간 엄수, 지시를 따르는 능력, 기계를 다루는 능력, 실내에서 일하는 능력과 같은 다른 특질들이 더 중요하게 평가되었다.

지금은 서비스 산업이 각광받는 후기산업사회이다. 컴퓨터나 전자제품의 중요성이 커졌고, 성공을 위해서 전혀 새로운 특질이 필요하게 되었다. 이러한 모든 극적인 변화는 지금으로부터 10세대 사이에 일어났으며, 이제 22세기에 성공하려면 또 어떤 특질들이 요구되는지 누구도 알 수 없다. 우리는 불안정하고 끊임없이 변화하는 환경 속에서 1만 년 정도 지내왔다.

이것이 오늘날 모든 인간이 아프리카 사바나 지역에서 수렵채집인으로 살아왔던 특질을 그대로 지닌 채 살아가는 이유다. 사냥 길에 올라 며칠씩 돌아다니다가도 지도나 내비게이션 도움 없이도 무사히 귀

가할 수 있는 시공간 인식능력이나, 과일나무가 어디에 있는지 기억해 두었다가 매년 열매를 거둘 시기가 되면 지도나 이정표 없이 다시 그곳을 정확하게 찾아가는 위치기억 능력이 바로 그런 능력들이다. 사실 지난 1만 년 동안 우리를 둘러싼 환경은 진화가 따라잡기에는 너무나도 급속하게 변화하고 있다. 따라서 아날로그의 두뇌로 디지털 환경을 이해하고 분석하는 데서 오는 여러 가지 문제점들이 발생할 수밖에 없다.

성차는
원인이 아니라 결과다

남성과 여성의 성역할 문제는 아주 조심스럽게 다루지 않을 수 없다. 한 세대 전만 해도 남녀의 심리 차이에 대한 말만 나오면 즉각 항의가 오곤 했기 때문이다. 1960년대와 1970년대에는 남녀의 심리 차이를 가공의 것으로 무시해버리는 이념이 우세했다. 만약 남녀의 심리 차이가 실제로 있다 하더라도 그것은 근본적인 것은 아니라고, 즉 남녀 간에 존재하는 깊은 차이를 반영하는 것이 아니고, 각 성에 작용하는 서로 다른 문화적 힘을 반영하는 것이라고 생각했다. 이런 생각은 표준 사회과학 모델에 동조하는 대부분의 사회과학자들의 견해였다. 그러나 진화심리학에서는 남자와 여자의 성역할은 환경 때문에 서로 다른 것이 아니라 처음부터 다르게 태어났다고 주장한다.

인간이 살고 있는 지구는 45억 년 전에 탄생했다고 한다. 그리고 35억 년 전에 최초의 생명체가 지구 상에 존재하기 시작했고, 인간이 원숭이와 계보를 달리한 시점은 1,500만 년 전쯤이며, 직립하는 원숭이로부터 오늘날의 인간이 탄생한 것은 불과 300만 년 전의 일이라 한다. 지구의 탄생이 1월 1일 0시라면, 인간은 12월 31일 오후 11시 59분에 태어났다는 계산이다.

이렇게 태어난 인간은 300만 년 전에 두 발로 걷기 시작했고, 250만 년 전에 석기를 사용하기 시작했는데 이때의 뇌의 무게는 오늘날의 원숭이 뇌 무게와 비슷한 450그램 정도였다. 75만 년 전에는 정교한 석기와 불을 사용하기 시작했는데 이때의 뇌 무게는 1,000그램으로 진화하여 170만 년 사이에 무게가 두 배 이상 커졌다. 오늘날의 뇌 무게는 다시 1,400~1,600그램으로 커졌지만 이 무게는 수만 년 전에 이미 진화를 멈춘 상태다. 이러한 뇌의 구조와 기능을 가지고 4만 년 전에는 언어를 사용하기 시작했고, 1만 년 전에는 가축사육과 농업을 시작했으며, 불과 몇 천 년 전부터 도시 생활을 시작했다.

남성과 여성의 뇌는 선천적으로 다르다

이러한 진화과정에서 남성과 여성 뇌의 진화가 어떻게 진행되었을지 궁금하지 않을 수 없다. 아마도 몇 가지 부분에서 서로 다르게 진화했을 것이라는 가정이 매우 설득력 있게 들린다. 여러 세대 동안 많은 실험에서 얻은 증거들 때문에 이제 남녀 간에 근본적인 차이가 있다는 사실을 인정하지 않을 수 없게 되었다. 남녀의 차이는 전적으로 문화적 근원에서 생긴 것이라는 오래된 생각은 오늘날 보기에는 지나치게 단순한 것이다.

앞에서 이미 언급한 바와 같이 침팬지는 가끔 동물을 사냥한다. 사냥은 주로 수컷들로 이루어진 무리가 담당하는 집단 활동이다. 그런데 침팬지가 사냥을 하는 목적은 영양섭취와는 관계가 없으며, 사회적이고 생산적인 목적을 위한 것이라고 한다. 즉 그들은 교미를 위해 사냥을 한다. 좀 더 정확한 예측 기준은 무리 속에 발정 난 암컷이 있느냐 없느냐이다. 인류의 수렵행위도 침팬지와 같은 동기로 시작되었다고 가정해보자. 원시인도 고기와 섹스를 교환하기 위해 사냥했을 것이다. 불쾌하게 생각할지 모르지만 현대의 수렵채집인을 보더라도 그것은 상당 부분 사실이다. 난교가 흔한 부족일수록 남성들은 육류 사냥에 많은 시간을 할애했다.

두 종류의 부족을 비교해보자. 에이크족은 성적으로 개방적이다. 여성들은 외간 남자를 자유롭게 접할 수 있고 혼외정사도 흔하다. 이 부족의 남성은 사냥 실력이 아주 뛰어나며 하루 평균 7시간을 사냥에 열중하는데 물론 사냥 실력이 좋을수록 정사의 기회도 더 많아진다. 반면에 히위족은 거의 청교도에 가깝다. 성비는 남성이 높지만, 혼외정사는 거의 관찰되지 않는다. 히위족 남성들의 여가 시간도 에이크족의 여가 시간보다 적지 않지만, 사냥은 일주일에 하루나 이틀, 그것도 한 번에 두세 시간만 할애한다. 사냥해서 잡은 고기도 주로 가족들끼리 먹는다. 아프리카의 하드자족과 쿵족도 비슷하다. 하드자족 남성들은 광적인 사냥꾼이며 난교를 즐긴다. 그러나 쿵족은 사냥을 좋아하지 않으며 가정에 충실하다.

고기를 획득함으로써 성교의 기회를 잡으려는 이러한 성향이 현대 남성의 본능 속에도 남아 있으리라고 가정하는 것은 큰 무리가 없을 것이다. 그러나 인간의 사냥 행위에는 이보다 더 큰 의미가 내포되어 있다. 그것은 노동의 성적분화다. 침팬지 수컷은 발정기에 접어들지 않은 암컷에게는 관심을 갖지 않지만, 인간은 동물과는 달리 각기 짝을 이루어 비교적 장기적인 관계를 맺는다. 이런 가정관계를 유지하기 위해서 노동의 분화는 보편적인 관습이 되었을 것이다.

이러한 노동의 성적분화 없이는 인류의 자연서식지였던 메마른 초원에서 생존이 불가능했을 것이다. 수렵만으로 생존하기에는 너무 서투르며, 채집에서 얻은 식량은 기후에 따라 채집량의 변동이 너무 심하고 잡식성 위장에 필수적인 단백질 공급에 차질이 생긴다. 그러나 이 두 가지를 합치면 뛰어난 생존 능력이 획득된다. 남성은 사냥을 하고 여성은 채집을 했을 것이라는 예상은 틀림없는 사실이다.

남성과 여성은 서로 다른 생활방식에 적합한 신체와 정신적 능력을 계발하고 진화해왔을 것이다. 남자는 천성적으로 뭔가를 던지는 데 뛰어나고 더 육식성이며 자잘한 군것질보다는 포식을 즐긴다. 남성은 위치파악에 뛰어나고 복잡한 물체를 끼워 맞추는 데 익숙하다. 반면에 여성은 자잘한 군것질을 좋아하고 동일 연령대의 남자에 비해 채식을 더 선호한다. 그리고 좀 더 언어적이고 관찰적이며 세심하고 근면하다. 따라서 여성이 남성에 비해 채집에 더 적합한 성품을 지녔다고 말할 수 있다. 남편은 사냥에서 잡은 짐승을 아내와 공유하고 아내는 채집한 채소를 남편과 공유한다. 둘 다 더 풍요해지는 것이다.

농경 사회에 접어들면서 남녀가 같은 일을 할 때조차도 노동의 성적분화는 철저했다. 중세 프랑스 시대 돼지도살 작업은 관습에 따라 남자의 일과 여자의 일로 세밀하게 나누어졌다. 잡을 돼지의 선택은 여자의 일이고, 택일을 하는 것은 남자의 일이다. 소시지 만들기는 여자의 일이고 돼지기름 염장은 남자의 일이다. 오늘날에도 이런 구분은 유효하다. 지금도 북유럽 국가에서는 남녀 모두에게 동등한 기회가 부여되는 직종에서도 전통적인 남성적 직종에는 10퍼센트의 여성만이 근무하고 있으며, 전통적인 여성적 직종에는 90퍼센트의 여성이 근무하고 있다.

케임브리지 대학 심리학과 배런-코언 교수는 여성의 뇌는 공감하기(empathizing)에 적합하도록, 남성의 뇌는 규칙에 따라 작동하는 체계를 이해하고 그 규칙을 찾아내는 활동, 즉 체계화하기(systemizing)에 적합하도록 설비되어 있다고 주장한다. 그는 여성이 공감하기 성향을 갖게 되고, 남성이 체계화하기 성향을 갖게 된 것은 그런 성향이 진화의 역사에서 적응 가치를 가졌기 때문이라고 주장한다.

알렉산더와 하인즈는 실험을 통해 원숭이에게도 이런 성차가 있다는 점을 입증했다. 그들은 긴꼬리원숭이 44마리를 대상으로 실험을 했다. 원숭이들에게 전형적인 남자 아이용 장남감인 공과 경찰차와 전형적인 여자 아이용 장남감인 그림책과 봉제 강아지 등 4가지 장난감을 주고 함께 노는 시간을 측정해 보았다. 물론 이런 장난감은 예전에 한 번도 본 적이 없는 것들이었다. 그런데 수컷 원숭이는 남자 아이용 장난감에 더 많은 관심을 보였고, 암컷 원숭이는 여자 아이용 장난감에 더 많은 관심을 보였다.

공감하기란 사람의 정서 상태와 마음 상태를 읽고 이에 정서적으로 민감하게 반응하는 성향이다. 다른 사람이 어떤 생각과 기분을 느낄지 논리적으로 따져 계산하는 것과는 다르다. 공감하기는 다른 사람의 기분이나 마음상태를 알려고 하지만, 다른 사람을 조작하기 위해서 알려고 하는 것이 아니다. 다른 사람에게 관심이 있기 때문에 알려고 하는 것이며, 또 상대방 기분이나 마음의 상태를 알게 되면 자신도 그러한 내적 경험을 하게 되는 성향이다.

이처럼 공감하기는 주변사람의 생각과 감정을 이해하도록 할 뿐 아니라 공유하도록 해준다. 그래서 다른 사람과 긴밀한 관계를 맺고 상호작용하는 데 큰 도움이 된다. 다른 사람의 감정과 생각을 이해하고 적절한 정서로 반응하려는 동기이다.

공감하기는 단순히 다른 사람이 무엇을 생각하고 느끼는지를 냉정하게 계산하는 것, 즉 마음 읽기(mind reading)를 의미하지는 않는다. 공감은 다른 사람을 이해하기 위해서, 또 그 행동을 이해하기 위해서, 그리고 그들과 정서적으로 공명하게 연결되기 위해서 한다. 예를 들어 친구의 고통을 알게 된 순간 저절로 친구를 염려하게 되고 당장 달려가서 친구의 고통을 덜어주기 위해 무엇인가 도우려고 한다면, 이것이 바로 공감하기다. 공감은 다른 사람을 염려하는 자연스러운 욕구로 인해 일어나는 것이다. 여성의 이러한 공감하기 능력을 'E형 뇌(empathizing type brain)' 라고 부른다.

이에 반해 체계화하기는 규칙이나 원리에 따라 작동하는 체계를 분석하고 탐구하거나 구성하려는 성향이다. 체계는 자동차, 동물, 식물처럼 구체적인 대상에 관한 것일 수도 있고 수학, 물리학처럼 논리적인 것일 수도 있으며, 경영이나 법처럼 사회적인 것일 수도 있다. 체계화하기는 특정체계를 이해하는 데는 중요하지만, 다른 사람의 행동을 이해하고 또 거기에 적절하게 반응하는 데는 별로 도움이 되지 않는다.

체계화하기는 체계를 분석하고, 탐색하고, 구성하고 싶어 하는 욕구로, 사물이 어떻게 작동하는지, 또는 체계의 행동을 지배하는 기초 법칙이 무엇인지를 직관적으로 알아낸다. 이러한 체계는 "~이면 ~이다(if ~ then)"와 같은 상관관계 법칙을 사용한다. 입력에 작용해 출력을 산출하는 것이다. "~이면 ~이다"의 상관관계 법칙은 무생물체계 대부분의 행동을 예측할 수 있도록 해준다. 우리는 입력, 조작, 출력을 조절함으로써, 체계를 더욱 효율적으로 작동하도록 하는 것이 무엇인지, 또 그것이 할 수 있는 일의 범위가 무엇인지를 알 수 있게 된다.

공감하기가 수백 가지 정서를 다룰 수 있을 정도로 강력하듯이, 체계화하기도 수많은 체계를 다루는 과정이다. 평균적으로 여성보다 남성이 자발적으로 체계화를 더 많이 한다. 이런 남성 중심의 뇌 유형을 'S형 뇌(systemizing type brain)' 라고 부른다.

체계화하기와 공감하기는 전적으로 종류가 다른 과정이다. 궁극적으로 체계화하기와 공감하기를 맡는 뇌의 영역은 다르다. 이 과정들은 불가사의한 과정이 아니라 신경생리학을 바탕으로 한다. 1987년

캐나다의 심리학자인 기무라는 "남성의 뇌와 여성의 뇌는 다른가?"
라는 질문을 던지고는 "남성과 여성 간에 상당한 정도의 형태학적 차
이와 뚜렷한 행동의 차이가 있는 것으로 보아, 남성 뇌와 여성 뇌가
다르지 않다면 그것은 놀라운 일일 것이다"라고 했다.

기무라는 남성 뇌와 여성 뇌를 정의하는 두 가지 다른 차원, 즉 언
어능력(여성 우월)과 공간능력(남성 우월)을 주장하는 이 분야의 전통적
연구자 중에서 대표적인 인물이다. 여성이 언어능력이 우수한 것은
더 강한 공감능력을 가지고 있기 때문일 수 있으며, 남성이 공간능력
이 뛰어난 것은 이들의 체계화 능력 발달을 보여주는 한 예일 수 있다.

남성과 여성의 특징을 결정하는 호르몬

남녀의 마음을 서로 달라지게 하는 분명한 생물학적 요인은 진화
과정에 의해서 결정된 내분비계, 즉 호르몬 체계다. 남자 아이들의 경
우 출생 이전부터 테스토스테론을 좀 더 많이 만들어낸다. 테스토스
테론인 안드로겐은 유전적으로나 성선으로나 남자인 경우 고환에서
흘러나오고, 여자인 경우 부신에서 흘러나온다. 이것이 뇌 유형이나
성 전형적 행동을 결정짓는 데 가장 중요한 요인 중 하나인 듯하다.

우선 태내 테스토스테론이 공감하기와 어떤 관련이 있는지 살펴보
기로 하자. 임신한 붉은털원숭이에게 테스토스테론을 주사하면, 그
원숭이에게서 태어난 암컷은 자라면서 거친 놀이, 즉 싸우며 놀기와

같은 수컷 놀이를 더 좋아한다. 싸우며 놀기는 공감을 적게 한다는 표시일 수 있다. 반대로 교미한 적 없는 암컷 포유류에게 에스트로겐과 프로게스테론을 주사하면, 그 암컷은 모성 행동을 더 많이 하고, 아기에 더 많은 관심을 보인다. 이는 공감하기 정도가 늘어났다는 뜻이다. 사람의 태아도 합성 안드로겐에 노출되면 출생 후에 공격성이 늘어난다는 사실이 입증되었다. 이런 단서들을 보면 호르몬이 이들의 사회적 행동에 결정적 영향을 끼칠 수 있음을 알 수 있다.

또 한 가지 연구 사례를 들어보겠다. 케임브리지의 아덴브룩 병원은 영국 동부의 여러 병원에서 온 양수를 분석하는 지역센터다. 이 센터에서는 어머니의 나이가 많아 다운증후군에 걸린 아이를 낳을 가능성이 많은 여자들에게서 임신 3개월 내에 양수검사를 하고, 아이가 태어날 때까지 각 임산부에게서 나오는 양수를 냉장고에 보관하고 있다. 따라서 출생 이전의 테스토스테론 수준을 양수에서 분석할 수 있었다.

태아기에 테스토스테론 수준이 낮았던 유아들(1~2년)은 눈맞춤을 더 많이 했고, 어휘도 더 풍부했다. 반면에 출생 이전에 테스토스테론 수준이 높았던 아기들은 유아 때 눈맞춤을 덜 했고, 어휘력도 떨어졌다. 이는 남녀의 공감하기 수준이 다른 것을 설명하는 중요한 생물학적인 요인이 바로 태아기 테스토스테론이라는 것을 가리킨다.

태어날 때 암컷 쥐에게 테스토스테론을 주사하면, 이 쥐는 주사를 맞지 않은 다른 암컷 쥐에 비해 미로를 더 빨리 학습하고 오류도 적게 범한다. 그리고 암컷 쥐를 수컷처럼 만들면 호르몬상으로 그 쥐는 공간을 체계화 하는 능력이 좋아진다. 놀랍게도 테스토스테론 주사를 맞은 암컷 쥐는 다른 정상적인 수컷 쥐만큼 수행을 해낸다. 정상적인 수컷 쥐와 호르몬 처치를 받은 암컷 쥐는 미로에서 자기 길을 찾을 때 방향전략을 사용한다. 이는 뛰어난 체계화 능력을 시사하는 것이다.

특히 태아기에 테스토스테론이 뇌의 두 반구가 성장하는 속도에 영향을 미친다고 알려졌다. 즉 태아기 때 테스토스테론이 많으면 우반구가 좀 더 일찍, 더 빠르게 성장한다. 우반구는 공간능력에 관여하고 있는데, 앞에서 살펴본 바와 같이 공간능력은 체계화 능력의 도움을 받는다. 좌반구는 언어와 의사소통에 관여하고 있는데, 언어와 의사소통은 공감능력의 도움을 받는다. 남자 뇌의 우반구가 여자 뇌보다 더 빨리 발달한다면, 이는 왜 남자의 체계화 능력이 더 빨리 발달하는지를 설명할 수 있을 것이다. 마찬가지로 좌반구의 경우 남자보다 여자가 더 빨리 발달한다면, 이는 왜 여자들이 언어와 공감하기 기술이 더 빨리 발달하는지를 설명할 수 있을 것이다. 이런 생각들이 연구에서도 발견될까?

태아기 안드로겐은 그저 뇌의 우반구가 아니라 일반적으로 오른쪽 신체도 더 발달시킨다. 그래서 남자들은 오른쪽 발이 왼쪽보다 큰 경우가 많고, 오른쪽 고환이 왼쪽보다 더 크다. 여자들은 왼쪽 발이 오른쪽보다 더 큰 편이고, 왼쪽 난소가 오른쪽 난소보다 크며, 평균적인 여성은 왼쪽 가슴이 오른쪽 가슴보다 더 크다는 보고가 있다.

이러한 모든 사실에서 우리는 테스토스테론이 신체의 크기는 물론이고 뇌의 편재화에도 큰 영향을 끼친다는 것을 알 수 있다. 이 특별한 물질을 발달 초기에 가지게 되면, 신체와 뇌의 오른쪽이 더 빨리 발달한다. 체계화가 우반구 기능이라면, 이는 왜 남자들이 체계화를 더 잘하는지를 설명해주는 것이다. 다시 말해 테스토스테론이 특히 발달 초기에 뇌에, 더 나아가 행동에도 영향을 끼치고 있음을 추정하게 된다.

남자와 여자, 이렇게 다르다

이와 같은 연구결과를 보면 남녀 간에 분명한 차이가 있음을 추론할 수 있다. 지금까지 알려진 남녀 간의 성차에 대한 결과들을 요약하면 다음과 같다.

첫째, 아주 어렸을 때부터 남아들은 여아들보다 더 공격적이며 난장판 놀이를 즐긴다. 이점은 영장류인 원숭이도 마찬가지다. 소년과 남성 성인의 경우도 소녀나 부인에 비해 보다 공격적인 특징이 그대로 유지된다.

둘째, 여아들은 남아들에 비해 언어능력이 뛰어나다. 비록 남자와 여자 사이의 언어능력이 근접해지는 시기가 있기는 해도 늘 남자가 여자를 앞서는 일은 없다. 평균차이의 정도는 연구들에 따라 다르지만 표준편차의 약 4분의 1 정도가 되는 것이 보통이다. 그러나 수학능력에 있어서는 남성이 여성에 비해 더 높은 점수를 얻는 것이 보통이다.

셋째, 남자들은 고교시절 이후에는 도형지각 능력과 도형 간의 관계이해 능력 등과 같은 공간지각 능력이 뛰어나기 시작하면서 성인기 동안 계속된다. 공간지각 능력 측정 검사에서는 고등학교 동안 남성들이 앞서기 시작하는데, 그 차이는 표준편차의 약 0.4 정도다.

넷째, 신생아는 남자인 아빠의 음성보다는 여성인 엄마의 높은 음성에 훨씬 더 잘 반응한다. 이것은 여성이 아동양육의 책임이 있음을 지적할 수밖에 없는 이유다. 어떤 심리학자는 자신에게 관심이 있는 대상을 볼 때는 그렇지 않은 대상을 볼 때보다 동공이 더 크게 확장된다는 사실에 근거하여 남자와 여자에게 여러 가지 대상의 그림을 보여주었다. 이렇게 하여 남녀 피험자들의 동공크기를 측정한 결과, 남성들은 벗은 여자 사진을 볼 때 동공이 최대로 확장되는 반면 여성들은 어린 아기를 볼 때 동공이 최대로 확장된다는 결과를 얻기도 했다. 남성의 본능이 자손번식을 위한 섹스에 있다면, 여성의 본능은 자식 양육이라는 점을 입증하는 결과다.

다섯째, 여성이 남성에 비해 감성적 특징이 훨씬 더 발달해 있다. 여자는 감정을 조절하는 기능이 양쪽 대뇌에 다 존재할 뿐 아니라, 감정을 주관하는 부분과 언어를 담당하는 부분이 남자보다 더 잘 결합되어 있다. 뿐만 아니라 여성은 남성에 비해 좌뇌와 우뇌를 연결해주는 뇌량(腦梁)도 더 굵어서 감정 표현을 훨씬 더 풍부하게 할 수 있다. 그래서 자신의 느낌을 더욱 원활히 표현할 수 있다. 여자가 남자보다 더 자주 우는 이유는 두뇌 구조상 남자보다 더 많은 감성적인 정보를 입수하고, 이것에 더욱 강하게 반응하며 표현하기 때문이다. 그러므로 여자는 태어나면서부터 특별히 사람을 돌보는 데 더 적합하도록 디자인되어 있다.

여섯째, 남녀의 두뇌는 기능별로 발달 단계가 조금 다르다. 여자는 먼저 감정, 언어, 인식 부위 순으로 발달하는 데 비해서 남자는 감정, 행동, 인식 부위 순으로 발달한다. 그러니 여자는 흥분하면 말부터, 남자는 감정이 격해지면 뭔가 행동으로 해보려고 한다. 즉 여자는 말로 문제를 풀면서 해결책을, 남자는 행동하면서 해결책을 떠올린다. 예를 들면 여자는 다른 사람의 고민을 자신의 고민처럼 여기지만 남자는 친구의 고민을 접할 때 우선 그 고민을 해결할 수 있는 방법을 강구하기 일쑤다. 아내는 들어줄 귀가 필요해서 걱정을 털어놓는데 남편은 그걸 기어이 풀어주려고만 하니 어처구니없게 싸우고 만다. 아기의 울음소리에 엄마는 마음이 아프지만, 아빠는 유아교육 책을 뒤지면서 증상과 치료방법을 찾기에 바쁘다.

여자는 여자들끼리 만나면 서로의 고민과 약점을 마음껏 털어놓으면서 친분을 쌓는데 이런 걸 보는 남편은 왜 우리 집 약점을 남들에게 말하냐고 화를 낸다. 이렇게 여자는 자기 속에 있는 개인적인 감정이나 비밀을 이야기하기 좋아하는 편이다. 이에 비해 남자는 서로의 비밀을 공개하는 것을 꺼리기 때문에 개인적인 이야기를 하는 것은 별로 좋아하지 않는다. 대화를 할 때 여자는 비교적 다른 사람의 대화와 호흡에 맞추어 협조적인 편인데 남자는 경쟁적인 특성을 띤다. 항상 무엇인가를 성취하려는 남자의 욕구 때문에 어쩔 수 없는 것 같다. 그래서 여자는 "어머, 너 새 냉장고 장만했구나. 부럽다, 얘"라고 하면서 상대를 인정해주는 경향이 있는 반면 남자는 "뭐, 네 차로 시속 150킬로미터까지 달려봤다고? 난 200킬로미터까지 달렸어!" 하면서 상대방의 기를 죽이려 한다.

남성 뇌의 이점과 여성 뇌의 이점

이제 우리는 남성 뇌와 여성 뇌가 발달 구조적으로나 기능적으로 서로 다르다는 점을 알게 되었다. 이제 남성 뇌와 여성 뇌의 기능적 차이점에 대해 좀 더 구체적으로 알아보기로 하겠다. 먼저 남성 뇌의 이점을 살펴보고, 다음으로 여성 뇌의 이점에 대해 살펴보겠다.

남성 뇌의 이점

도구를 만들고 사용하기

체계화를 잘하는 이들은 기계적 체계, 즉 무기를 비롯한 도구를 이해하고 사용하고 만들어내는 데 익숙하다. 도구가 있으면 사냥하고,

싸우고, 건축하고, 고치는 따위의 일들을 좀 더 효율적으로 할 수 있다. 이런 일들을 더 잘하면 생존뿐만 아니라, 부를 쌓거나 사회적 지위를 높일 기회가 더 많아진다. 그리고 사회적 지위가 높아지면 번식할 확률도 높아진다.

사냥하기와 추적하기

체계화를 잘하는 사람은 또한 자연계를 이해하고 탐구하는 데 익숙하다. 사냥을 하려면 사냥감이 있을 만한 장소를 숲 속에서 훑어가며 찾아야 한다. 사냥꾼이나 추적자가 되려면 길에 대한 뛰어난 공간 기억도 필요한데, 이런 능력이 있어야 짧게는 몇 시간, 길게는 며칠 동안 헤매다가도 집으로 돌아갈 수 있다. 숲 속에는 사람이 만들어놓은 이정표나 지도가 없지만 체계화를 잘하면 그 지역에 대한 심상지도를 재빨리 만들어낼 수 있다. 체계화를 잘하는 사람은 다른 자연계, 말하자면 폭풍이 올 징조와 같은 일기, 바람, 별 같은 것을 잘 이해하고 예측할 수 있다. 환경을 잘 파악하면 죽느냐 사느냐 하는 문제도 달라질 수 있는 것이다.

거래하기

체계화를 잘하면 주식시장이 요동을 쳐도 그 변화를 잘 알아채서 언제 사고 언제 팔지를 알 수 있다. 시장도 마찬가지다. 이 경우의 체계는 유통 화폐이거나, 그보다 훨씬 덜 공식적이라면 물건의 교환 같은 것일 수도 있다. 이런 기술은 어떤 것이 언제 수요가 되며 다른 것은 남게 되는지, 또 어떻게 해서 좋은 거래가 이루어지는지를 탐지하는 데 활용할 수 있다.

권력

일반적인 원리에 따라 사회적 지위가 높을수록 생존가능성이 높아진다. 따라서 한 집단의 사회적 위계, 곧 하나의 체계를 잘 알고 있다면 번성할 수 있다. 왜 지위가 생존기회를 결정짓는지를 알아보는 것은 어려운 일이 아니다. 사회에서 제외되면 그 집단의 보호를 받지 못한다는 것도 한 가지 이유다.

마찬가지로 사회체계 안에서 자신의 위치를 깨닫지 못하면 좀 더 높은 지위에 있는 어떤 사람과 갈등을 겪게 되는데, 그 사람 역시 자기의 사회적 지위를 지켜야 하는 처지다. 자기보다 뛰어난 이와 싸워 이길 수 있으면 좋겠지만 그럴 수 없다면 크게 피해를 입을 수 있다. 체계화에 뛰어난 사람은 어떤 행위를 하면 지위를 잃고, 어떤 행위를 하면 지위를 얻을 수 있는지 잘 안다.

사람들이 사회적 지위를 추적하는 또 다른 이유는 다윈이 말하는 성적 선택(sexual selection) 때문이다. 많은 종, 특히 영장류에서 암컷은 선택에 더 까다롭다. 한 번의 성행위에 남자는 몇 초 또는 몇 분이면 그만이지만, 여자는 임신하고 출산하는 데 10개월이라는 시간이 걸린다.

그렇다면 여자는 어떻게 선택을 하는가? 한 가지 방법은 사회적 지위를 단서로 삼는 것이다. 그래서 사회적 지위가 높은 수컷에게 접근하는 암컷이 더 많다. 사회적 지위가 높다는 것은 유전자가 건강하고, 동시에 부양능력과 방어능력이 뛰어나다는 증거가 되기 때문이다.

사회적 지위

공감하기를 못하고 체계화를 아주 잘한다면 그 사람은 사회적 무리 안에서 가장 높은 지위까지 급속히 성장하는 남자일 것이다. 모든 문화에서 남자는 사회적 서열을 놓고 서로 경쟁하기 때문이다. 사회적 지위를 얻으려면 수컷은 우선 신체적 힘을 사용해야 한다. 이것이 대부분의 종에서 암컷보다 수컷이 더 크고 강하며 공격적인 이유다.

정서인지에 관한 대부분의 연구에서 남자가 여자보다 점수가 낮았다. 그러나 사회체계 속에서 앞으로 지위를 잃을지를 예상하는 데 결정적인 눈맞춤을 통해서 위협을 탐지하는 능력과 위계에 대한 민감성에서는 여자보다 남자가 높은 점수를 받았다. 이는 수컷끼리의 경쟁에서 핵심적으로 중요한 요인이 된다. 이러한 예는 공감하기 점수가 아니라 체계화 점수가 높다는 것을 보여주는 징표다.

전문성

사회적 위계 안에서 높은 지위를 얻을 수 있는 또 한 가지 책략은 문화적 성공이다. 이는 우리 문화 안에서 가치 있다고 인정되는 분야에서 최고가 되거나, 가치 있는 자원을 통제하는 것이다. 체계화를 잘하려면 하나의 체계를 되도록 완전히 이해해야 한다. 체계화를 잘하면 경쟁을 통해 쟁기나 창 만들기, 악기 만들기나 살림하기에서 최고가 될 수 있다. 그래서 더 높은 사회적 지위를 얻을 수 있다.

외로움 견디기

동물 추적이나 새로운 도구의 발명처럼 체계화를 아주 잘해야 하는 과제에는 보통 긴 시간이 필요하다. 며칠, 몇 달, 또는 몇 년씩 걸릴 수도 있다. 이러한 과제는 대부분 방심하지 않고 깊이 집중해야 할 수 있다. 그리고 혼자 해야 잘되는 경우가 많다. 공감하기를 잘 못한다면 아무하고 대화도 못한 채 며칠 동안 갇혀 있어도, 자기가 지금 하고 있는 일의 체계에 오랫동안 깊이 집중하는 데 만족할 수 있을 것이다. 산업화 이전 사회에는 낡은 도끼날을 고치는 것, 가족을 위해 음식을 찾으려고 며칠 동안 숲 속을 다니는 것 따위가 그런 일이었을 것이다. 다른 사람에게는 누군가 옆에 있는 게 필요하겠지만, 누가 옆에 없어도 괜찮은 사람들은 그 덕분에 얻는 보상이 상당히 클 것이다.

공격성

인간과 영장류의 경우에 일반적으로 수컷은 상대편을 위협해서 성행동을 통제하려 한다. 암컷 상대방을 공격해서 위협하려면 공감하기를 못해야 한다. 다른 사람을 해치거나 두려워하게 하는 것은 돌보는 행위가 아니다. 공격성은 공감능력이 모자란다는 것만을 나타내는 게 아니다. 공격성은 또한 사회 내에서 지배권을 얻거나 사회적 갈등을 해결하는 데 아주 효과적인 책략이 된다. 진화론의 용어로 말한다면, 수컷 사이의 경쟁에서 가장 용감하고 기술이 뛰어난 싸움꾼이 가장 높은 사회적 지위를 얻으며, 그리하여 부인과 자식을 보호할 수 있다. 산업화 이전 사회 연구에서 일반적으로 공격성은 대략 혈족 간의 복수, 경제적 이득, 여자들을 첩으로 잡기, 개인적 권위와 평판의 유지와 같은 형태를 취하고 있다는 사실이 발견되었다.

지도력

체계화를 잘하는 지도자라면 여러 사람으로 구성된 집단을 하나의 체계로 볼 수 있는 장점이 있을 것이다. 기계체계의 각 장치들처럼 각 집단 또는 개인은 그 체계에서 특정 역할을 할 것이다. 사람 집단, 도구 집단 할 것 없이, 어떤 체계든 주의 깊게 통제되어야 한다. 공감능력이 낮은 지도자는 팀의 구성원이 그 프로젝트에서 각자 하는 역할에 대해 어떻게 느낄까를 걱정하는 데 시간을 들이지 않는다. 대신 그 체계의 전체 목표에 개인이 공헌하는 기능이 어떤 것이어야 하는가에 초점을 맞출 것이다. 따라서 공감능력이 낮고 체계화 능력이 높은 것은 성공적인 지도자에 좀 더 잘 맞는 특징으로 자리 잡아왔다. 이런 지도자는 더 많은 자원을 가질 수 있고, 그 결과 사회적 지위와 번식 기회도 더 가질 수 있다.

여성 뇌의 이점

지금까지 우리는 체계화 능력이 높고 공감능력이 낮은 남성 뇌가 어떻게 해서 적응에 이로울 수 있는지를 보았다. 그렇다면 여성 뇌는 어떨까? 여성의 뇌는 진화과정에서 어떤 이득이 있었는지 그 내용을 알아보자.

친구 사귀기

공감을 잘하려면 관계를 이해할 수 있는 기술이 필요하다. 공감을 잘하는 사람은 의사소통을 잘하는 사람이다. 친구가 자기가 한 말에 화를 내고 있는지, 또는 부당하게 취급받는 상태인지 살필 줄 안다. 그리고 다른 사람의 요구를 쉽게 예상하고, 다른 이의 느낌에 재빨리 적절하게 반응한다. 공감을 잘하는 사람은 좀 더 민주적이다. 이들은 다른 이의 말을 잘 들으며, 대화할 때도 좀 더 외교적이다. 이들은 자기 견해를 다른 사람이나 집단에 강요하지 않는다. 이런 방식으로 행동하면 쉽게 친구를 사귀며 적을 만들지 않는다.

좋은 친구가 있으면 생존하는 데도 이익이 있다. 사회적 연대를 쌓게 되고 상황이 어려울 때 도움을 받을 수 있다. 가령 어린애를 돌보는 여자가 공감능력이 높으면 계속 아이를 지켜볼 수 없을 때도 도움을 받을 수 있다. 자기 아이를 돌봐줄 수 있는 친구 공동체를 구성할 준비가 잘되어 있기 때문이다. 친밀한 친구를 사귀는 데는 또 다른 이점이 있다. 친구 공동체는 좀 더 안정된 공동체이며, 어른들 사이에 일어날 수 있는 공격의 위험을 줄인다. 공동체의 안정성에 기여하는 것은 어린이와 여자의 생존기회를 늘리는 데 도움이 된다.

어머니 역할

아기들의 마음은 읽기 힘들다. 아기는 울기만 하지 원하는 것이 무엇이고, 무얼 느끼는지 말을 할 수가 없다. 좀 더 자란 아이와 어른이라면, 언어로 마음 상태의 일부를 드러낼 수 있지만 아이는 그렇지 않다. 아기의 마음을 어떻게 알아낼 수 있을까? 사실 신생아는 아버지인 남자의 소리보다는 엄마인 여자의 소리에 더 민감하게 반응하지만 공감을 잘하는 사람이라면 성별에 상관없이 아기의 요구와 느낌에 맞추어주는 것이 그리 어렵지 않다.

만일 아기가 느끼는 수백 가지 느낌과 함께 이 모든 가능성을 생각해볼 수 있다고 하자. 그렇다면 이 멋진 공감능력으로 아기에게 자신의 요구가 받아들여지고 있다는 믿음을 전해줄 수 있을 것이다. 아기는 보살핌과 지원을 받고 있다고 느낄 것이며, 따라서 좀 더 안정된 애착이 발달할 것이다. 그리고 안정된 애착을 느끼는 아기는 학습이 빠를 뿐만 아니라 또래집단에게 좀 더 잘 받아들여지며, 더 인기가 있고, 생애 내내 좀 더 안정된 인간관계를 맺어갈 수 있을 것이다. 공감을 잘하는 부모의 아기는 어른이 되어서도 안정된 인간관계를 맺는 능력을 가질 가능성이 크다. 그리고 그렇게 되면 아이들은 생존능력이 커지고 정신적으로 건강하게 된다.

소문에의 민감성

공감능력이 뛰어나면 친구들 사이에서 우정이라는 이익을 얻을 수 있다. 상호 의사소통을 잘해서 그렇기도 하지만, 소문을 잘 활용하는 것도 도움이 된다. 주변의 사회집단에 관한 정보를 얻는 가장 좋은 방법은 그 집단에 끼는 것이다. 공감능력이 낮은 사람은 공감능력이 높은 이에 비해 친구가 적다. 그리고 친구끼리 가볍게 대화하는 것도 편하지 않다. 따라서 남의 소문도 덜 듣게 된다. 반면에 공감기술이 뛰어난 사람은 가까운 친구가 더 많거나, 사교에 도움이 되는 수다를 계속할 수 있다. 그래서 사람들에 관한 중요한 정보(가령 신뢰성 같은 것)를 파악할 수 있다. 사회적 소문에 참여하는 일은 영장류에서 '털 고르기' 행위와 같다고 한다. 그래서 서로를 더 잘 알게 되는 사회적 윤활유의 역할을 한다. 공감을 잘하는 사람은 이런 방식으로 더 좋은 생존 기회를 가지게 된다.

사회적 이동성

인간을 포함한 영장류에서 남자는 자기가 태어난 집단에 머무는 편이고, 여자는 배우자의 공동체로 이동하는 편이다. 따라서 여자보다 남자는 자기 친족들에 둘러싸여 있게 되고, 친척들을 잘 알게 되며, 친척들도 그를 잘 알게 된다. 그래서 인간관계를 맺고 이를 유지해 나가는 데 남자가 덜 노력해도 되는 게 일반적이라면, 남자들에게 공감능력을 갖추라는 압력 또한 덜했을 것이다. 반면에 유전적으로 관련 없는 사람들과 인간관계를 맺으려면 상호성이나 동등성에 훨씬 더 민감해야 한다. 이들 사이의 관계를 당연한 것으로 받아들일 수 없기 때문이다. 그래서 공감능력이 낮은 여성은 배우자의 친척들에게 수용되는 과정에서 더 어려워하고, 친척들의 지원도 받기 힘들다.

배우자의 마음 읽기

　자기 남편이 어떤 행동을 하고 난 뒤에 무엇을 할지 미리 알 수 있는 여자는 부부싸움을 잘 피할 수 있다. 속임수를 잘 탐지하는 여자는 성실한 남자를 배우자로 찾아내는 기술이 좀 더 뛰어나며, 그 남자가 자신을 잘 돌봐줄지, 아니면 그저 임신시키려고만 하는지를 제대로 판단한다. 이렇게 해서 공감기술이 뛰어난 여자는 자식들이 취약한 시기를 넘기는 동안 상호관계를 안정적으로 유지할 수 있는 확률을 높인다. 그 결과 자식들을 살아남게 하고, 그렇게 해서 자기 유전자가 더욱 많이 확산되게 한다.

남자는 섹시한 여자를 좋아한다

유기체는 에너지항상성, 적응항상성, 생식항상성으로 지정되는 에너지체계, 적응체계, 생식체계의 적절한 통합에 의해 조정되는데 이러한 체계들의 조정은 시상하부의 역치수준에 의해 이루어진다. 시상하부의 역치조절은 특히 나이와 관계있는 생식기능의 메커니즘에서 극단적으로 보인다. 항상성 편차가 처음에는 발육과 생장을 위해 소요되지만 나중에는 내부 환경의 항상성을 방해하는 힘으로 작용하게 된다.

그 결과 유기체는 정상적으로 노쇠가 이루어지고 이와 관련된 노인성 질환이 발생하여 결국에는 자연사로 유기체를 마감시키도록 되어 있다. 인간을 포함한 고등동물에서 노쇠는 발육과 직접적인 관계가 있다. 생명체의 발육을 보장하는 동종 요인이 생장과 성적 성숙을 완성시킨 후에도 계속 작용하여 동시에 노쇠의 원인으로 작동하게 된다. 그러므로 노쇠와 질병은 유기체의 완벽한 진화에 대한 비싼 대가인 셈이다.

그러면 성적으로 성숙하기 전까지 성적 억제가 일어나는 이유는 무엇인가? 이를 설명할 수 있는 한 가지 가설은 시상하부가 성적 민감성의 수준을 통제한다는 가설이다. 1개월 된 쥐에게 시상하부 활동을 50퍼센트 정도 억제하기 위해 합성 여성호르몬을 주입했다. 그 결과 시상하부는 성적 억제력을 상실하게 되고, 생식선이 발달하며, 성호르몬 생산이 증가하여 2차 성징의 발달을 가져왔다. 그러면 시상하부가 이렇게 성 발달의 열쇠가 되는 이유는 무엇인가?

제1모델 조절자인 시상하부와 작동기관인 생식기관과의 피드백 기제에 의한 설명이다. 생식주기가 작동되면 성 호르몬 분비가 증가하고 이것은 계속해서 순환적으로 난소로부터 난자를 방출하도록 하는 중추를 자극하여 결과적으로 수태에 요구되는 조건들을 형성하게 된다.

제2모델 나이에 따라 시상하부의 민감성이 폐쇄된다는 가설이다. 난소에 저장된 40~50만 개의 난포가 바닥이 나거나 난소의 민감성이 감소된다는 가설이다. 여성의 경우 생식체계는 25세까지 충분히 작동하며 성숙한 후에도 생식체계의 능력은 25~35세까지 지속적으로 유지되어 이 기간 동안에 성선자극호르몬의 분비량은 3배 정도 증가한다. 성숙은 25세가 정점이나 생식능력은 10여 년간 지속적으로 유지된다. 사람은 보통 50만 개 정도의 원란을 가지고 태어나며, 1회에 2,500개 정도를 배출하므로 200회 이상, 즉 20여 년간

배란을 할 수 있다.

남자와 여자의 성적 책략

성 행동에 대한 성차를 진화심리학적 입장에서 살펴보면 남성과 여성의 성적 역할에는 분명한 차이가 있음을 알 수 있다. 남녀는 각기 종족보존에 기여하는 역할이 다르기 때문에 이성 관계에서 남자와 여자가 취하는 성적 책략은 다를 수밖에 없다.

우선 남자와 여자는 자녀를 낳을 때 투자하는 양이 다르다. 인간 여성의 난세포는 남자의 정자보다 훨씬 크다. 뿐만 아니라 영양분 비축에 있어서도 난자는 정자의 기여도를 훨씬 능가한다. 실제로 정자의 기여도는 전혀 없다. 다만 정자는 유전자를 가급적 빨리 난자로 운반하는 데만 관심이 있다.

따라서 임신 시점에서 수컷이 자식에 투자하는 자원의 양은 남녀 평균 분담분의 50퍼센트보다 훨씬 적다. 정자는 아주 작아서 수컷은 매일 수백만 개의 정자를 만들 수 있다. 수컷은 서로 다른 암컷을 이용해 단시간 내에 많은 수의 새끼를 만들 수 있는 잠재력을 가지고 있음을 의미한다. 정자가 난자와 만나 수정만 되면 영양분은 어미로부터 공급받을 수 있기 때문이기도 하다. 이 때문에 암컷은 자식을 낳을 수 있는 수에 한도가 있지만 수컷은 사실상 한계가 없다. 사실 수컷은 교미 이전부터 암컷을 상대로 착취하기 시작한다고 말할 수 있다.

암컷의 난자는 수컷의 정자에 비해 크기가 훨씬 커서 영양분 공급 이라는 조건에서만 보더라도 처음부터 투자를 많이 하고 있다. 이 때문에 어미는 임신부터 아비보다 더 깊은 정성을 쏟는다. 더구나 키우던 자식이 죽으면 아비보다 더 많은 것을 잃게 되기 때문에 더 슬퍼한다. 그래서 아비는 자식을 버릴 수 있어도 어미는 어지간해서는 자식을 버릴 수 없다. 이처럼 암컷은 임신 초기뿐만 아니라 생장의 전 기간에 걸쳐 수컷 이상의 투자를 한다. 남자에 비해 여자가 자녀생산을 위해 훨씬 더 큰 투자를 한다는 이런 주장을 '부모투자 이론' 이라고 부른다.

반면에 남자는 여자에 비해 출산한 자녀가 정말 자신의 유전자를 가진 자식인지에 대한 확신이 낮다. 여자는 자녀를 직접 출산한 당사자지만, 남자는 여자가 낳은 자식이 자신의 자식이라는 직접적인 증거가 없는 상태에서 상황적 증거와 외모의 유사성에만 근거하여 판단할 수밖에 없기 때문이다. 이러한 주장을 '친자확률 이론' 이라고 한다.

이 같이 남자와 여자는 부모로서 투자하는 양이 다르고 친자에 대한 확신이 다르기 때문에 성적 책략도 다를 수밖에 없다(권석만, 2008). 다음은 남녀 간의 성적 전략의 차이를 정리한 내용이다.

1 부모로서 더 많은 투자를 하는 여자는 배우자를 고를 때 남자보다 더 까다롭고 신중하다.

2 남자는 단기적인 관계추구에 집중하는 반면에 여자는 장기적인 관계 추구를 선호한다. 남자는 단기적인 관계를 통해서 많은 수의

여자를 임신시키는 것이 목표인 반면에 여자는 자신과 자녀의 보호와 지원을 지속적으로 제공할 남자를 선택하는 장기적 책략을 선호한다.

3 남자는 출산 가능한 여자를 찾는 반면에 여자는 자신과 자식을 보호하고 양육하기 위한 자원이나 능력을 보유한 남자를 찾는다. 즉 남자는 자녀의 생산이 가능한 젊고 건강하며 아름다운 여성에게 매력을 느끼고 여자는 지위와 재력을 지닌, 유능하고 근면하며 신뢰할 수 있는 남자에게 매력을 느낀다.

4 남자는 출산능력을 반영하는 여자의 애정행위에 끌리는 반면에 여자는 자원을 과시하는 남자의 애정행위에 끌린다. 즉 남자는 여자의 육체적 건강미나 아름다움을 과시하는 행동에 잘 유혹되는 반면에 여자는 남자의 재력이나 비싼 선물에 잘 유혹된다.

5 남자는 친자확인을 감소시키는 배우자의 행위에 민감한 반면에 여자는 배우자의 자원을 감소시키는 경쟁자의 존재에 민감하게 반응한다. 즉 남자는 배우자가 다른 남자와 성행위를 갖는 것에 민감하고 여자는 배우자가 다른 여자에게 심리적 또는 물질적 애정을 투자하는 것에 예민하다.

결국 남자는 자손 번식을 위해 다음과 같은 단기적 책략과 장기적 책략에 관심을 갖는다.

남자들이 사용하는 성적 책략

● 단기적 책략

1 어떤 여자가 성적으로 접근 가능한가?

2 어떤 여자가 임신이 가능한가?

3 어떻게 하면 투자와 헌신을 최소화할 수 있을까?

● 장기적 책략

1 어떤 여자가 건강한 자녀를 낳을 수 있을까?

2 어떤 여자가 정조를 잘 지킬 수 있을까?

3 어떤 여자가 양육기술이 훌륭한가?

4 어떤 여자가 장기간의 관계에 헌신할 용의와 능력을 가지고 있는가?

반면에 여자는 자녀 양육을 위해 다음과 같은 단기적 책략과 장기적 책략을 사용하게 된다.

여자들이 사용하는 성적 책략

● 단기적 책략

1 어떻게 하면 남자로부터 즉각적으로 자원을 뽑아낼 수 있을까?

남성이 여성을 선택하는 기준

그러면 남자들은 이러한 장·단기 전략에 맞는 여성을 어떤 기준으로 선택하게 될까? 밀러 등은 남성들이 자신의 성적 상대를 선택하는 기준이 다음과 같다고 주장한다.

젊은 여자를 좋아한다

남자가 나이 든 여자보다 젊은 여자를 좋아하는 이유는 젊은 여자가 번식가치와 수정능력이 높기 때문이다. 대부분의 문명사회는 결혼이나 성관계를 허용하는 여자의 나이가 정해져 있는데도 불구하고 남자가 젊은 여자에게 매료되는 이유는 이 때문이다. 미국의 남자 고등학교 교사나 대학교 강사는 여자 교사나 강사보다 평균 이상의 높은 이혼율을 보이는데 이는 남자가 젊은 여자를 좋아하기 때문일 것이다. 할리우드 배우의 결혼이 그다지 오래 못 가는 이유도 이런 식으로 설명할 수 있다. 남자배우는 끊임없이 더 젊은 햇병아리 스타 여배우와 만나거나 가까이 사귀지만, 그들의 부인은 그저 늙어가기만 하니 어쩌겠는가!

머리카락이 긴 여자를 좋아한다

남자들은 머리카락이 긴 여자를 좋아하고, 젊은 여자는 대부분 머리카락을 길게 기른다. 남자는 왜 머리카락이 긴 여자를 좋아하는가? 배우자로서의 여자는 9개월 동안의 임신과 몇 년간 아이를 돌보아야 하기 때문에 여자의 건강은 아이의 성장에 결정적으로 중요하다. 따라서 남자가 건강한 여성을 선택하려는 데 관심을 갖는 것은 당연하다.

그러면 여성의 건강은 어떻게 측정할 수 있을까? 지금은 병원에 가서 종합건강검진을 받아볼 수 있지만 예전에는 병원이라는 것이 없었다. 그래서 당시에 이러한 건강을 측정하는 척도로 머리카락을 이용했다. 건강한 사람들은 머리카락에 윤기가 흐르고 빛나는 반면에 병약한 사람들은 머리카락에서 윤기가 사라진다. 병에 맞서 싸우려면 온몸에서 이용 가능한 영양소를 끌어모아야 하는데, 머리카락은 생존에 필수적인 것이 아니기 때문에 여기에 공급할 영양소는 병을 치료하는 데 사용하게 된다.

따라서 건강하지 않은 여성의 머리카락에는 윤기가 없고, 머리카락도 길게 기를 수 없게 된다. 머리카락은 1년에 15센티미터 정도 자라기 때문에 여자의 머리카락이 어깨 길이 정도 자랐다면 4년 정도의 건강상태를 정확하게 판단할 수 있다.

허리가 가는 여자를 좋아한다

왜 여성의 이상적인 신체 치수가 36-24-36인가? 이 수치는 자의적으로 정한 것이 아니다. 텍사스 주립대학의 진화심리학자인 싱 교수는 실험을 통해 남자가 허리-엉덩이 비율(WHR : Waist-to-Hip Ratio, 허리둘레를 엉덩이 둘레로 나눈 것)이 낮은 여성을 좋아한다는 사실을 입증했다.

허리-엉덩이 비율만 다르고(0.7~1.0), 나머지 부분은 모두 똑같은 여자 그림 여러 개를 남자들 앞에 제시했다. 피험자들은 대부분 WHR이 0.7인 여자를 더 선호한다고 말했다. 0.7이라는 수치는 신체 치수가 36-24-36인 사람의 WHR(0.67)에 매우 근접하다. 다른 연구에서도 남자는 대부분 WHR이 0.7인 여자를 선호하며, 대부분의 여자는 WHR이 0.9인 남자를 선호한다는 사실이 드러났다.

싱 교수는 건강한 여자일수록 병약한 여자에 비해 WHR이 낮기 때문이라고 말한다. 당뇨, 고혈압, 심장마비, 뇌졸중, 담낭 등과 관련된 수많은 질병은 체지방의 분포에 변화를 가져오므로 병약한 여자는 WHR을 낮게 유지할 수가 없다. 반면에 WHR이 낮은 여자는 출산능력도 더 뛰어나다. 즉 필수적인 생식호르몬을 충분히 지니고 있기 때문에 아이를 가질 때도 수월하고 또 더 나은 아이를 출산할 수 있다.

배란기, 즉 여자가 출산능력이 있을 때에는 WHR이 가장 낮아진다. WHR이 낮은 여자를 찾는 것은 무의식적으로도 보다 건강하고 출산 능력이 높은 여자를 구하는 셈이다. 요즈음 10대 소녀들이 몸통을 드러내 WHR이 낮음을 과감하게 표현하는 것은 생식능력이 높다는 것을 숨김없이 보여주는 행위일 것이다.

가슴이 풍만한 여자를 좋아한다

남자가 가슴이 풍만한 여자를 좋아하는 이유는 진화심리학에서 오랫동안 미스터리였다. 여자의 가슴 크기는 수유능력과 아무런 상관이 없기 때문이다. 가슴이 풍만한 여자가 그렇지 않은 여자보다 엄마 노릇을 더 잘할 것으로 보이지도 않는다.

그런데 1998년 하버드 대학의 인류학자 말로위 교수가 그 해법을 제시했다. 고대에는 달력도 없었고 생일이라는 개념도 없었기 때문에 여자도 자기가 정확히 얼마나 나이를 먹었는지 알 수 없었다. 고대 남자들은 그래도 여자의 나이와 번식 가치를 몇 가지 신체적 상태를 보고 추측해야 했는데, 여자의 가슴 모양은 아주 좋은 단서가 된다. 임신 최적기에 가슴의 크기가 가장 풍만하기 때문이다. 여자의 가슴이 풍만한 경우라면 남자는 여자의 나이를 보다 정확하게 알아낼 수 있고, 그런 젊은 여자하고만 짝짓기하려고 시도할 것이다. 남자가 가슴이 풍만한 여자에게 매력을 느끼는 이유가 바로 이 때문이다.

최근에는 이에 필적할 만한 진화심리학적 설명이 등장했다. 폴란드 여성을 대상으로 한 연구에서 가슴이 풍만하고 허리가 가는 여자의 생식력이 월등히 뛰어나다는 사실이 밝혀졌다. 따라서 남자는 허리가 가는 여자를 좋아하는 것과 똑같은 이유에서 가슴이 풍만한 여자를 더 선호한다.

금발의 여자를 좋아한다

남자가 여자의 신체적 특징을 있는 그대로 관찰할 수 있다면 여자의 나이와 번식 가치를 비교적 정확하게 추측할 수 있다. 하지만 그럴 수 없다면 어떻게 해야 할까? 예를 들어 여자가 두꺼운 옷 같은 것으로 온몸을 가리고 있다면 어떻게 하나? 이때 사용할 수 있는 단서가 바로 머리카락 색깔이다. 신사는 금발을 좋아하는데, 그 이유는 남자가 금발을 좋아하게끔 만드는 진화된 심리적 기제를 타고났기 때문이다.

금발이 다른 모든 머리카락 색깔과 구별되는 점은 나이가 들어가면서 색깔이 현저하게 달라진다는 것이다. 금발을 그대로 유지하는 경우도 극소수 있긴 하지만 금발인 어린 소녀가 자라서 성인이 되면 대체로 머리카락이 갈색으로 변한다.

금발의 머리카락이 특히 스칸디나비아 반도와 북유럽에서 널리 진화된 것은 그만한 이유가 있다. 진화의 대부분을 보낸 아프리카에서는 남녀 모두 거의 알몸으로 지냈기 때문에 육안으로 여자의 나이를 정확하게 평가할 수 있었다. 그러나 추운 지방에서는 남녀 모두 옷으로 몸을 온통 감싸고 있기 때문에 남자가 여자의 번식 가치를 측정하기 어려웠다. 결국 여자가 자신의 젊음을 홍보하는 수단으로서 금발이 진화되었을 것이다. 왜냐하면 금발의 여자를 선택한 남자가 그렇지 않은 남자보다 많은 자손을 남겼기 때문이다.

금발인 여자가 멍청하다는 고정관념에는 어느 정도 통계적인 근거가 있다. 당시에 금발인 여자의 평균 나이는 대략 15세 전후였을 것이다. 그리고 동일한 환경조건에서 갈색 머리를 한 여자는 아마도 35세 전후였을 것이다. 열다섯 살짜리 여자는 서른다섯 살짜리 여자보다 당연히 더 순진하고 경험이 부족하고 미숙했으며 덜 현명했을 것이다. 금발을 한 여자가 멍청한 것이 아니라 아직 나이가 어렸기 때문에 좀 멍청하게 보였을 것이다. 가슴이 풍만한 여자가 멍청하다는 속설 역시 이와 같은 논리가 숨어 있을 것이다.

눈동자가 푸른 여자를 좋아한다

이상적인 아름다움을 묘사하는 전형적인 글에는 늘 금발과 푸른 눈동자가 따라다닌다. 남자만이 푸른 눈동자를 가진 여자를 매력적으로 보는 것이 아니라 여자도 푸른 눈동자를 가진 남자를 매력적으로 본다. 왜 남녀 모두 푸른 눈동자를 좋아할까?

인간은 자기가 좋아하는 것을 보게 되면 동공이 확장된다. 예를 들어 여자와 아이(남자는 제외)는 아기를 보면 무의식적으로 동공이 확장되고, 남자는 섹시한 여자를 보면 동공이 확장된다. 동공의 확장은 개인의 의식적인 통제에서 벗어나 있기 때문에 관심과 매력을 숨김없이 측정하는 척도로 사용할 수 있다. 다시 말하면 다른 사람을 속이기 위해서 동공의 크기를 고의로 조작할 수는 없다. 동공의 크기를 보면 다른 사람에게 관심이 있고 끌린다는 것을 고스란히 드러낼 수밖에 없다.

인간의 동공은 모두 어두운 갈색이며, 푸른색은 홍채 색깔 중 가장 밝은 색이다. 다른 사람에게 나의 가장 밝은 푸른 색 눈동자를 내보이면 나는 동공을 가장 크게 벌리고 있는 셈이다. 내 앞에 여러 사람들이 늘어서 있는데 그들 중에서 누가 나에게 가장 큰 관심을 가지고 있는지를 판단해야 한다고 가정해보자. 다른 조건이 모두 같다면 눈동자가 푸른색인 사람일 것이다.

주름 제거수술, 가발, 지방 흡입술, 가슴 확대수술, 머리카락 염색 그리고 컬러 콘택트렌즈 등을 이용하면 나이에 상관없이 어떤 여자든 이상적인 여성의 아름다움을 결정짓는 주된 특징 중 여러 가지를 지닐 수 있다. 남자들은 그런 여자에게 홀딱 반한다. 그러나 이미 1만 년 전에 진화를 정지한 아프리카 사바나 원칙 두뇌로는 실리콘이 들어간 가슴이나 염색한 금발을 제대로 파악하지 못한다. 1만 년 전 아프리카 환경에서는 존재하지도 않았던 것들이기 때문이다. 남자는 염색한 금발에 실리콘으로 탄탄해진 풍만한 가슴을 가진 여자가 실제로 열다섯 살이 아니라는 것을 머리로는 이해하지만 여전히 몸으로는 그런 여자에게 끌리고 만다. 남자는 이전 환경에는 존재하지도 않았던 현대문명의 의학적 발명품에 힘없이 농락당하고 있다.

인간은 이기적인 동물인가?

모든 생명체는 가능한 한 자신을 닮은 후손을 많이 남기려 한다. 이런 일을 전담하는 것이 '유전자(gene)'다. 이러한 유전자는 고립상태에서 '우수'한 것이 아니라 유전자 풀 내의 다른 유전자를 배경으로 해서 일할 때 우수한 것이면 그 인자는 선택된다. 즉 식물을 잘게 씹는 이빨의 유전자는 초식동물의 유전자 풀 내에서는 우수한 유전자지만 육식동물의 유전자 풀 내에서는 나쁜 유전자인 것이다.

이기적 유전자

이런 의미에서 볼 때 인간은 비정한 경쟁, 끊임없는 이기적 이용 그리고 속임수로 가득 찬 유전자가 우수한 것으로 진화해왔다. 이러한 유전자는 경쟁자 간의 공격에서뿐만 아니라 세대 간 그리고 암수 간의 미묘한 싸움에서도 볼 수 있다. 유전자는 유전자 자체를 유지하려는 목적 때문에 원래 이기적이며, 그런 유전자는 생명체의 몸을 빌려 현재까지 진화해왔다. 유전학자들은 이타주의는 열세하고 이기주의는 우세하다고 말한다. 대립유전자와 경쟁하여 유전자 풀 속에서 자기의 생존기회를 증가하도록 하는 유전자는 어느 것이든, 오래 살아남는 경향이 있기 때문이다.

이기적 유전자는 하나의 생존전략이다

진화심리학자 라이트가 "우리는 행복한 동물이 아니라 능률적인 동물이 되도록 만들어졌다"고 주장한 바와 같이 인간은 어쩌면 진화론적으로 최악의 상황을 믿도록 만들어졌는지도 모른다. 하버드 대학 민속학과의 르블랑 역시 불행하게도 선사시대 인간들은 폭력적이고 약탈을 자행했다고 말한다. 즉 때때로 공격하여 서로를 죽였고 언제나 고통을 감수해야만 했다. 그러므로 관대하고 자비롭거나 이슬에 젖은 대지를 경이로운 눈길로 바라보던 낭만적인 초기 인간은 식량을 얻기 위한 무자비하고 원시적인 경쟁에서 제외되어 멸종했을 것이다.

아무리 식량을 많이 쌓아 놓아도 만족할 줄 모른 채 시기심과 질투심이 가득하여 항상 더 많은 것을 얻으려고 애쓰던 인간은 살아남을 수 있었고, 그래서 지금까지도 그들의 유전자를 현재까지 물려주었을 것이다. 항상 웃으며 꽃향기를 맡던 조상들은 맹수에게 잡아먹힌 반면, 한시도 긴장을 늦추지 않고 편안함을 느끼지 못하며 불안하고 걱정이 많던 조상들은 분명 생존가능성이 더 높았을 것이다.

결국 우리는 불만족이란 DNA를 갖고 태어났다. 왜냐하면 과거의 불만족은 생존전략이었기 때문이다. 다시 말하면 우리 인간의 조상인 호모사피엔스는 분명 부정적인 측면에 초점을 맞추어 진화했을 것이다. 코르티솔(cortisol)이라는 호르몬이 인간의 몸속에 널리 흐르고 있다는 사실은 이런 점을 입증한다. 그래서 인간은 '불평숙달'로 특징 지을 수 있다. 인간은 불평하는 데 매우 뛰어난 선천적인 기술을 가지고 있으며, 언론인과 정치인은 인간의 이러한 불평불만을 잘 활용하여 여론을 자기편으로 만드는 집단이다.

인간은 윤리적인 어떤 특별한 배려도 없이 채소는 물론이고 소나 염소와 같은 다른 동식물을 기꺼이 먹을거리로 먹는다. 인간은 잔인무도한 살인범에 대해서조차 사형 집행을 꺼려 사형제도 자체를 금지시키려 애쓰지만, 인간에게 별로 해롭지도 않은 동물들을 재판도 하지 않고 쏴 죽이는 데는 기꺼이 동의한다.

그뿐인가! 우리는 수많은 무해 동물을 오락이나 놀이를 위해 죽인다. '종 차별주의' 윤리가 '인종 차별주의' 윤리보다 더 확실한 논리적 기반을 가지고 있는지 궁금하다. 호모 사피엔스의 후손인 인간은 카인의 후손임이 분명하다.

진화론적으로 보았을 때 성공한 유전자를 기대하는 특질 중에서 가장 중요한 것은 '비정한 이기주의'라는 것이다. 이러한 유전자의 이기주의는 보통 이기적인 개체 행동의 원인이 된다. 인간이나 비비

원숭이도 자연선택에 의해 진화되어 왔는데, 자연선택의 과정을 통해 진화해온 것은 무엇이든 이기적일 수밖에 없다. 그러므로 비비원숭이건 인간이건 기타 모든 생물의 행동을 보면 그 행동이 무엇이든 이기적일 것이라고 예상한다.

행복은 이기적인 '생존의 기회'로 정의된다. 예를 들어 한 마리의 비비원숭이가 다른 원숭이의 행복을 증진시키기 위해 자신을 희생했다면 그 행동은 이타적이라고 할 수 있다. 그런데 다윈이론의 현대적 설명 가운데 놀라운 것은 어떤 행동조건이 (설령 생사 가능성의 효과가 아주 적어서 무시해도 될 정도로 미미해도) 생사와 관련되었다면 그 작은 행동조건은 진화에 매우 중요한 영향을 미칠 수 있다는 것이다. 결국 개체의 생존을 위해서는 진화론적 과정에서 당연히 이기적 유전자가 채택될 가능성이 높게 된다.

일벌은 이기적 동물에 해당하는지 아니면 이타적 동물에 해당하는지를 논의하는 데 자주 인용된다. 우리가 잘 아는 것처럼 일벌은 꿀도둑에 대해 침을 쏘는 육탄 특공대원이기 때문이다. 침을 쏘면 생명유지에 필요한 장기가 침과 함께 빠져나가 버리기 때문에 벌은 얼마 지나지 않아 죽게 된다. 일벌의 이러한 자살적 행위가 비록 집단의 생존에 필요한 먹이를 수호했을지는 몰라도 일벌 자신은 그 이익을 누리지 못하고 죽는다. 이런 의미에서 볼 때 일벌의 행동은 분명 이타적인 행동이다.

그런데 벌이나 장수말벌, 개미류나 흰개미처럼 사회성이 높은 곤충은 알을 낳는 개체와 알을 키우는 개체 등 개체가 두 가지 주요 계급으로 나누어진다는 사실을 알게 되면 생각은 달라진다. 일벌이 스스로 번식하는 일은 거의 또는 전혀 없다. 반면에 번식능력이 있는 개체는 자식 생산 이외의 다른 일은 전혀 하지 않는다. 여왕은 알을 낳는 자기의 이기적 목적을 위해 일벌에게 화학물질을 분비하여 자신이 낳은 많은 알의 시중을 들게 한다.

목숨을 걸고 도둑을 지키고, 여왕벌레가 낳은 애벌레를 양육하는 데 평생을 헌신하는 일벌에게 도대체 무슨 이익이 있는가? 그러나 그 이면을 깊숙이 들여다보면 일벌에게는 자식이 아닌 근친자를 돌보는 데 전력을 쏟으면서 스스로의 유전자를 보존하려는 이기적 유전자가 숨어 있다는 사실을 알게 될 것이다. 그래서 일벌은 자기의 이익을 위해 알 낳는 여왕을 정성껏 돌보는 것이다. 이를테면 여왕을 양식업의 대상으로 삼고 있는 것이다. 일벌은 여왕을 조작하여 자신의 유전자 복제물을 더 많이 증식하도록 하는 데 최선을 다한다.

죄수의 딜레마, 이기적인 것이 가장 합리적이다

인간에 대한 이러한 이기적 또는 이타적 행동의 진화를 연구할 때 흔히 '죄수의 딜레마'라는 게임이론을 인용한다. 이 이론은 요즈음 생물학은 물론이고 경제학이나 심리학에서도 많은 관심을 갖고 있는 데 그 역사는 에덴동산만큼이나 오래되었다. 그러나 하나의 게임으로 모양을 갖춘 것은 1950년 플러드와 드레셔의 노력의 결과다. 그리고 우리가 지금 알고 있는 게임은 그로부터 몇 달 후 프린스턴 대학의 터커가 재구성한 것이다.

　게임의 내용은 다음과 같은 가정에서 출발한다. 두 사람이 어떤 사건의 용의자로 지목되어 경찰에 체포되었다. 경찰은 이들에게서 자백을 받고 기소하기 위해 두 용의자를 두 개의 다른 심문실로 데려 갔다. 경찰의 심문에 잘 협조하면 훈방이나 최소한의 형벌을 받을 것이고, 협조하기를 거부하면 좀 더 무거운 형벌을 받게 될 것이다. 이러한 조건에서 두 용의자 모두에게 가장 유리할 수 있는 조건을 생각해보자.

　다음 도표에서 보는 것과 같이 두 사람이 침묵으로 일관하기로 약속하고 의리를 지키면 각자 3점(포상)씩 얻는다. 둘 다 배신하면 징벌로 각각 1점씩만 얻는다. 그러나 어느 한쪽은 배신하고 다른 쪽이 의리를 지키면 의리를 지킨 용의자는 점수를 얻지 못하고(어리석음의 대가), 배신자는 5점을 얻는다(악마의 유혹). 따라서 상대편이 배신할 것이라면 당신도 배신하는 것이 유리하다. 그래야만 0점이 아닌 1점이라도 얻는다.

　상대방이 배신을 하지 않는다고 해도 여전히 당신은 배신하는 편이 유리하다. 이런 경우 5점까지 얻을 수 있기 때문이다. 그러므로 상대방의 태도에 상관없이 당신은 배신하는 편이 유리하다. 그러나 상대방도 똑같이 이런 생각을 하기 때문에 결국 상호 배신하게 된다. 의리를 지키면 두 사람 다 최소한 3점을 얻을 수 있지만 결국은 각각 1점씩밖에 얻지 못한다.

경찰이 포위망을 좁혀올 때 두 사람이 손을 꼭 잡고, "우리는 친구다. 어떤 일이 있어도 끝까지 불어서는 안 돼. 난 너를 믿는다"라고 굳게 약속했다고 해보자. 그 후 붙잡혀 각각 다른 심문실에 갇힌 채 경찰로부터 앞에서 언급한 제안을 받았다. 적어도 두 사람 모두 자신의 이득을 좇아 행동하는 한 결과는 달라지지 않는다. 친구(상대)가 끝까지 부인하더라도, 그리고 그가 끝까지 부인할 것이 확실하더라도 당신은 자신에게 최선이 되는 전략을 찾아낼 것이다.

상대방이 혐의사실을 끝까지 부인한다면 당신은 혐의사실을 불어버리고 당장 반성문을 쓰고 나갈 수 있다. 혹시 친구가 마음이 변해 혐의사실을 자백해버린다고 하더라도 여전히 당신은 자백하는 것이 낫다. 다시 말해 자백이 당신에게 가장 유리한 전략임은 변함이 없다. 물론 상대방도 같은 결론을 내릴 것이다. 사전에 아무리 두 손을 꼭 잡고 입을 굳게 다물며 약속한들 결론은 동일할 수밖에 없다. 우정이고 뭐고 없다. 그래서 여전히 딜레마다.

이 게임에서 도덕 감정을 개입시키면 상황이 너무 복잡해진다. 그래서 두 사람이 협력하는 경우는 고려되지 않는다. 이 게임을 통해서 우리가 발견하고자 하는 것은 '올바른 행위'가 무엇이라는 것보다는 도덕적 진공상태에서의 논리적 '최선'의 행위가 무엇인가를 알아보려는 것이다. 정답은 '배신'이다. 이는 도덕을 염두에 두지 않는다면 이기적으로 행동하는 것이 가장 합리적이라는 뜻이기도 하다.

누구나 이기적이다

이기적 유전자 이론의 개척자인 해밀톤과 트리버스는 부모와 자식, 부부, 동료들의 관계도 모두 그들로부터 이익을 취하려는 상호 투쟁의 관계에 있다고 주장한다. 한 예로 모체와 태아와의 관계를 살펴보자. 임신 합병증의 하나인 고혈압은 인슐린 생산량을 증가시켜 모체 혈액의 혈당량을 증가시키려는 욕심 많은 태아와 혈당을 태아에게 너무 많이 빼앗기지 않으려는 모체 사이의 줄다리기 싸움의 결과다. 이 태아와의 싸움에서 진 일부 임산부는 임신성 당뇨병에 걸리게 된다.

수렵채집생활 당시 원시인도 이기적 경쟁과 투쟁을 삶의 기본원칙으로 활용했다. 그들은 몇 끼니를 해결하기 위해 필요한 양보다 몇백배나 큰 동물을 눈 하나 깜박거리지 않고 사냥했다. 한두 마리만 잡으면 충분한 들소 사냥을 위해 수백 마리를 깊은 낭떠러지기에 몰아넣어 몰살을 시키고, 그중에서 한두 마리의 맛있는 부위만을 먹고는 대부분의 사냥감은 그대로 버린 인류학적 흔적이 세계 곳곳에서 발견된다. 아프리카에서 수렵채집인들은 드넓은 초원을 따라 수렵을 위주로 한 생활을 영유했다. 코뿔소, 야생마, 들소, 큰사슴, 순록과 영양들이 그들의 주 사냥감이었다.

그들은 필요 이상으로 많은 동물을 사냥했기 때문에 남은 먹잇감을 장식용으로 이용하기도 했다. 대략 3만 년 전 동유럽지역에서 발굴된 유물은 가래와 창과 움막 벽에 이르기까지 대부분 이런 동물들의 뼈와 이빨이었다. 거대한 초식동물들은 이처럼 대량으로 살해되어 마침내 인간의 손에 멸종하게 된다. 초원의 풀을 뜯어먹고 기름진 거름을 주던 동물이 사라지자 비옥했던 초원은 서서히 황폐해져 결국에는 툰드라로 변하는 악순환에 빠지게 되었다. 자연은 이기적인 인간의 손에 의해 파괴된 것이다.

미국 원주민인 인디언들은 서구인들과는 달리 자연을 사랑하는 인식이 남다르게 뛰어나다고 한다. 이들은 무슨 결정이든 향후 일곱 세대 이후의 문제까지 미리 염두에 두고 결정한다고 알려져 있다.

인디언들의 이러한 자연환경 중시 인식은 1971년에 방영된 텔레비전 드라마 '고향'이라는 프로그램과 '미국을 깨끗하게'라는 공익광고 이후 한층 더 굳건해졌다. 공익광고에서는 어머니와 같은 대지가 백인들에 의해 오염되는 광경을 숨죽인 채 눈물을 흘리며 허망하게 바라보는 인디언의 모습을 강조했다. ABC 텔레비전 드라마 '고향'의 내용은 실제로 1854년에 워싱턴 주지사가 미국 대통령을 대신하여 인디언 부족 대표인 시애틀 추장을 만나서 그들의 영토를 팔 것을 제안하는 장면을 그린 것이다. 이때 추장은 주지사에게 다음과 같은 내용의 감동적인 연설을 했다고 전해진다.

"어떻게 하늘과 땅을 팔 수 있나? 이 땅의 모든 것은 참으로 신성한 것이다. 반짝이는 소나무 잎, 바닷가 모래밭, 짙은 숲 속의 안개, 초원과 찌르르 우는 풀벌레 모두가 우리 민족의 기억과 경험 속에서 신성하다. 땅은 우리의 어머니라는 것을, 그리고 땅에 닥친 일은 땅의 자식인 우리에게도 똑같이 닥친다는 것을 우리는 안다. 땅은 사람의 것이 아니며 사람이 땅의 일부라는 것을……."

사실 그때 추장이 주지사와 만나 실제로 무슨 이야기를 했는지 정확한 자료는 없지만, 당시 상황을 목격했던 사람이 30년쯤 지나서 한 이야기에 따르면 추장은 대통령의 관대함에 큰 감사를 전했다고 한다. 추장은 미국 정부에 땅 팔기를 간절히 바라고 있었다. 대부분의 우리들은 콜럼버스가 아메리카 대륙에 상륙하기 오래 전에 이미 인디언 원주민들이 대부분의 동식물들을 멸종으로 내몰았다는 사실을 잘 알지 못한다.

이타적 유전자

죄수의 딜레마에서 본 바와 같이 남을 도와야 한다는 당위성은 이기심이라는 덫에 걸려 항상 뒷전으로 밀려나 있었다. 모두가 협조함으로써 개인적으로나 사회적으로 가장 좋은 상태를 만들 수 있음에도 불구하고 서로가 자신에게만 유리한 전략을 선택하여 결과적으로 최악의 상태에 도달하게 된다. 이런 세계에서는 도덕이 개인의 이익추구에 무릎을 꿇을 수밖에 없었다. 우리를 설득하려던 하얀 옷의 천사는 검은 옷의 악마에게 지고 말았다. 이런 우화를 한번 생각해보자.

> 옛날에 멀리 떨어진 섬 마을이 있었다. 여기 사는 사람들은 모두 팔이 굽히지 않아서 생활이 매우 불편했다. 누군가가 먹여주지 않으면 자기 앞에 있는 음식도 혼자의 힘으로는 먹을 수 없었다. 이 마을에는 두 종류의 사람이 있는데, 한 종류는 '남을 도울 줄 아는' 사람들이고 다른 한 종류는 '자기 것만 챙기는' 사람들이었다. 남을 도울 줄 아는 사람들은 굶주린 사람을 발견하면 얼른 음식을 그 사람 입에 넣어주었지만 자기 것만 챙기는 사람은 남이 먹여주는 음식만 받아먹을 줄만 알 뿐, 결코 남에게 음식을 먹여주는 일은 없었다.

이 우화에서 우리는 남을 도울 줄 아는 사람이 사는 마을과 자기 것만 챙기는 사람들이 사는 마을을 비교할 때, 남을 도울 줄 아는 사람들이 사는 마을이 얼마나 화목하고 평화로운지 이해할 수 있다. 우화가 전달하고자 하는 것은 "남을 도울 줄 알아야 한다"는 도덕적 교훈이다. 머릿속에 하얀 옷을 입은 천사가 아름다운 모습으로 나타나 "다른 사람의 배고픔은 곧 나의 배고픔이야" 하면서 선행을 촉구하고 있다.

그런데 머릿속의 도덕과 눈앞의 이익이 충돌하고 있을 때 실제로 우화가 가르쳐주는 대로 항상 도덕이 승리할 수 있을까? 인간은 동물과는 달리 잘 발달된 두뇌와 감정을 활용하여 도덕적 행위 기준을 스스로 설정할 수 있는 지적 능력이 있다. 이런 능력 때문에 인간은 서로에게 유리한 이타적 행동을 할 수 있고, 그래서 인간은 동식물과는 달리 사회구조 내에서 더욱 행복한 삶을 살 수 있다. 우리는 이론에서 예측하는 것처럼 항상 상대방을 배신하지 않는다. 소수의 사람들이 약속을 어기고 마음껏 자기 배만 채우고 있을지 몰라도 대다수의 사람들은 공공의 이익을 위해 약속을 지켜나간다.

우리는 종종 텔레비전이나 신문을 통해서 자신의 목숨을 바쳐가면서 어려움에 빠진 사람을 구해내는 사람들의 이야기를 접한다. 철로에 떨어진 아이를 구하기 위해 자신의 몸을 던진 역무원 이야기나 물에 빠진 사람을 구하기 위해 위험을 무릅쓰고 물로 뛰어든 사람들의 이야기 등이 그것이다. 길을 가다 헌혈차를 발견하면 많은 사람들이 기꺼이 헌혈을 한다. 부모는 자식에게 오랜 기간 헌신하며, 자식들의 성공을 위해서라면 어떠한 희생도 마다하지 않는다. 태풍이 휩쓸고 간 삶의 터전에서 망연자실한 사람들에게 쏟아지는 온정의 손길들, 아침마다 자기 집앞뿐 아니라 골목길 저쪽 끝에서 이쪽 끝까지 깨끗하게 쓸어내는 이웃들. 이들은 모두 죄수의 딜레마에서 벗어난 사람들이다.

우리는 왜 자기 자신을 희생하면서 이러한 이타행동을 하는 것일까? 우리 사회에서 흔히 발견되는 이타행동은 어디에서 비롯되는 것일까? 왜 우리는 슬쩍 무임승차를 하여 자신의 이익을 극대화할 수 있는 상황에서도 그러한 이기적 동기를 억누르고 협조적으로 행동하는 것일까?

이 문제를 논하기 전에 우선 크로포트킨이 쓴 『상호부조 : 진화의 한 요소』라는 책을 한번 보기로 하자. 그는 처음에는 헉슬리의 '생존을 위한 투쟁' 사상에 매료된 적이 있었다. 헉슬리는 "자연이란 이기적인 생명체들이 벌이는 냉혹한 투쟁의 장"이라는 논지를 주장한다. 이러한 사상은 맬서스, 홉스, 마키아벨리, 아우구스티누스 및 그리스의 소피스트 철학자들의 오랜 전통적 사상을 배경으로 하고 있다. 즉 인간의 본성은 문화에 의해 길들여지지 않으면 근본적으로 이기적이며 개인주의적이라는 사상적 전통 위에 서 있다.

그는 얼마 후 인간은 원래 선하고 자비롭게 태어났으며 단지 사회가 인간을 타락시킬 뿐이라는 사상에 심취하여 인간의 행동을 새롭게 조명하는 계기를 만드는 『상호부조론』이라는 책을 저술한다. 이 책은 고드윈, 루소, 펠라기우스, 플라톤으로 이어지는 또 다른 전통적 사상을 근간으로 한다. '생존을 위한 투쟁' 사상은 인간세계를 제외한 일반 자연세계에서는 관찰되지 않는 현상이라고 주장하면서 헉슬리의 사상을 부정한다. 삶이란 피투성이의 난투극이 아니며, 삶의 특징은 경쟁이 아니라 협동이라는 것이다. 개체와 개체 간의 투쟁만이 진화의 유일한 조건이 되는 것은 아니며, 개체 사이의 상호부조 추구도 역시 진화의 중요한 한 조건이 된다. 협동은 태고부터 내려오는 동물적 전통으로서 다른 동물들과 마찬가지로 인간에게도 부여되었다는 것이 그의 생각이다.

누가 최적자인지 자연에게 한번 물어보자. 서로 끊임없이 전쟁을 치르는 종인가, 아니면 서로 도와가며 살아가는 종인가? 상호부조의 습성을 배운 종이야말로 의심할 여지없이 최적자임을 우리는 금세 깨닫게 될 것이다. 협동은 문명화된 시민 사회뿐 아니라 원시 종족 사회에서도 공통된 특징이다. 촌락 공동체의 공동 경작지나 중세 길드의 역사에서 확인되듯이 사람들이 서로 도우면 도울수록 사회는 번영했다.

사회는 이성에 의해 만들어진 것이 아니다. 사회는 인체와 마찬가지로 인간 유전자의 진화적 산물이다. 인간과 다른 동물들을 비교하고 관찰해서 경쟁적 진화 사건이 때로는 어떻게 해서 협동적 본능을 창출하게 되었는지를 알아내야 한다. 그것을 이해하기 위해서는 우리의 뇌 속에 자리 잡고 있는, 사회적 유대관계를 창출하고 활용하는 본능을 중심으로 두뇌, 감정, 각종 사회적 제도와 문화 등에 주목해야 한다.

두뇌와 감정은 인간을 환경에 소극적으로 적응하도록 방치하지 않는다. 자유의지를 가진 인간은 맹목적으로 유전자가 하라는 대로 따르지 않을 뿐만 아니라 유전자의 전제적 지배력에 반항할 수도 있다. 두뇌와 감정은 우리가 생존욕과 번식욕에만 안주하지 않도록 한다. 자연환경에 적극적으로 대처하는 능력과 기능을 발휘하여 진화론적으로 이타적인 특성을 발휘하도록 해준다. 집단 효율성을 위해 이기적 행동을 자제하고 이타적 행동을 하도록 유도하는 각종 사회제도와 문화가 여기에 가세한다. 유전학자들은 특히 문화 속에 모방의 전달자가 존재할 수 있다고 생각한다. 이런 모방 전달자의 단위 개념으로 밈(meme)이라는 새로운 개념을 사용하기도 한다.

이 같은 '이타행동을 하도록 하는 몇 가지 전제적 가설'을 최정규는 그의 저서 『이타적 인간의 출현』에서 다음과 같이 정리했다.

혈연선택 가설

가족끼리 죄수의 딜레마 게임을 한다고 가정할 때, 적어도 우리는 부모가 자식을 상대로 무임승차한다는 이야기를 들어본 적이 없다. 부모는 자식이 스스로 독립할 때까지 20~30년 가까이 자식을 뒷바라지한다. 부모는 왜 자식에게 헌신하는가? 가족들 사이에서 내가 이타적인 행동을 한다면 정의상 그것은 희생일지 모르지만, 다른 각도에서 보면 희생이 아닐지 모른다. 왜냐하면 그들은 우리와 피를 나눈 동일한 유전자를 공유하고 있기 때문이다. 혈연선택 가설에 의하면 자식에게 헌신하는 것은 간접적으로 내 유전자의 번성을 돕는 일이기도 하다.

요약하여 말하면 내 자식을 돕고, 내 형제를 돕고, 더 나아가 내 손자 손녀와 조카를 돕는 것은 나와 동일한 유전자를 가질 확률이 높은 사람들을 돕는 일이다. 그 결과 이들의 자식 수가 늘어나면 그만큼 내 유전자를 퍼뜨릴 기회도 높아진다. 이것이 혈연관계에 있는 사람들에게 이타행동을 할 때 내가 얻는 이득이다.

반복-상호성 가설

상대가 협조적으로 나오기만 하면 영원히 협조적으로 대할 용의가 있지만, 상대가 그렇지 않으면 자신도 협조하길 그만두는 조건부 협조전략이다. 침팬지 집단에서는 서로 털을 다듬어주거나 먹이를 나누어 먹는 장면이 자주 목격된다. 흡혈박쥐도 자신이 구해온 피를 다른 박쥐에게 나누어준다.

흡혈박쥐나 침팬지들의 행위는 얼핏 보기에는 헌신적인 이타행위로 보이지만, 그 행위들은 "나는 상대가 나를 도와준 적이 있는 경우에만 상대를 도울 용의가 있다"는 원칙하에 이루어지고 있는 것이다. 집단의 구성원이 이런 원칙을 가지고 있다면, 항상 남의 도움을 받으면서 남을 돕지 않는 이기적인 성향을 갖는 사람은 이 집단에서 살아남지 못할 것이다. 물론 처음 몇 번은 도움을 받을 수 있겠지만, 그 도움은 지속될 수 없기 때문이다.

유유상종 가설

우리 사회에 동일한 전략을 가진 사람들끼리 모이는 경향이 있다면, 다시 말해서 협조적인 사람들은 협조적인 사람들끼리 모여서 상호작용을 하고, 이기적인 사람들은 이기적인 사람들끼리 모여서 상호작용하는 경향이 있다면, 이러한 환경은 협조적 행위가 유지·진화되기에 더할 나위 없이 좋은 환경이 될 것이다.

어떤 집단이든 그 집단이 오래 지속되기 위해서는 집단의 유대를 해치는 행위를 징계 또는 퇴출시킬 수 있는 수단을 가져야 한다. 그렇게 되면 배신전략을 사용하는 사람들은 점차 집단으로부터 퇴출되어 고립될 것이므로 집단에는 이타적인 사람들만 남게 될 것이다.

값비싼 신호 보내기 가설

사자가 가젤을 사냥할 때 대부분의 가젤은 "걸음아, 날 살려라" 하면서 전력으로 도망쳐도 살까 말까한다. 이런 상황에서 어떤 놈은 도망치기는커녕 오히려 사자 앞에서 마치 "나 여기 있으니 와서 잡아보렴" 하고 말하듯 수직으로 50~60센티미터씩 뛰어오른다.

더 이상한 일은 사자는 이런 가젤에게는 관심을 두지 않는다는 것이다. 왜 사자는 언뜻 보기에 손쉽게 잡을 수 있는 먹잇감을 놓고 이미 멀리 도망쳐버린 놈들을 쫓아가는 것일까? 어떤 놈이 잘 달리고 어떤 놈이 못 달리는 놈인지 알 도리가 없기 때문에 사자의 입장에서 가장 빠른 놈을 쫓아가면 그날 사냥은 공치게 될 가능성이 높다. 결국 사자의 입장이나 잘 달리는 가젤의 입장에서도 힘껏 달리느라고 힘이 다 빠져버릴 것이다. 그렇게 되면 사자나 가젤 모두에게 비효율적인 결과로 이어지는 것은 당연하다.

여기서 문제는 어느 가젤이 잘 달리고 못 달리는지를 사자에게 알려주는 것이다. 달리기에 자신이 있는 가젤은 사자에게 "어이, 난 우리 집단의 달리기 챔피언이야. 네가 아무리 쫓아와봐야 난 안 잡히니까 공연히 헛수고하지 말고 딴 놈을 쫓아가라고!"라고 말하고 싶을 것이다. 이때 '껑충 뛰기'는 가젤이 얼마나 잘 달릴 수 있는가를 보여줄 수 있는 신호가 된다. 이 신호는 아무나 보내지 못하는 고난도의 행위, 즉 목숨을 담보로 하는 행위이기 때문에 '값비싼 신호 보내기' 라고 한다.

의사소통 가설

죄수의 딜레마 게임에서 배신전략이 우월한 전략임을 지적한 바 있다. 즉 상대방이 어떻게 행동하든 상관없이 나에게는 '배신'이 최적의 대응전략이 된다. 그런데 서로 간에 의사소통만 하더라도 결과는 상당히 달라진다. 즉 배신을 하는 사람에게 적발이나 징계 등의 제도를 도입하자는 토론만을 하더라도 큰 효과가 있음이 입증되었다.

의사소통이 구체적으로 어떤 경로를 통해 사람들의 행동에 영향을 미치게 되는지에 대한 정확한 이론은 없지만, 이와 관련된 몇 가지 가설은 있다. 첫째는 의사소통을 통해 어떻게 행동하는 것이 사회적으로 가장 바람직한가를 이해할 수 있게 된다는 가설이다. 둘째는 의사소통이 사람들에게 사회적으로 도움이 되는 행동을 해야 한다는 의무감을 갖게 만든다는 가설이다. 셋째는 의사소통을 통해 서로의 진심을 확인함으로써 참여자 간의 신뢰가 증대된다는 가설이다. 넷째는 의사소통을 통해 참여자들 사이에 '우리는 하나' 혹은 '같은 배를 탄 동료들'이라는 집단의식이 생겨난다는 가설이다. 다섯째는 의사소통이 '배신' 혹은 '무임승차' 전략을 사용하는 사람에게 죄의식을 불어넣는다는 가설이다.

고대 유적지를 살펴보면 사람들이 회의를 열곤 했던 곳은 대부분 원형으로 설계되어 있다. 고대 로마의 콜로세움도 그렇고, 고대 인디언 유적지에서 발견되는 '키바(공공 회의장 또는 학교)', 오늘날의 많은 의사당이 원형으로 설계되어 있다. 원형 회의장에서는 회의에 참여하는 사람들이 서로 얼굴을 볼 수 있게 되는데, 그러한 구조가 사람들로 하여금 공동의 결의를 이끌어내도록 하는 데 유리하다는 것이다.

집단선택 가설

하나의 행위는 자연선택에 의해서 사회에 전파된다. 즉 당시 환경에 가장 적합한 특성이 그 환경에서 살아남는다는 것이다. 이때 물론 여러 가지 순응적 제도(institute)나 문화와 같은 변인들이 중요한 촉진제 역할을 할 수 있다. 시간이 지남에 따라 덜 적합한 특성은 점점 사라지고, 그래서 결과적으로 전체 집단에는 환경에 적합한 특성을 지닌 개체들이 다수를 차지하게 된다는 가설이 '자연선택 가설'이다. 집단선택이란 자연선택의 대상이 개인이 아니라 집단이라는 것이다.

개인선택 가설처럼 집단선택 가설도 어떤 특성이 집단 전체에 혜택을 준다고 하면 그 특성을 가진 개인을 더 많이 둔 집단이 그렇지 않은 집단보다 더 성공적이거나 유리하다고 생각할 수 있다. 이런 과정을 '집단선택'이라 부른다. 한 사회에 이타적인 개인들이 많을수록 그 집단은 성공할 가능성이 더 높고, 혹독한 환경에서도 살아남을 가능성이 더 높을 것이다. 그렇다면 이러한 집단선택 과정이 이타적 특성의 진화를 가능케 하는 하나의 메커니즘으로 기능할 수 있을 것이다. 인류의 역사를 되짚어보면 집단선택의 과정이 작용할 여지가 상당히 컸을 것으로 짐작된다. 이를 구체적으로 살펴보자.

첫째, 상호 협조하는 이타적인 사람들이 많은 집단은 집단 간의 분쟁에서 승리할 가능성이 그만큼 높았을 것이다. 집단 간에 전쟁이 일어나는 경우 이타적인 사람들은 자기를 희생하면서 싸울 것이다. 따라서 이타적인 사람들이 많은 집단은 그만큼 용감한 전사를 많이 보유하게 되니 그러한 집단은 성공하게 될 것이다.

둘째, 사냥에서 성공하기 위해서는 반드시 협조가 필요했을 것이다. 인류가 농경사회에 진입하기 이전까지 수렵과 채취는 가장 중요한 경제행위였다. 특히 사냥은 단백질과 지방의 섭취를 위해 빼놓을 수 없는 중요한 행위가 되었다. 사냥이 얼마나 성공적일 수 있는가는 참가자들이 얼마나 이타적으로 협조를 하는가에 달렸고, 그러한 이타적 행위는 오랫동안 진화과정에서 중요한 위치를 차지했을 것이다.

셋째, 생존을 위해 협조가 필요했을 것이다. 현생인류는 마지막 빙하기를 거치면서 살아남은 존재다. 수만 년에 걸친 혹독한 환경에서 살아남기 위해 두뇌와 불을 다루는 능력 등이 큰 역할을 했겠지만, 안정적이고 안전한 거주지를 찾아내고 다른 짐승들의 습격으로부터 사람들을 지키기 위해서는 이타적 협조행위가 절대적으로 필요했을 것이다. 그리고 이런 이타적인 특성이 많은 집단이 혹독한 환경에서 살아남을 가능성이 높았을 것이다.

공간구조 효과 가설

우리가 살고 있는 사회적 구조는 부분적으로 유유상종 현상을 일으킨다. 이기적인 사람들 사이에 이타적인 사람이 섞여서 살게 되면 이타적인 사람은 이기적인 사람들의 전략을 배우기 때문에 이기적인 사람이 되어버린다. 마찬가지로 이타적인 사람들 사이에 이기적인 사람이 끼어들면 이타적인 사람이 될 것이다. 그런데 죄수의 딜레마 게임에서 본 것처럼 모두가 이기적인 사람이 되면 더 이상 무임승차할 대상이 없어지므로 보수의 크기는 0이 되어버린다. 하지만 이타적인 사람들이 모여 사는 지역에서는 이기적인 사람들보다 더 높은 보수를 얻을 수 있기 때문에 결국 이타적 전략이 이기적 전략 지역에까지 퍼져나가게 될 것이다.

다시 말하면 특정 지역사회는 부분적 유유상종 현상이 일어날 수 있는 환경을 만들어주고, 그 결과 모종의 집단선택 메커니즘이 작동할 수 있도록 해줌으로써, 이타적 행동의 진화에 유리한 조건을 만들어낼 수 있다.

유전과 행복

진화론적으로 볼 때 인간은 기본적으로 이기적인 특성을 가지고 태어났으며, 행복보다는 불행에 초점을 맞추어 진화해왔다. 이런 조건에서 인간이 유전적으로 얼마나 행복할 수 있겠는가? 이제 이 문제에 대해 좀 더 깊이 알아보자.

인간도 동식물들처럼 태어나서 죽을 때까지 생존과 번식이라는 단 두 가지 의무만 주어졌다면 이기적 유전자만으로도 최소한의 생물학적 행복을 느끼면서 살아갈 수 있다. 그러나 인간은 다른 동식물과는 다른 행복이라는 세 번째 의무가 주어져 있다. 그래서 이런 행복한 삶의 의무는 이기적 유전자만으로는 충분치 않다. 앞에서 본 바와 같이 다행스럽게도 인간은 진화과정을 통해 여러 가지 이타적 특성을 발전시켜왔다. 두뇌와 감정, 그리고 사회적 제도와 문화와 같은 조건들이 이런 특성을 진화시키도록 했다.

우리에게 주어진 환경이 아주 극단적인 경우만 아니라면 불행의 핵심이 되지 못한다는 사실을 받아들이기 바란다. 우리 모두 자의적으로 환경에 대처할 수 있는 두뇌와 감정, 그리고 각종 제도와 문화가 있기 때문이다. 당신의 직업, 연봉, 결혼생활, 교우관계 등에 만족하지 못한다면, 지속적으로 더 행복해지기 위해 취해야 할 첫 번째 조치는 당분간 마음속에서 그런 것들을 한쪽으로 치워두는 일이다. 어렵겠지만 그것들을 생각하지 않으려고 노력하기 바란다. 더 행복해지는 것을 막는 진짜 원인은 그런 것들이 아니라는 사실을 상기하기 바란다. 우리가 느끼는 불행의 원인이 정말로 환경 때문이 아니라면 타고난 어떤 특성 때문이라고 생각하기 쉽다. 그런데 이 믿음을 완전히 반박하기는 어렵다. 앞에 나온 도표 '행복을 결정하는 요인들' 을 통해 알 수 있듯이 유전적으로 결정되는 행복한(불행한) 기질이 다른 사람들과의 차이의 절반을 설명할 수 있기 때문이다.

유전자가 행복과 불행을 결정한다?

행복의 설정값을 뒷받침하는 가장 강력한 증거는 일란성과 이란성 쌍둥이를 대상으로 실시한 일련의 흥미진진한 연구로부터 나왔다. 쌍둥이들은 유전적인 소인 중 특징적인 부분을 공유하기 때문에 쌍둥이 연구가 행복의 유전자에 대해서 많은 것을 알려줄 수 있다. 일란성 쌍둥이는 유전자의 100퍼센트를 공유하며 이란성 쌍둥이는 일반 형제

자매처럼 50퍼센트를 공유한다. 따라서 행복수준 면에서 쌍둥이들의 비슷한 정도를 측정함으로써 그들의 행복이 유전적인 요인에 어느 정도나 근거하는지를 추론할 수 있다. 실제로 오늘날 쌍둥이 연구에 대한 결론을 근거로 해서 보면 행복의 유전성이 대략 50퍼센트 정도일 것이라는 데 의견이 모아지고 있다.

일란성 쌍둥이들은 놀랍게도 행복점수가 서로 무척 비슷했으며 서로 다른 환경에서 떨어져 자라도 서로 간의 유사성이 조금도 줄어들지 않았다. 일란성 쌍둥이 중 한 사람이 행복할수록 또 다른 쌍둥이도 행복했다. 그들이 한 집에서 자랐든 각자 태평양 연안과 대서양 연안에서 떨어져 자랐든 마찬가지였다.

가장 유명한 사례는 우연치 않게 이름도 똑같이 제임스인 두 남자가 39살에 처음으로 만나게 된 이야기일 것이다. 그들이 만나던 날 두 사람은 182센티미터의 키에 몸무게는 정확히 81킬로그램이었다. 둘 다 셀렘 담배를 피우고 밀러 라이트 맥주를 마시며 손톱을 물어뜯는 습관이 있었다. 서로 살아온 이야기를 나누다 보니 놀라울 정도로 일치하는 점들이 드러났다. 두 사람 모두 린다라는 이름의 여자와 결혼했다가 이혼하고 베티라는 이름의 여자와 재혼을 했고, 집안 곳곳에 아내에게 사랑의 메모를 남기기를 좋아했다. 그들의 맏아들 역시 제임스 앨런(Alen)과 제임스 앨른(Allen)으로 이름이 같았다. 이들은 똑같이 연한 파란색 자동차를 갖고 있으며, 휴가 때는 두 사람 모두 플로리다의 해변까지 차를 몰고 가기도 했다. 연구자는 두 사람이 똑같이 행복하거나 불행할 것이라는 데 무엇을 걸고라도 내기를 할 수 있다고 말한다.

유전자가 행복과 불행을 미리 결정하는 것일까? 쌍둥이 행복연구에서 얻은 경험적인 자료들은 어느 각도에서 보더라도 행복의 유전적인 근거가 아주 강력하다는 결론으로 이어진다. 우리는 평생 유지되는 행복의 설정값, 즉 특정한 수준의 행복의 가능성을 가지고 태어나는 것 같다. 핵심은 새로운 인간관계나 교통사고와 같이 중요한 삶의 변화가 우리의 행복수준을 끌어올리거나 내릴 수 있지만, 시간이 흐르면 그 수준이 유전적으로 미리 결정돼 있는 원래의 설정값으로 되돌아가는 경향이 있다는 점이다.

호주에서 실시한 한 연구는 1981년부터 1987년까지 매년 성인표본을 추적하면서 새로운 친구, 결혼, 아이의 심각한 문제, 해고와 같은 긍정적이거나 부정적인 사건들의 영향을 조사했다. 쉽게 짐작할 수 있듯이 그런 사건들은 행복과 만족감에 큰 영향을 미쳤다. 그러나 사건이 지나면 그들의 감정은 원래의 설정값으로 되돌아왔다. 미국 대학생을 대상으로 실시한 또 다른 연구에서도 기본적으로 이와 같은 결과가 나타났다. 이 학생들이 겪은 크고 작은 사건들은 그들의 웰빙을 향상시키거나 침체시켰지만 그 영향은 단지 석 달 동안만 지속되었다.

이처럼 당신이 어떤 사건 때문에 일시적으로 희열을 느끼거나 비참해지더라도 결국은 어쩔 수 없이 자신의 설정값으로 돌아가게 된다. 그리고 우리가 아는 한 이 설정값은 바꿀 수 없다.

사람은 저마다 이미 설정된 행복의 범위, 즉 어김없이 되돌아가야 하는 유전적인 행복도가 있다. 안타깝게도 이미 설정된 행복의 범위란 온도 자동조절기와 같아서 엄청난 행복을 느끼다가도 이내 자기 본래의 행복도로 되돌아가게 하는 역할을 한다. 모처럼 찾은 행복의 순간을 오래도록 간직하지 못하게 하는 아쉬운 온도 조절기다. 그러나 다행스럽게도 이 행복 자동조절기는 불행한 일을 당했을 때 그 불행에서 우리를 건져내는 역할도 한다. 즉 사람은 저마다 긍정적 정서수준과 부정적 정서수준이 일정하게 정해져 있으며 이미 설정된 개인의 행복 범위, 곧 유전으로 결정된 행복도가 있다는 주장은 이제 다른 논리로 반박할 수 없는 정설이 되었다.

유전자의 발현을 통제하면 누구나 행복하다

그러나 적응에도 한계는 있다. 사람이 끝내 적응하지 못하는 일이 있는가 하면 아주 서서히 적응하는 일도 있다. 교통사고로 자식이나 배우자를 잃은 경우가 그 한 예이다. 이런 엄청난 비극을 당한 사람은 4년에서 7년쯤 지난 뒤에도 여느 사람들에 비해 훨씬 더 우울하고 불행해 한다. 알츠하이머 환자를 둔 가족은 시간이 지날수록 점점 더 불행하다고 느끼며, 인도나 나이지리아처럼 아주 가난한 나라의 국민은 몇백 년간 늘 가난 속에서 살아왔으면서도 그 가난에 적응하지 못해 잘 사는 나라의 국민보다 행복도가 낮은 것으로 나타났다.

행복의 설정값에 관한 자료들을 표면적으로만 이해하면 누구나 유전적인 프로그램의 영향을 받으며 프로그램이 허락하는 한도 내에서만 행복해질 수 있는 운명을 타고났다고 생각하기 쉽지만 실제로는 그렇지 않다. 유전자는 우리 삶의 체험이나 행동을 완벽하게 결정하지는 않는다. 사실 유전자 회로는 경험과 행동에 따라서 큰 영향을 받을 수 있다. 따라서 우리가 하는 일들, 곧 우리의 의도적인 활동을 통해서 행복을 증진시킬 여지는 얼마든지 있다. 이러한 주장의 근거는 이 책 전체를 통해서 일관되게 확인할 수 있다.

당신이 행복의 설정값이 낮은 채로 태어났다면 그러한 설정값을 결정하는 유전자는 언제나 당신의 일부로 남아 있을 것이다. 오래 전부터 기정사실로 알려져 있듯이 우울증 경험은 여성이 남성보다 두 배가 많으며, 일반적으로 여성이 남성보다 부정적 정서가 더 많다. 그런데 긍정적 정서의 남녀차이를 조사한 연구들에서는 여성이 남성보다 긍정적 정서를 훨씬 더 많이 경험한다는 뜻밖의 결과를 얻었다. 뿐만 아니라 여성이 훨씬 더 자주, 더 강렬하게 긍정적 정서를 경험한다고 한다.

여성과 남성의 평균 행복도는 비슷하지만, 여성이 남성보다 훨씬 더 행복해하면서도 훨씬 더 우울해하는 특징이 있다. 이런 남녀의 차이가 생물학적 특성에서 비롯되는 것인지 아니면 강렬한 정서를 표출하려는 자의적 의지에서 비롯되는 것인지는 알 수 없지만, 남녀의 정서가 사뭇 다르다는 사실만은 분명하다.

하나의 유전자가 완전하게 발현하려면 적당한 조건을 갖춰야 한다. 씨앗이 자라려면 특정한 토양이 필요한 것과 똑같은 이치다. 사실 우울증 유전자를 가지고 있는 사람이 실제로 우울증에 걸리는지를 조사한 연구에 따르면 한 가지 특정한 상황적 요인, 즉 스트레스가 큰 영향을 미친다는 사실이 입증되었다.

스트레스와 우울증 간의 관계를 살펴보자. 우울증은 뇌 안에서 신경전달물질인 세로토닌을 운반하는 유전자인 5-HTTLPR이라는 특정한 유전자와 연관되어 있다는 사실이 밝혀졌다. 그 유전자는 긴 것과 짧은 것, 두 형질을 가지고 있다. 짧은 형질은 뇌에서 우울증상을 막는 데 필요한 물질을 제거하기 때문에 바람직하지 않은 형질이다. 뉴질랜드에서 태어난 847명의 유아들을 대상으로 소위 이 '나쁜' 유전자의 보유 여부를 추적해보니 절반 이상이 그 염색체를 지니고 있다는 사실을 알아냈다. 연구 당시 유아였던 대상이 지금 26세가 되었는데, 21세 이후부터 5년 동안 스트레스를 주는 부정적인 사건을 겪은 빈도와 26세에 우울증을 경험한 증거를 파악할 수 있었다. 대상자의 4분의 1이 넘는 26퍼센트가 세 차례 이상의 역경을 겪었다고 응답했으며 17퍼센트는 심한 우울증세를 겪었다.

이 자료에서 얻은 중요한 발견은 5-HTTLPR 유전자의 나쁜 형질을 보유한 사람들만이 스트레스를 주는 경험으로 인해 우울증에 걸렸다는 점이다. 어린 시절에 겪었던 스트레스와 관련해서도 같은 결과를 얻을 수 있었다. 참가자들 중에서 3세부터 11세 사이에 학대를 당했던 사람들이 26세에 우울증에 걸릴 가능성이 더 높았는데, 여기서도 역시 그 불길한 짧은 형질을 가진 사람들만 우울증세를 겪었다.

유전자는 행복에서와 마찬가지로 우울증에도 중요한 역할을 한다.

그러나 유전자가 발현될 경우에만 우울증이라는 결과가 나타난다. 같은 맥락에서 모양이 긴 '좋은 형질'은 스트레스를 주는 사건에 대해 우울증에 빠지는 반응을 하지 못하도록 막는 것으로 밝혀졌다. 다시 말해서 우리를 강인하게 해주는 것이다.

짧은 5-HTTLPR 형질을 가진 뉴질랜드 사람이라도 심하게 스트레스를 주는 상황을 피하든지 스트레스가 예상될 때 정신과 의사나 속을 털어 놓을 수 있는 믿을 만한 사람을 만난다면 우울증 유전자가 우울을 유발하지 않을 수도 있다. 나쁜 유전자를 가지고 있다 하더라도 안정된 가정환경이나 몇 가지 긍정적인 인생 경험을 할 수 있었던 사람은 우울증에 걸리지 않는다는 사실을 보여주었다. 유전자가 발현되거나 발현되지 않으려면 특정한 조건이 필요하다는 말은 유전적인 성향이 어떻든 그 성향의 발현 여부를 당신이 통제할 수 있다는 뜻이다.

데이비슨이 위스콘신 대학에서 수행하고 있는 연구는 아마도 웰빙 분야에서 진행되는 연구 중 가장 흥미 있는 실험일 것이다. 그는 행동 유전학자들의 주장과 마찬가지로 누구나 타고난 설정값을 가지고 있다고 주장한다. 그리고 뇌의 전두엽 피질에서 일어나는 활동의 기본 수준을 그러한 설정값이라고 정의한다.

그는 행복한 사람은 다른 사람들보다 뇌의 왼쪽에서 더 활발한 활동이 일어나며 불행한 사람들은 그 반대의 패턴을 보인다는 흥미 있는 사실을 알아냈다. 미소를 더 많이 짓고 스스로 열정적이고 기민하며 삶에 몰입하고 있다고 말하는 행복한 사람들의 두뇌 활동에서 특이한 비대칭성이 발견되었다. 우뇌보다 좌측 전두엽 피질에서 더 많은 활동이 일어났던 것이다.

아직까지는 뇌의 좌측 전두엽을 '행복센터'라고까지 주장할 연구자는 없겠지만 이 부분이 긍정적인 감정과 연관이 있는 것은 분명하다. 신생아조차도 빨기 좋은 물건을 주었을 때 두뇌의 왼쪽에서 더 활발한 활동이 일어났는데, 이런 현상은 코미디 영화를 본 성인들의 경우도 마찬가지였다. 대조적으로 오른쪽 전두엽 부분은 불쾌한 상태나 부정적인 감정을 느낄 때 활성화된다.

행복한 사람들의 왼쪽 뇌가 오른쪽 뇌보다 더 밝아진다는 사실은 무엇을 의미할까? 어쩌면 행복이 우리의 신경회로에 연결되어 있는 것 같다. 행복의 설정값이 유전적으로 결정된다면 그것은 우리의 신경생리에 뿌리박혀 있을 것이라는 믿음을 암시한다.

동서양 문화를 비교하여 설명할 때 서양문화를 좌반구 문화라 하고, 동양문화를 우반구 문화라 한다. 그리고 서양인은 부적 정서를 배격하고 자기고양 동기가 강한 반면에 동양인은 부적 정서를 수용하고 자기개선 동기가 강하다는 연구결과가 있다. 서양이 긍정적 가치를 강조하고 동양이 부정적 가치를 강조하는 문화적 특징은 어쩌면 이 같은 좌반구와 우반구의 기능의 차이에서 유래했다고 조심스럽게 예측할 수도 있겠다.

어떤 사람들은 우연히 행복의 설정값이 더 높고 기질이 더 명랑하며 웰빙의 잠재력을 더 많이 가지고 태어난다. 높은 설정값을 가지고 타고난다는 것은 밝은 날이 더 많은 것처럼 느껴진다는 말이다. 어쩌면 행복하기 위해 노력할 필요가 없다는 뜻이 될 수도 있다. 그렇지만 우리들 대부분은 그럴 형편이 못된다. 따라서 실망스러울 정도로 행복의 설정값이 낮을지도 모른다는 가정하에 자기 스스로에게 물어보자.

'도대체 설정값이 얼마나 낮다는 것인가?'
'그렇다면 어떤 조치를 취할 수 있을 것인가?'

첫 번째 질문에 대답하자면 어느 정도 시간을 두고 평가해보지 않는 한 설정값을 정확히 알기란 불가능하다. 우선 1장의 '우리는 왜 물질을 과대평가하는가' 편에서 언급한 주관적 행복 척도에서 얻은 점수를 설정값의 예비 추정치로 정하자. 이것이 예비점수인 이유는 그 점수가 당신 주변에서 일어나는 일에 영향을 받을 수 있었기 때문이다. 그렇기 때문에 주관적 행복 측정을 다시 작성해볼 필요가 있다. 이렇게 해서 얻은 두 점수의 평균이 설정값 추정치로 사용될 것이다. 주관적 행복 평가를 여러 차례, 시간 간격을 길게 잡아 실시할수록 설정값의 추정치는 신뢰성을 지니게 된다.

만약 설정값이 원하는 것보다 낮다면 어떻게 할까? 평균은 5 정도이지만 당신이 희망하는 점수는 훨씬 높을 수 있다. 지속적으로 더 행복해지고 싶다면 자신의 설정값을 변화시키려고 노력하지 말라는 점을 우선 강조해야겠다. 정의에 따르면 설정값은 어떤 외부 영향도 받지 않는 불변하는 것으로서 당신의 유전자에 프로그래밍이 되어 있다. 비유하자면 갈색 눈을 가지고 태어난 사람은 언제까지나 갈색 눈으로 남게 되는 것과 같다.

그렇지만 누누이 강조했듯이 우리는 유전자의 지시를 무조건 따라야 할 운명을 타고난 것은 아니다. 유전자가 발현되려면 특정한 체험과 조건을 필요로 하기 때문이다. 우리는 이러한 체험의 상당 부분을 통제할 수 있다. 그리고 체험이 행복에 영향을 미칠 수 있는 잠재력은 앞에서 본 도표 '행복을 결정하는 요인들'에서 볼 수 있듯이 40퍼센트라는 큰 부분을 차지하는 '의도적인 활동'과 '전략'에 포함되어 있다. 이러한 활동을 통해서 행복의 수준을 변화시킬 수 있다. 타고난 눈 색깔은 바꿀 수 없어도 컬러 렌즈로 바꿀 수 있듯이 말이다.

3장

우리는 행복할 수 있는가? / 직접적인 행복추구 활동 / 간접적인 행복추구 활동

행복의 40퍼센트를 결정하는 의도적인 활동

우리는 행복할 수 있는가?

삶이란 우리 몸 안에서 벌어지는 뇌의 기능과 환경과의 상호관계에 의해서 결정된다. 그러나 삶의 구체적인 질감, 즉 우리가 어떤 일을 하고 그 일에 대해 어떤 느낌을 갖게 되느냐 하는 문제는 우리의 생각과 감정에 따라서 달라진다. 세상만사가 인간의 사회·문화적 요인에 의해서만 결정된다면 삶을 개선할 수 있는 길을 성찰하는 것은 부질없는 노릇일 것이다.

그러나 다행히도 개인이 주도적으로 선택하여 현실을 바꾸어 놓을 수 있는 여지는 얼마든지 있다. 삶은 행동하고 느끼고 생각하는 것, 다시 말해서 경험에 의해서 결정되기 때문이다. 그동안 심리학자들은 인간의 부족한 면을 치유하는 데만 심혈을 기울여왔지만, 사실 누구나 자신의 강인함을 깨달을 때 성장하고 변화한다는 점을 알게 되었다. 아무리 심각한 고통을 받아도 자신의 강인함을 깨달은 사람들은 절대로 무기력해지지 않는다. 우울증에 걸릴 위험이 있는 청소년들에게 향정신성 약품은 별다른 효과가 없다. 낙관주의와 희망이라는 강점을 계발하면 우울증에 대한 유전적 요소가 있다고 해도 우울증을 예방할 수 있다.

우울증이 급격히 증가하는 원인에 대한 30여 년간의 연구자료와 매슬로우와 로저스 등으로 이어지는 인본주의 심리학의 배경을 토대로, 셀리그먼(seligman) 교수는 1998년에 미국 심리학회 회장 취임식에서 '긍정심리학'이라는 개념을 발표하게 되고, 이후부터 이 개념이 심리학의 한 공식적 영역으로 자리 잡게 되었다.

그는 긍정심리학의 학문적 뿌리가 아시아 철학에 있다고 말한다. 사실 수천 년 전의 고대 아시아 철학과 심리학에 뿌리를 두고 있어서 대부분의 아시아인들은 서구 학자들보다 훨씬 더 오랫동안 이러한 사상들을 친숙하게 접해왔을 것이다. 지금으로부터 2,500년 전에 공자(孔子, BC 551~479)는 "子日 君子는 成人之美 하고, 不成人之惡 하나니 小人은 反是니라"고 말씀하셨다고 그의 수제자인 안연(顏淵)이 말했다. 즉 공자께서 "군자는 다른 사람의 좋은 점을 북돋아 이루게 해주고 나쁜 점은 조장하지 않는데, 소인은 그 반대"라고 말씀하셨다.

행복의 원천은 2장에서 다룬 유전적으로 결정된 설정값을 바꾸는 데 있지 않다. 설정값은 변화와 영향력에 저항하기 때문이다. 비록 그것이 가능하다 하더라도 그 가능성의 폭은 아주 작다. 다시 말하면 행복에 영향을 미치는 유전적 요인의 영향력이 50퍼센트나 되지만, 유전적 특성의 개인차가 아주 미미하기 때문에 각 개인의 행복도의 차이를 크게 벌릴 수는 없다.

그렇다고 1장에서 다루었던 삶의 환경을 바꾼다고 지속적인 행복을 찾을 수 있는 것도 아니다. 환경의 영향력은 겨우 10퍼센트에 지나지 않는다. 새로운 지역으로 이사 가거나, 연봉이 인상되거나, 승진을 하거나, 외모를 고쳤을 경우 행복감이 잠시 향상될 수 있을지 모르지만 그러한 상태가 지속되지는 않을 것이다. 쾌락적응 현상과 사회적 비교 현상이 행복수준을 그대로 놓아두지 않기 때문이다. 설사 가능하다 하더라도 환경을 바꾸는 것 자체가 비용이 많이 들거나 비현실적이거나 때로는 아예 불가능하기도 하다. 자신의 생활형편, 직장, 배우자, 외모를 바꿀 만한 시간, 수완, 돈을 가지고 있는 사람들이 얼마나 되겠는가?

진정한 행복은 행동하는 자의 것이다

행복의 비밀이 설정값을 높이거나 삶의 여건을 긍정적으로 변화시키는 데 있지 않다면 도대체 무엇이 행복을 가능하게 할까? 보다 큰 행복을 얻고, 그것을 유지하는 것이 가능하기는 할까? 답은 얼마든지 가능하다. 행복의 개인적 격차 중에서 40퍼센트를 차지하는 우리의 행동과 사고, 다시 말해 우리의 '의도적인 활동'과 '전략'에 따라 행복의 수준이 결정된다는 사실을 기억하고 실천하면 된다. 비밀은 40퍼센트 안에 들어 있다. 행복에 미치는 영향력이 40퍼센트에 지나지 않지만 의도적인 활동에 대한 개인차는 매우 크기 때문에 개인의 행복수준은 절대적으로 이 요인에 따라 크게 달라진다. 진정으로 행복수준을 좌지우지할 수 있는 요인이다.

진짜 행복한 사람을 관찰해보면 그들이 그저 만족한 채 가만히 앉아 있는 것이 아니라는 사실을 발견하게 된다. 그들은 일을 만든다. 무언가를 새롭게 이해하고 성취하려고 애쓰며 자신의 생각과 느낌을 통제한다. 요컨대 노력을 기울이는 의도적 활동이 우리의 행복에 막강한 영향을 미친다.

독일의 철학자 니버가 쓴 다음과 같은 평화의 기도가 있다.

하느님, 제가 변화시키지 못할 것은 그대로 받아들이는 평정을 저에게 주십시오. 제가 변화시킬 수 있는 것은 변화시킬 용기를 주십시오. 서로 차이를 알 수 있는 지혜를 주십시오.

우리는 이제 이 기도문의 의미를 이해할 수 있어야 한다. '슬라우 행복 만들기' 위원회의 일원이었던 심리치료사 뮬란은 우리가 행복하기 위해서는 부정적인 기분이 일정 수준을 넘어서는 안 된다고 충고한다. 나쁜 일이 생기면 먼저 삶의 긍정적인 측면을 모두 동원해서 부정적인 사건 하나가 다른 감정까지 물들이지 않도록 해야 한다고 강조한다. 머릿속에 새로운 습관의 경로를 만드는 데는 총 21일이 걸리며, 배운 것을 머릿속에 단단히 박아 습관적인 활동이 되게 하려면 다시 63일이 필요하다. 그리고 나쁜 말 한마디를 해서 상한 감정을 치유하기 위해서는 좋은 말 40번이 필요하다는 말이 있다.

행복해지기 위해서는 그래서 많은 노력과 연습이 필요하다. 새로운 요가나 명상, 부부생활 요법이 보도하는 만큼 효과적이라면 왜 누구나 그것을 실천해서 도움을 얻지 못하겠는가? 삶을 바꾸겠다는 어떤 중대한 시도는 반드시 지속적이고 상당한 노력이 따라야 한다. 피아노를 훌륭하게 연주하기 위해서는 선천적인 재능도 필요하겠지만, 무엇보다도 중요한 것은 꾸준히 연습하는 것이다. 연습의 고통을 이겨내는 강한 의지가 있어야 한다. 반드시 '행복 연습'이 필요하다는 말을 잊어서는 안 된다.

행복의 원천은 당신이 어떻게 행동하며 무엇을 생각하고 어떤 목표를 세우는가에서 찾을 수 있다. 행동과 실천 없는 행복은 있을 수 없다. 당신이 자신의 행복 설정값이나 어떤 환경에 직면할 때마다 소극적이고 허무한 기분에 압도당하지 않는다면 지속적이고 진정한 행복은 손이 닿는 곳에 있다는 사실을 반드시 명심하기 바란다. 행복은 당신의 지표가 되어줄 행복 도표의 40퍼센트라는 범위 안에 들어 있다.

행복을 얻는 데 가장 큰 걸림돌이 되는 것은 행복에 대해서 잘못 생각하는 것이다. 우리를 행복하게 만들어줄 것이라고 여기는 대부분의 내용이 실은 틀렸다는 것이다. 행복에 대해 아주 잘못된 통념 세 가지가 있다.

첫째, 행복은 '찾아야' 한다고 생각하는 것이다. 행복은 우리의 손이 미칠 수 없는 저기 어딘가, 낙원 같은 장소에 있어서 우리가 찾아야만 하는 것이라는 생각이 첫 번째 잘못된 통념이다. 이러한 통념에 따르면 우리도 그곳에 도달할 수는 있지만 조건이 잘 맞아야 한다는 단서가 붙는다. 예컨대 진정으로 사랑하는 사람과 결혼하거나, 꿈에 그리던 직장을 얻거나, 근사한 집을 사야 행복해질 수 있다는 식이다.

그러나 행복의 40퍼센트가 의도적인 활동에 따라서 결정된다는 것을 이해한다면, 자신을 더 행복한 사람으로 바꾸기 위해 스스로 의도적인 전략을 실행해야 한다. 행복은 저 멀리 어딘가에 있어서 우리가 찾아야 할 대상이 아니다. 행복은 우리 안에 있다. 행복은 마음 상태이며, 지각하는 방식이고, 우리가 살고 있는 세상과 자신에게 접근하는 방식이다. 그렇기 때문에 남은 삶 동안 행복해지고 싶다면 지금 당신의 마음 상태를 변화시키고 그 변화를 유지하겠다고 결단해야 한다.

둘째, 행복은 환경을 변화시켜야 얻을 수 있다는 생각이다. 우리 삶의 어떤 환경이 바뀌기만 하면 행복해질 것이라는 생각이다. 이것은 "만약 ~하면 행복해질 것이다" 또는 "~할 때 행복해질 것이다"라는 사고방식이다. 그리고 삶 속에서 진정한 행복을 체험했던 때를 기억하기는 하지만 행복했던 그 여건을 절대로 재현할 수 없을 것이라고 생각하는 사람들이 가지고 있는 논리이기도 하다.

어쩌면 그렇게 행복했던 기간이 대학시절일 수도 있고, 처음으로 사랑에 빠졌을 때나 아이들이 어렸을 때, 외국에서 살았을 때일 수도 있다. 그러나 과거에 우리의 행복을 결정한 적이 있고, 미래의 행복 또한 이룰 수 있는 조건들은 지금 바로 우리의 곁에 있으며 우리가 이용해주기만을 기다리고 있다는 사실을 잊어서는 안 된다.

셋째, 행복은 타고났거나 그렇지 못했거나 둘 중 하나라는 식의 생각이다. 행복하게 태어났거나 불행하게 태어났다는 이런 통념이 사람들의 생각을 온통 지배한다. 많은 사람들, 특히 그다지 행복하지 못한 사람들은 불행이 유전적이며 자신이 할 수 있는 일은 별로 없다고 믿는다. 하지만 많은 연구를 통해서 유전적인 구조는 얼마든지 극복할 수 있다는 사실이 증명되었다.

나만의 행복전략 세우기

행복을 재단하기 위해서 가장 먼저 생각해야 할 일은 나의 개성에 맞는 행복처방을 찾아내는 일이다. 모든 사람이 더 행복해지도록 도와줄 수 있는 단 한 가지 마법의 전략은 없다. 우리들은 저마다 다른 욕구, 흥미, 가치관, 자원과 성향을 가지고 있어서 여러 가지 전략 중에서도 사람마다 다른 특정 전략에 집중해서 노력을 쏟아야 효과를 볼 수 있다. 어떤 사람은 특히 취약한 분야에 집중적으로 노력을 기울이면서 큰 효과를 볼 수 있는 반면에 어떤 사람은 개인적으로 추구하는 이상과 맞물려 있는 행복전략을 취함으로써 이익을 얻을 수 있다.

많은 사람들이 다이어트나 운동 등 신체를 가꾸는 영역에서는 자신에게 맞는 방법을 선택하는 것이 중요하다는 사실을 알고 있지만 개인의 행복한 삶을 위해서 그 점을 고려하는 경우는 거의 없다. 행복수준을 높이려면 자신에게 잘 맞는 전략을 찾는 것이 절대적으로 중요하다.

행복해질 수 있는 비결이 있다면 바로 자신에게 가장 적합한 행복전략을 파악하는 것이다. 그것을 파악하기만 하면 행복의 절반은 이미 얻은 것이나 다름없다. 따라서 행복전략을 고려할 때는 '개인별 접근전략'을 선택해야 한다. 행복해지려고 노력하다가 실패하는 가장 큰 이유 중 한 가지는 애초부터 효과가 없거나 자신에게 맞지 않는 전략을 선택하기 때문이다.

이처럼 각자 개인에게 맞는 행복전략을 짜는 데 몇 가지 서로 다른 방법이 있다는 사실을 알게 되면 무척 복잡하게 느껴질 것이다. 그렇다면 당신에게 가장 잘 맞는 활동을 선택하려면 어떻게 해야 할까? 어떤 방법으로 조화를 이루는 것이 좋을까?

이에 대한 대답은 다행스럽게도 비교적 간단하고 명료하다. 여기에 아주 편리한 '자가 진단 테스트'가 있다. 조용한 분위기에서 15~30분 정도를 활용해서, 제시된 12가지 활동을 모두 평가해보면 해답을 얻을 수 있다. 맞고 틀린 답이 따로 있는 것이 아니며 자신을 점검할 좋은 기회이기 때문에 정직하고 진실하게 답하는 것이 매우 중요하다.

자가 활동 적합성 진단

다음의 12가지 행복연습을 고려해보십시오. 오랜 기간 매주 해당 활동을 해야 한다고 상상해보십시오. 그런 후에 "자연스럽다", "즐겁다", "가치 있다", "가책이 된다", "상황 때문이다"라는 단어 옆에 마련된 빈칸에 적당한 숫자(1부터 7까지)를 적어서 각 활동을 평가하도록 하십시오.

사람들은 여러 가지 이유로 특정한 일을 합니다. 당신은 왜 이 활동을 지속적으로 할 것인지 다음과 같은 이유를 근거로 평가해주십시오. 평가에는 아래의 척도를 사용해주십시오.

● 척도

• 자연스럽다 : 나는 이 활동이 자연스럽게 느껴지고 몰입할 수 있을 것 같기 때문에 계속할 것이다.
• 즐겁다 : 나는 이 활동이 즐겁기 때문에 계속할 것이다. 이 일이 재미있고 도전적이라고 생각한다.
• 가치 있다 : 나는 이 일을 가치 있게 생각하고 그것과 일체감을 느낄 수 있기 때문에 이 일을 계속할 것이다. 즐겁지 않아도 기꺼이 할 것이다.
• 가책이 된다 : 나는 이 활동을 하지 않으면 부끄럽거나 가책을 느끼

거나 불안하기 때문에 이 일을 계속할 것이다. 억지로라도 할 것이다.

• 상황 때문이다 : 누군가가 내가 하기를 원하거나 상황이 나로 하여금
  어쩔 수 없이 하게 만들기 때문에 이 일을 계속할 것이다.

1 목표에 헌신하기 : 나에게 의미 있는 하나, 둘 또는 세 가지 목표를
정해서 그것을 추구하는 일에 시간과 노력을 투자한다.

* ___자연스럽다 ___즐겁다 ___가치 있다 ___가책이 된다 ___상황 때문이다

2 몰입 체험을 늘리기 : 가정과 직장에서 자신을 잊을 수 있을 정도
로 도전적이면서 열중하게 만드는 체험을 늘린다.

* ___자연스럽다 ___즐겁다 ___가치 있다 ___가책이 된다 ___상황 때문이다

3 삶의 기쁨 음미하기 : 생각, 작문, 그림, 또는 다른 사람과의 나눔을
통해 삶의 순간적인 즐거움과 경이로움에 주의를 기울이고 기쁨을 느
끼고 되새겨본다.

* ___자연스럽다 ___즐겁다 ___가치 있다 ___가책이 된다 ___상황 때문이다

4 감사 표현하기 : 내가 가지고 있는 것들로 인해서 받은 축복을 헤
아려본다(가까운 사람에게 표현하거나 혼자서 생각하거나 일기를 통해서 표
현한다). 이제껏 제대로 감사를 표현하지 않았던 한 사람 또는 몇몇
사람에게 감사와 인정하는 마음을 전달한다.

* ___자연스럽다 ___즐겁다 ___가치 있다 ___가책이 된다 ___상황 때문이다

5 낙관주의 기르기 : 내가 도달할 수 있는 최고의 미래를 상상해보고 일기에 적는다. 또는 모든 상황의 밝은 면을 보는 습관을 기른다.

* ___자연스럽다 ___즐겁다 ___가치 있다 ___가책이 된다 ___상황 때문이다

6 과도한 생각과 사회적 비교 피하기 : 문제에 매달리고 다른 사람과 자신을 비교하는 빈도를 줄이는 전략을 사용한다.

* ___자연스럽다 ___즐겁다 ___가치 있다 ___가책이 된다 ___상황 때문이다

7 친절 실천하기 : 친구든, 낯선 사람이든, 직접적으로든, 즉흥적으로든, 계획적으로든 다른 사람을 위해서 좋은 일을 한다.

* ___자연스럽다 ___즐겁다 ___가치 있다 ___가책이 된다 ___상황 때문이다

8 인간관계 돈독히 하기 : 강화시킬 필요가 있는 관계를 선택해서 그것을 치유하고 강화시키고 확인하고 즐기는 일에 시간과 노력을 투자한다.

* ___자연스럽다 ___즐겁다 ___가치 있다 ___가책이 된다 ___상황 때문이다

9 대응전략 계발하기 : 최근에 겪은 스트레스, 역경, 정신적 외상을 견디고 극복하는 방법을 실천한다.

* ___자연스럽다 ___즐겁다 ___가치 있다 ___가책이 된다 ___상황 때문이다

10 용서 배우기 : 나에게 상처를 주거나 잘못을 했던 한 사람 또는

여러 사람을 향한 분노와 원한을 내려놓으려고 노력하고 그 사실을 일기나 편지에 적는다.

* ___자연스럽다 ___즐겁다 ___가치 있다 ___가책이 된다 ___상황 때문이다

11 종교생활과 영성훈련 하기 : 교회, 성당, 또는 절에 좀 더 적극적으로 나가거나 영성을 다루는 책을 읽고 묵상한다.

* ___자연스럽다 ___즐겁다 ___가치 있다 ___가책이 된다 ___상황 때문이다

12 몸을 보살피기 : 신체적인 활동, 명상, 미소 짓기, 웃기를 실천한다.

* ___자연스럽다 ___즐겁다 ___가치 있다 ___가책이 된다 ___상황 때문이다

● 적합성 점수를 계산하고 가장 잘 맞는 활동군을 결정하는 방법

▌1단계 : 12가지 행동마다 "가책을 느낀다"와 "상황 때문이다"의 평균을 "자연스럽다", "즐겁다", "가치 있다"의 점수 평균에서 뺀다. 다시 말해서 12가지 활동마다 다음의 점수를 구한다.

적합성 점수 = (자연스럽다 + 즐겁다 + 가치 있다)/3 − (가책이 된다 + 상황 때문이다)/2

앞에서 얻은 가장 적당한 자신의 활동 중에서 자신의 수준에 따라서 처음에는 하나만 시작할 수도 있고 동시에 두세 가지를 시작할 수도 있다. 이 진단에 깔려 있는 논리는 어떤 행복전략이 자연스럽게 느껴지고 그것을 추구하겠다는 동기가 얼마나 진실한지를 평가하는 것이다. 다시 말해서 죄책감이나 누군가를 기쁘게 해주고 싶은 소망 때문에 강제로 떠밀려서 그 활동을 하는 것이 아니라 가치 있게 여기거나 즐겁기 때문에 하고 싶은 활동이 자신에게 더 잘 맞을 것이라는 얘기다.

직접적인
행복추구 활동

이제 행복을 얻기 위한 구체적인 활동을 알아보겠다. 당신이 지금 막 확인한 가장 적합한 활동은 다음부터 설명하는 12가지 활동들 중에 포함되어 있다. 당신에게 적합한 활동 부분을 먼저 읽어도 되지만, 가능하면 처음부터 12가지 활동을 순서대로 읽기 바란다.

여기에서는 자신의 장점을 긍정적으로 보고 이를 적극적으로 발휘하면서 행복을 추구하려는 직접적인 방법 6가지에 대해 먼저 살펴보고, 이후 자기회고와 반성과 같은 간접적인 방법을 통해 행복을 추구하려는 6가지 방법에 대해서 차례대로 알아보겠다.

낙관주의를 기른다

삶에서 긍정적인 체험을 음미하는 능력은 행복을 이루는 가장 중
요한 요소 중 하나다. 지치거나 산만해진 상태에서 벗어나 삶에 얼마
나 즐길 일이 많은지 의식한다면 역시 음미해야 한다. 대부분의 사람
들은 불편하거나 고통스러운 증세를 겪다가 회복되었을 때나 죽음이
나 공포를 경험하고 나면 '음미한다' 는 말이 무슨 뜻인지 진정으로
이해하게 된다. 음미하는 경향이 있는 사람은 더 자신감이 있고 외향
적이며 감사를 느끼는 동시에 덜 절망적이고 덜 신경질적이라는 사실
이 몇몇 연구에서 밝혀졌다.

현재를 잘 음미하는 사람과 과거 체험을 잘 음미하는 사람, 그리고
미래를 잘 음미하는 사람들은 각각 서로 다른 차원의 느낌을 맛본다.
현재의 기쁨을 포착하는 재주가 있는 사람, 즉 좋은 느낌에 머물며 좋
은 것들을 감상하는 사람은 우울증, 스트레스, 죄책감과 수치심을 느
낄 가능성이 낮았다.

즐거운 기대를 하며 앞날을 내다보고 미래의 행복한 사건을 상상
하는 데서 즐거움을 얻는 사람은 특히 낙천적이며 강렬한 감정을 체
험할 가능성이 높았다. 반면에 과거를 회상하면서 좋은 시간을 되돌
아보고 행복한 기억으로부터 기쁨을 얻는 데 능한 사람은 스트레스를
잘 완화시킬 수 있었다.

음미를 잘하기 위한 여러 가지 대안이 있지만, 가장 중요한 일은
매일의 일상적인 경험에서 즐거움을 느끼는 방법을 배우는 것이다.

일련의 연구에서 우울함을 겪고 있는 참가자들에게 하루에 몇 분씩 시간을 내서 평소에 허둥지둥하는 일을 음미해보라고 지시했다. 연구 결과 규칙적으로 음미하는 연습을 하도록 독려받았던 참가자들은 행복감이 상당히 증가하고 우울증이 줄어들었다.

긍정적인 경험을 다른 사람과 함께 나누거나, 긍정적인 추억을 되살리는 것들도 행복을 증진시키는 좋은 방법이다. 긍정적인 추억은 몇 가지 경로로 행복을 증진시킨다. 과거 경험의 긍정적인 면에 집중하면 이상과 꿈에 도달하고 있다는 느낌이 들어서 정체성을 강화하는 데 도움이 된다. 과거의 경험과 삶의 변천을 회상하면서 과거의 연속성을 깨닫거나 자신에 대한 통찰을 얻거나 자신만의 특별함을 인정하게 될 수도 있다.

긍정적인 추억을 한 결과 29퍼센트의 응답자가 현재 문제에 대해서 새로운 시각과 자기 통찰을 얻었다고 답했고, 19퍼센트는 긍정적인 정서를 느꼈다고 대답했다. 18퍼센트는 현재로부터 도피하는 체험을 했다고 말했고, 2퍼센트만이 아무런 효과를 보지 못했다는 최근의 연구결과가 있다.

동의보감에 "심자일신지주(心者一身之主)"라는 말이 있다. 마음이 육체의 주인이라는 뜻이다. 이는 일체유심조(一切唯心造), 즉 모든 것은 마음이 만든다는 뜻과도 같다. 그래서 유심조행복(唯心造幸福), 즉 마음먹기에 따라서 행복이 결정된다. 고대 철학자 에픽테토스는 "사람들은 사물 때문에 혼란을 일으키는 것이 아니라 그것을 보는 관점 때문에 혼란을 일으킨다"고 말했다.

실존주의자들은 모든 사람들은 자신의 운명을 스스로 만들어나간
다고 말한다. 사르트르가 말하듯 나라고 하는 존재는 나의 선택으로
이루어진다. 그런데 오늘날의 우리는 세상을 너무나도 부정적으로 보
는 데 습관이 되어 있다. 말끝마다 죽겠다는 타령을 한다. 그저 인사
가 죽겠다는 말이다.

실용주의의 창시자 퍼스는 '행복한 바보'라는 말을 처음으로 사용
한 사람이다. 셀리그먼의 제자 엘로이와 에이브람슨은 퍼스의 '행복
한 바보'라는 말을 실제 실험을 통해 입증했다. 대학생들에게 녹색
신호등을 통제할 수 있는 권한을 주되, 집단에 따라 그 권한의 정도를
달리했다. 한 집단에게는 녹색 신호등을 통제할 권한을 완전히 주었
다. 버튼을 누르면 어김없이 불이 켜지고 누르지 않으면 절대 켜지지
않았다. 그러나 다른 집단에는 버튼을 누르는 행위와는 관계없이 언
제나 불이 켜지도록 장치했다.

모든 실험과정이 끝난 뒤, 학생들에게 녹색 신호등을 얼마나 통제
했다고 생각하는지에 대해 물었다. 우울한 학생은 자신들이 통제한
때와 그렇지 못한 때를 정확히 간파하고 있었다. 그러나 뜻밖의 반응
을 보여 실험자들을 놀라게 한 쪽은 행복한 학생들이었다. 그들은 자
신들이 통제를 한 때를 정확히 알고 있었지만, 통제권한이 없을 때조
차 자신이 35퍼센트 정도 통제한 것으로 생각했던 것이다.

요컨대 우울한 학생들은 행복한 학생들에 비해 훨씬 더 슬퍼하면
서도 훨씬 더 똑똑했음을 알 수 있었다. 반면에 행복한 학생들은 '행
복한 바보'가 되는 경향이 많았다. 즉 우울한 사람은 자신의 능력이

얼마나 되는지 정확하게 판단하는 반면에 행복한 사람은 다른 사람들의 평가보다 자신의 능력을 훨씬 더 높게 평가하는 경향이 있다. 미국 성인 남성 중 80퍼센트가 자신의 사회성이 상위에 속한다고 생각하며, 직장인 대다수는 자신의 업무수행 능력을 평균 이상으로 평가하고, 자동차 운전자들의 경우에도 교통사고를 낸 경험이 있으면서도 자신들이 보통 사람들보다 훨씬 더 안전하게 운전한다고 생각한다.

행복한 사람은 실제 일어났던 일보다 좋은 일이 훨씬 더 많았다고 생각하지만, 나쁜 일은 대개 많이 잊어버린다. 반면에 우울한 사람은 좋은 일이나 나쁜 일 모두 정확하게 기억한다. 말하자면 행복한 사람은 성공과 실패에 대해 자신에게 유리한 쪽으로 생각하는 경향이 많다. 따라서 어떤 일을 성공하면 자신이 그 성공을 이루어냈고, 그 성공은 영원할 것이며, 자신이 무엇이든 잘할 수 있다고 믿는다. 반대로 실패를 하게 되면 실패의 원인은 다른 사람에게 있으며 실패를 금방 만회할 수 있다고 생각한다. 그러나 우울한 사람은 자신의 성공과 실패를 객관적이고 공정하게 평가한다. 행복한 사람이 바보처럼 보이는 것은 바로 이런 특징 때문이다.

여러 가지 연구결과를 종합해보면 매우 흥미로운 결론을 도출할 수 있다. 인간은 긍정적인 분위기에 있을 때 부정적인 분위기에서와는 전혀 다른 사고방식을 갖게 된다는 것이다. 냉담하고 부정적인 기분에서는 전투적인 사고 작용이 활발해진다. 따라서 이런 날에는 잘못된 것을 찾아 제거하는 일에만 온통 신경이 집중된다.

그러나 긍정적인 분위기에서는 창의적이고 건설적이다. 또한 인내심이 높고, 남을 배려하고, 융통성 있는 사고 작용을 촉진시킨다. 이러한 사고방식은 잘못된 것을 찾기보다 올바른 것을 발견하는 데 초점을 맞춘다. 즉 자신의 결점을 찾거나 방어적인 자세를 취하기보다 미덕을 계발하고 베푸는 일에 힘쓰게 되는 것이다. 어쩌면 긍정적인 기분으로 이루어지는 사고 작용과 부정적으로 이루어지는 사고 작용을 자극하는 뇌의 부위가 다르고, 분비되는 신경화학물질이 다를지도 모른다.

무엇보다도 행복한 사람들의 공통적인 특징은 낙천적이라는 것이다. 그들은 앞으로 인생이 잘 풀리고 좋은 일이 생길 것이라고 믿는다. 낙천적인 사람은 현재의 문제가 일시적이며 통제할 수 있고 특정 상황에 국한된 것이라고 생각한다. 반면 비관적인 사람은 문제가 계속될 것이라고 믿으며 그 문제를 개인적으로 받아들여 전적으로 자신의 잘못이라고 여긴다. 사소한 좌절이 며칠, 길게는 몇 달씩 그 사람을 괴롭히기도 한다. 셀리그먼은 현재를 즐기면서 미래를 계획하고 과거에 너무 집착하지 않으면 더 행복해질 수 있다고 말한다.

피츠버그 대학 심리학과의 개러모니와 슈워츠는 사람들이 갖고 있는 좋은 생각과 나쁜 생각의 수를 헤아려보고 그 비율을 계산해보는 실험을 한 적이 있다. 두 연구자는 기억, 환상, 설명 등 다양한 방법으로 생각의 수를 헤아렸다. 27가지의 연구를 다각적으로 실시한 이들은 우울한 사람은 좋은 생각과 나쁜 생각의 비율이 1 대 1이라는 사실을 알아냈다. 그러나 우울하지 않은 사람은 좋은 생각이 나쁜 생각에 비해 두 배나 더 많았다.

이런 결과는 언뜻 보기에는 단순한 것 같아도 그 의미는 상당히 중요하다. 이를 뒷받침해주는 임상실험 결과도 있다. 치료를 받은 우울증 환자는 원래의 1 대 1에서 2 대 1로 좋은 생각들이 늘어난 반면에 치료를 받지 않은 사람은 1 대 1 수준에 머물러 있다.

수녀는 누구보다도 나무랄 데 없는 생활방식을 영위한다. 술을 마시거나 담배를 피우지 않는다. 게다가 식사는 싱겁게 하고 성경험도 없다. 그럼에도 불구하고 낙관주의자냐 염세주의자냐에 따라 수녀들의 기대수명은 크게 차이가 난다. 연로한 수녀 180명을 대상으로 2001년에 실시한 연구결과에 의하면, 쾌활한 성격을 가진 수녀들 중에서 85세까지 산 사람은 90퍼센트에 달했지만 쾌활하지 않은 수녀들 중에서는 34퍼센트에 불과했다. 또한 쾌활한 수녀들 중에서 94세까지 산 사람은 54퍼센트인 반면에 쾌활하지 않은 수녀들 중에서는 11퍼센트에 불과했다. 이들의 일기를 분석한 결과 20대 초반에 긍정적인 감정을 피력한 사람은 60년이 지난 후에도 건강할 확률이 매우 높았다.

밝은 면을 보기, 역경 속에서 희망을 찾기, 그릇된 것보다 옳은 것에 주목하기, 의심스러울 때 일단 믿고 보기, 자신의 미래와 세상의 미래에 대해 좋은 감정 가지기, 하루를 무사히 잘 지낼 수 있다고 믿기와 같은 것들은 모두 낙관주의자들의 전략이다. 낙관주의를 배양하는 것은 감사의 마음을 기르는 것과 여러 가지 면에서 공통점을 가진다. 당신이 처한 상황에서 긍정적인 부분을 발견하려고 노력하는 습관이 이 두 전략에 공통적으로 포함되어 있다. 그렇지만 낙관주의를 배양하는 전략에는 현재와 과거를 축하하는 것뿐만 아니라 밝은 미래를 기대하는 것도 포함된다.

낙관주의적 감정은 훈련에 의해서도 충분히 학습될 수 있다는 증거가 있다. 캘리포니아 대학의 심리학자 에몬스는 1,000명의 성인을 무작위로 선발하여, 이들을 세 집단으로 나누어 매일 일기 쓰기 과제를 주었다.

첫 번째 집단에게는 자신의 기분을 1~6 사이의 숫자로 표시하라고 했고, 두 번째 집단에게는 그날 짜증났던 일의 목록을 함께 작성하라고 했으며, 세 번째 집단에게는 하루 중 좋았던 일을 모두 기록하라고 했다. 예상한 대로 세 번째 집단에 속한 사람들의 전반적인 행복수준이 증가했다. 뿐만 아니라 운동시간도 더 늘어났으며 의료검진을 더 자주 받았고 자외선 차단제도 더 많이 사용하게 되었다.

다음과 같이 낙관주의가 사람들을 행복하게 해주는 이유를 마음속으로 잘 새겨둘 필요가 있다.

1 우리가 인생의 목표를 성취할 수 있다고 확신하며, 미래를 낙관한다면 목표에 도달하기 위해서 노력을 투자할 것이다. 그렇기 때문에 낙관적인 바람은 성취되는 경우가 많다.

2 우리로 하여금 능동적이며 효과적으로 문제에 대응하도록 자극한다. 낙관주의자들은 스트레스를 받는 기간에도 웰빙과 정신건강을 비교적 양호한 수준으로 유지한다는 증거가 많다. 낙관적인 여

성은 그보다 덜 낙관적인 여성보다 산후 우울증에 걸릴 확률이 적으며, 낙관적인 대학 신입생은 그렇지 않은 학생들보다 입학 후 3개월이 지난 시점에 스트레스를 받을 가능성이 낮은 것으로 드러났다. 낙관주의자는 어려움에 처했을 때 계획을 세우고 직접적인 행동을 취할 가능성이 더 높다. 그들은 대응능력이 뛰어난 사람들이다.

3 낙관적인 사고는 당연히 긍정적인 기분, 생기, 높은 사기를 불러일으킨다. 낙관적인 사람들이 통제력과 높은 자존심을 느낀다고 응답하는 확률이 더 높으며 우울함과 불안을 덜 느낀다는 사실이 입증되었다. 자신의 전망이 밝다고 믿으면 누구든 기분이 좋다. 무엇인가 기대할 것이 있다면 열정적이고 활기를 느끼며 동기가 생길 것이다.

의미 있는 목표를 세운다

사람들은 보통 행복한 삶을 위해서는 좋은 목표를 세워야 한다고 말한다. 의미 있는 목표를 설계하는 것이 어째서 행복에 중요할까?

1 헌신적인 목표추구가 우리에게 목적의식을 주며 삶을 장악하고 있다고 느끼게 해주기 때문이다.

2 의미 있는 목표를 가지면 자극을 받아 자신감과 능력을 자각하게 되므로 자존심이 강화된다. 기쁨과 자부심을 고양하는 것이 행

복을 증진시켜주는 것은 물론이고 계속해서 노력하도록 동기를 부여하기 때문에 중요하다.

3 목표의 추구는 우리의 일상생활에 틀과 의미를 더해준다. 그것은 책임감, 마감 기한, 시간표, 새로운 기술을 익힐 수 있는 기회와 다른 사람과 사회적으로 소통할 수 있는 기회를 준다.

4 시간을 잘 활용하는 방법을 터득하도록 도와준다. 더 높은 목표를 파악하고 그것을 몇 가지 작은 단계들이나 하위 목표로 나누어서 계획표를 짜야 한다. 이것은 삶을 단순화하고 개선하는 진정한 기술이다.

5 목표에 헌신함으로써 문제에 더 잘 대처할 수 있게 된다. 목표를 더 이상 지속할 수 없게 된다면 그 목표를 포기할 수밖에 없지만, 그렇더라도 이전의 목표를 새로운 목표로 대처할 수만 있다면 우리는 더 행복해질 수 있다.

6 목표를 추구하다 보면 많은 사람들과 교제할 기회가 생기는데 그렇게 해서 맺게 되는 사회적인 관계는 그 자체만으로도 행복을 불러올 수 있다.

그렇다면 목표는 구체적으로 어떻게 정하는 것이 좋은가? 목표설정 이론에 의하면 목표는 본인의 능력에 비추어 조금 어렵고 보다 구체적이어야 하고, 목표수행에 대한 일정한 피드백이 있어야 하며, 주변에서 지원을 아끼지 않을 때 효율성이 가장 높다고 한다.

그러면 좀 더 구체적이고 어려운 목표는 어떻게 선택하는가? 목표

설정 이론가들의 연구결과에 의하면 그저 "열심히 하라", "수고한다", "이 일을 끝내라"는 등의 애매한 목표제시보다는 "이 일을 오늘 저녁 8시까지 완성하라", "이 일을 하기 위해 도서관에 가서 이러이러한 책과 자료를 참고하라" 등의 보다 구체적인 행동목표를 설정해주면 성취하는 결과가 훨씬 더 크다고 한다.

좀 더 어려운 목표를 설정하는 것이 일을 이루어내는 데 더 효과적이라는 근거는 앳킨슨이 잘 설명하고 있다. 그에 의하면 목표선택은 성취의 객관적 확률과 그 목표를 이루어내려는 주관적 의욕으로 결정된다고 한다. 성공의 객관적 확률이 높으면 성취하려는 주관적 의욕이 낮아져서 얻는 결과는 최소가 된다. 역으로 주관적 의욕이 너무 높으나 객관적 확률이 너무 낮아도 결과는 똑같이 최소가 된다. 그러나 적절한 모험을 필요로 하는 조금 어려운 목표는 주관적 의욕을 증대시켜 결과는 최대가 된다.

다음의 표를 예로 들어 설명해보겠다. 학생마다 표에서 보는 바와 같이 서로 다른 목표를 설정했다고 하자. 그중에서 어느 평범한 학생이 학점에 신경을 쓰지 않기로 목표를 정했다면 그런 목표를 이루어낼 수 있는 객관적 확률은 완전하기 때문에 1.00이 된다. 그리고 그 목표를 이루어내기 위한 주관적 의욕은 하나도 없어도 되기 때문에 0.00이 된다. 주관적 의욕에 대한 계산은 1에서 객관적 확률을 제하면 된다. 이렇게 계산된 확률이 주관적 의욕을 나타내는 확률이 된다. 다음으로 객관적 확률과 주관적 의욕을 곱해서 계산된 숫자는 목표의 효율성 지수가 된다.

여기서 목표의 효율성이 가장 큰 수치는 장학금을 받겠다는 목표가 된다. 따라서 장학금을 받겠다는 목표를 설정한 학생의 목표가 가장 효율적인 방안이 되는 것이다.

■ 설정 목표별 효율성 분석의 예

목표	객관적 확률	주관적 의욕	목표의 효율성	최고의 목표
학점에 신경쓰지 않겠다	1.00	0.00	0.00	
과락은 면하겠다	0.20	0.80	0.16	
평균성적 B를 받겠다	0.40	0.60	0.24	–
장학금을 받겠다	0.50	0.50	0.25	
학과 수석을 하겠다	0.20	0.80	0.16	
전교 수석을 하겠다	0.00	1.00	0.00	

결국 객관적 성공확률이 50퍼센트인 목표를 설정하는 것이 가장 효율적이라는 계산이다. 이 목표를 성취하느냐 성취하지 못하느냐 하는 문제는 이제 전적으로 본인의 주관적 의욕에 따라 달라진다. 본인이 노력하여 목표를 이루거나, 혹은 본인이 노력을 잠시 게을리하여 목표를 이루지 못할 경우 그 성공과 실패의 결과가 자신의 감정을 최대한으로 자극하는 그런 목표여야 한다.

아무런 감정이나 느낌 없이 학점에 신경을 쓰지 않겠다고 말하거나, 전교 수석을 하겠다는 목표를 세워 놓고 실제로 그 목표를 이루지 못했다고 해서 애석해하지 않는다면 이런 목표는 목표의 효율성에서 똑같이 아무런 가치가 없다.

일정한 피드백과 주변인들의 지원 또한 목표를 이루어내는 데 매우 중요한 배경이 된다. 성취목표에 대해 미리 긍정적인 예견과 부정적인 예견을 해보고, 부정적인 예견으로 예상되는 장애요인을 사전에 점검한 후 목표를 이루어내기 위해 외부에서 필요한 지원이 무엇인지 미리 점검해두면 그만큼 효율적으로 목표에 접근할 수 있다.

장애요인을 점검할 때 장애는 다시 환경장애와 자기장애로 나누어 상세하게 점검하면 더 큰 도움이 된다. 목표지향 활동을 방해하는 환경적인 요인과 자기 자신의 문제점을 예상하고 각각의 극복방안을 준비해두면 더욱 좋은 결과를 가져올 수 있다. 여기에 목표달성을 위해 외부로부터 받는 도움, 동정, 격려 등 외부지원의 출처와 대응책도 사전에 점검해두는 것이 좋다.

그러면 목표설정의 이론적 근거를 토대로 하여 실제 현장에서 적용할 수 있는 예를 들어보기로 하겠다. 우선 가장 효율적인 목표를 선정해야 한다. 목표는 장기목표와 중기목표, 그리고 단기목표로 나누어 설정할 수 있다. 어떤 목표든 선정과정은 동일하다. 5년 이내의 중기목표를 예로 든다면, 5년 이내에 어떤 목표를 이루었으면 좋겠는지 몇 개든 생각나는 대로 희망목표를 적어본다. 그리고 이제 막 설명한 효율적 목표선정 방법에 따라 가장 훌륭한 목표를 선정한다. 이렇게 해서 결심한 최종 목표를 좀 더 상세하게 정의해본다. 그리고 이 목표에 대한 각자의 생각을 비교적 정확하고 상세하게 기록해본다. 다음의 기록방법을 참조하면 도움이 될 것이다.

1 선정한 목표에 대한 진술

2 목표의 당위성 : 이 목표는 나의 장래 인생에 비추어볼 때 얼마나 절실한가?

3 목표성취에 대한 긍정적 예견 : 이 목표를 이루어냈을 때 나는 어떤 느낌을 갖게 될까?

4 목표성취에 대한 부정적 예견 : 이 목표를 이루어내지 못했을 때 나는 어떤 느낌을 갖게 될까?

5 환경장애 : 목표성취 과정에서 발생할 수 있는 환경적 장애는 무엇이며, 이를 제거하거나 약화시킬 수 있는 방법은 무엇인가?

6 자기장애 : 목표성취 과정에서 발생할 수 있는 자기장애는 무엇이며, 이를 제거하거나 약화시킬 수 있는 방법은 무엇인가?

7 외부지원 : 목표를 이루어내는 데 필요한 외부지원으로 어떤 것이 있으며, 구체적으로 이 외부지원을 어떻게 활용할 것인가?

8 접근활동 : 목표성취를 위해서 내가 구체적으로 해야 할 활동계획을 수립한다.

9 중간 피드백 : 목표진행 과정을 정기적으로 확인하고 점검하는 계획을 수립한다.

몰입체험을 늘린다

시카고 대학의 심리학 교수인 칙센트미하이가 이룩한 탁월한 업적은 '몰입' 이라는 개념을 정립한 것이다. 당신은 하고 있는 일에 너무나 몰두해서 시간가는 줄도 몰랐던 적이 있는가? 중간고사 기간에 시험 준비를 하느라고 도서실에서 밤늦도록 시간가는 줄도 모르고 공부를 한 적이 있는가? 도서관 직원이 문을 닫을 시간이 다 되었다고 해서 할 수 없이 도서관 문을 나섰을 때 온 세상이 마치 내 것처럼 아름답게 느껴진 적이 있는가? 그랬다면 당신은 '몰입' 이라고 불리는 상태를 체험한 것이다.

그가 말하는 몰입이라는 개념은 현재의 순간에 강렬하게 흡수되어 빠져 있는 상태다. 사람들은 몰입상태에 있을 때 자신이 강하고 유능하다고 느끼며, 본인의 능력을 최고조로 발휘하고 있다고 여긴다. 그리고 깨어 있는 상황을 장악하고 있으며, 완전한 몰아의 상태에 들어간다고 이야기한다. 칙센트미하이는 좋은 삶과 행복한 삶은 몰입, 즉 자신이 하는 일에 완전히 푹 빠지는 것이 특징이라고 주장한다.

이러한 몰입경험은 정신적으로 나타날 수도 있고, 도쿄의 10대 오토바이족이 수백 대의 오토바이를 몰 때처럼 집단 활동을 통해서 만족을 얻을 수도 있다. 명상가, 오토바이족, 체스 선수, 조각가, 공장 근로자, 발레리나 등 저마다 활동에는 엄청난 차이가 있지만, 그들이 만족을 느끼는 심리적 요소는 아주 비슷하다. 만족의 심리적 요소는 대개 "전문 기술을 필요로 하는 도전적인 일이다", "정신을 집중한다", "뚜렷한 목적이 있다", "즉각적인 피드백을 얻는다", "쉽사리 몰입한다", "주체적으로 행한다", "자의식이 사라진다", "시간 가는 줄 모른다"와 같은 것들이다.

그는 몰입 정도가 높은 10대와 몰입 정도가 낮은 10대를 각각 250명씩 선정한 후 추적, 조사해보았다. 몰입 정도가 낮은 10대는 쇼핑을 주로 한다. 그들은 친구들과 몰려다니며 백화점 쇼핑을 즐기거나 텔레비전을 많이 본다. 그러나 몰입 정도가 높은 10대는 취미활동이나 스포츠를 좋아하고, 숙제를 열심히 한다. 두 집단을 비교해본 결과 단 한 가지를 제외하고는 모든 면에서 몰입 정도가 높은 10대들의 정신이 더 건강한 것으로 나타났다.

그 한 가지란 몰입 정도가 높은 10대들은 몰입 정도가 낮은 10대들을 훨씬 더 즐겁게 생활하는 사람들로 여기며 그들처럼 해보고 싶어 한다는 점이다. 몰입 정도가 높은 10대들이 하는 모든 활동이 당장은 재미없게 느껴지지만 훗날의 삶에서 크게 보상을 받을 수 있는 것들이다. 그들은 대학교에 진학할 확률이 높고 원만한 대인관계를 이루기 쉬워 성공할 확률도 그만큼 높다. 이런 활동들은 모두 훗날 활용할 수 있는 '심리적 자본'을 형성하는 정신 상태로 작용하게 된다.

왜 몰입이 유익할까? 첫째, 그 자체가 즐겁고 보람이 있기 때문이다. 몰입을 통해 인위적인 황홀감이나 단순한 쾌락적 즐거움과는 달리 긍정적이고 생산적이며 자연스러운 황홀감을 체험할 수 있다. 둘째, 몰입상태는 그 자체로 보상을 주기 때문에 자연스럽게 그것을 되풀이하고 싶어진다. 새로운 기술이 숙달되면 우리가 느끼는 몰입체험은 줄어들게 된다. 그 일이 더 이상 자극적이거나 어렵지 않게 되기 때문이다. 그래서 몰입상태를 유지하기 위해서 좀 더 도전적인 활동을 통해 끊임없이 자신을 시험해야 한다.

사람들은 시간을 어떻게 활용하고 있을까? 보통 하루 24시간 중 8시간은 잠을 잔다고 계산하면 눈을 뜨고 깨어 있는 시간은 모두 16시간이다. 이 시간을 사용하는 활동은 크게 세 가지로 나누어 볼 수 있다.

첫째, 일과 관련된 생산활동이다. 생산활동은 하루 일과 중 가장 중요하고 비중 있는 활동이다. 이것은 오늘날 '돈벌이'와 거의 같은 의미로 이해한다. 우리가 가지고 있는 에너지의 절반 남짓은 이런 생산활동에 투입된다.

둘째, 신체를 유지하고 관리하는 데 시간을 소모한다. 하루의 약 4분의 1에 해당하는 시간을 이런저런 유지활동에 투입한다. 식사, 휴식, 세면으로 몸을 돌보고, 청소, 요리, 장보기와 각종 집안일로 생활의 여건을 유지한다. 전통적으로 이런 유지활동의 부담은 여성이 져야 했고, 남성은 생산자 역할을 맡았다.

셋째, 생산과 유지활동에 들어가고 남은 시간, 즉 자유시간이다. 다시 말하면 여가 시간인데 여기에 전체의 4분의 1 정도를 쓴다. 학교를 뜻하는 'school'은 여가를 뜻하는 그리스어 'scholea'에서 유래되었다고 하는데, 여가를 가장 잘 활용하는 것이 곧 학문을 하는 길임을 알 수 있다. 그러나 현대 사회에서 개인의 여가 시간은 오히려 그리스 학자들이 염두에 둔 이상과는 거리가 먼 활동이 점령하고 있다.

　이러한 여러 가지 활동을 하는 동안 사람이 어떤 느낌을 받는지 다음의 도표에 간단히 소개했다. 구체적으로 보면 근무할 때나 공부를 할 때 행복의 체감수준은 평균치보다 떨어지며 의욕수준 또한 평균치를 크게 밑돈다. 그러나 집중도는 비교적 높은 편이어서 다른 활동을 할 때보다도 정신작용이 활발히 이루어진다.

　놀라운 사실은 일을 하거나 공부를 하면서 자주 몰입경험을 한다는 것이다. 일이나 공부는 과제의 난이도와 요구되는 실력의 수준이 비교적 높을 뿐 아니라 목표 또한 명확하고, 효과도 즉시 나타나기 때문인 듯하다.

　하는 일이 몰입활동에 가까울수록 우리는 그 일에 깊숙이 빠져들고 경험은 더욱 긍정적으로 변한다. 만약 어떤 일이 명확한 목표, 뚜렷한 결과, 자신감, 힘에 부치지 않은 난이도, 정돈된 분위기를 줄 수 있다면, 그 일을 하면서 느끼는 감정은 운동을 하거나 예술작품을 감상할 때 맛보는 희열과 크게 다르지 않을 것이다.

구분		행복감	의욕	집중력	몰입
생산활동	근무나 공부	−	− −	++	+
유지활동	가사	−	−	0	−
	식사	++	++	−	0
	몸단장	0	0	0	0
	운전, 출퇴근	0	0	+	+
여가활동	TV 시청이나 독서	0	++	−	−
	취미, 운동, 영화	+	++	+	++
	담소, 교제, 섹스	++	++	0	+
	휴식, 빈둥거림	0	+	−	− −

* − − : 아주 부정적, − : 부정적, 0 : 평균 또는 중간, + : 긍정적, ++ : 아주 긍정적

유지활동은 경험의 질이 아주 다양하게 나타난다. 가사노동을 즐기는 사람은 거의 없다. 대체로 부정적 반응이나 이도 저도 아닌 어중간한 반응을 보인다. 그러나 좀 더 자세히 파고들면 같은 가사노동이라도 집안 청소보다는 요리를 선호하는 경향이 엿보인다. 세수하기나 옷 입기 같은 개개인의 몸단장은 긍정적 반응이나 부정적 반응을 일으키지도 않는다. 앞서 보았듯이 식사는 영향력이나 의욕에서 하루 중 가장 긍정적인 반응을 유발하는 행위지만, 거기에 요구되는 인지활동의 수준이 낮아서 몰입으로 이어질 가능성은 높지 않다. 운전도 유지활동이라는 범주에서 만만찮은 비중을 차지하며, 놀라울 정도로 긍정적 반응을 일으킨다. 운전은 행복지수나 동기유발 차원에서는 중간 수준에 머물지만 기술과 집중력을 요구하므로 유독 운전을 할 때

만 몰입하는 사람도 적지 않다.

하루 중에서 비교적 긍정적 경험이 많이 나타나는 쪽은 여가 시간이다. 여가 시간에 우리는 강한 의욕을 가지고 하고픈 일을 마음대로 하고 싶어 한다. 그러나 여기서도 뜻밖의 사실이 눈길을 끈다. 신문을 읽거나 텔레비전을 보거나 그냥 쉬면서 보내는 수동적 여가는 그런대로 즐거움을 주기는 하지만 정신집중이 요구되지 않는 활동이라서 몰입으로 이어지기는 어렵다. 반면에 능동적인 여가는 아주 긍정적인 경험을 일으킨다. 운동을 하거나 악기를 연주하거나 외식을 하거나 영화를 보러 갈 때처럼 자기가 좋아하는 일을 하면 사람들은 더 행복해하고 의욕이 넘치며 집중력이 높아져서 어느 때보다도 몰입경험을 할 가능성이 높다.

여기서 한 가지 주목할 점은 한 사람이 자유롭게 쓸 수 있는 시간 중에서 능동적 여가활동이 차지하는 비중은 불과 4분의 1에서 5분의 1 정도밖에 안 된다는 사실이다. 나머지 시간은 텔레비전 시청 같은 수동적 여가활동으로 보낸다. 그러나 능동적 여가와 수동적 여가는 하늘과 땅 만큼이나 다르며 심리적 효과도 판이하다.

다음의 도표에서 보는 바와 같이 미국의 10대는 운동이나 게임을 하는 동안에는 44퍼센트가, 취미활동을 하는 동안에는 34퍼센트가, 텔레비전을 보는 동안에는 13퍼센트가 몰입을 경험한다. 이것은 텔레비전 시청보다 취미활동, 적극적으로 임하는 운동과 게임이 각각 두 배 반, 세 배 정도 더 큰 즐거움을 선사한다는 것을 의미한다.

구분	몰입	이완	무심	불안
게임과 운동	44	16	16	24
취미	34	30	18	19
어울림	20	39	30	12
사색	19	31	35	15
음악 감상	15	43	35	7
텔레비전 시청	13	43	38	6

그런데도 10대들은 취미활동이나 운동보다는 텔레비전을 보는 데 무려 네 배나 많은 시간을 쏟아 붓고 있다. 절반에도 못 미치는 즐거움을 얻기 위해 네 배나 많은 시간을 들이는 이유는 무엇일까?

자전거를 타거나 농구를 하거나 피아노를 치는 것이 할일 없이 상가를 쏘다니거나 텔레비전을 보는 것보다 즐겁다는 사실은 청소년들도 인정한다. 하지만 농구를 하려면 시간이 만만찮게 들어간다. 옷을 갈아입어야 하고 친구들과 약속을 잡아야 한다. 피아노 앞에 앉으면 적어도 반 시간 가량은 연습을 하면서 손을 풀어야 슬슬 재미를 볼 수 있다.

다시 말해 몰입할 수 있는 활동은 하나같이 처음에 어느 정도 집중력을 쏟아부어야 그 다음부터 재미를 느낄 수 있다. 복잡한 활동을 즐기려면 그런 '시동에너지'를 어느 정도 확보하고 있어야 한다. 따라서 너무 피곤하거나 불안하거나 혹은 처음의 그런 장벽을 극복할 수 있는 인내심이 부족한 사람은 재미는 덜하더라도 더 편하게 택할 수 있는 대상으로 만족하게 된다.

바로 이 틈을 비집고 수동적인 여가활동이 들어온다. 친구들과 시시덕거리거나 부담없는 내용의 책을 읽거나 텔레비전을 켜는 동작은 처음부터 특별한 노력을 요구하지 않는다. 실력이나 집중력도 필요하지 않다. 청소년뿐만 아니라 어른들도 아무 생각 없이 수동적 여가에 먼저 손을 내밀기 쉽다. 게임과 운동, 취미, 어울림 같은 능동적이고 사회적인 활동은 음악 감상, 사색, 텔레비전 시청과 같은 고독하고 덜 체계적인 활동보다 몰입할 수 있는 기회가 많다.

몰입을 낳는 활동은 그만큼 까다롭고 어려워서 사람들을 불안하게 만들 때가 자주 있다. 이와는 달리 수동적 여가활동은 거의 불안을 일으키지 않는다. 여가활동을 수동적 활동으로 채우면 아주 즐겁지는 않아도 어쨌든 골치 아픈 상황은 피해갈 수 있다. 사람들은 이런 점에 끌려 수동적 여가활동을 하게 된다.

수동적 여가가 문제로 부각되는 것은 그것이 자유시간을 보내는 유일한 방편으로 쓰이는 순간부터다. 그런 습성이 뿌리내리면 생활 전반이 허물어지기 시작한다. 심심풀이로 도박에 손을 댄 사람은 직장과 가정, 결국은 본인의 인생 전부를 파탄으로 이끄는 습관에서 헤어나오기 힘들 것이다. 텔레비전을 남달리 많이 보는 사람은 좋은 직장에 다니지 못하고 인간관계도 원만치 못한 경향을 보인다. 특별한 시동에너지가 필요 없는 컴퓨터에 중독된 청소년들이 얼마나 많은지, 그들의 사회적 인간관계가 얼마나 병적인지, 그래서 끝내는 인생을 얼마나 힘들게 살게 되는지 우리는 잘 알고 있다.

몇 세기에 걸쳐 진행된 쇠락의 시기에 로마 제국이 시민을 다독거리기 위해 동원한 책략을 흔히 '빵과 원형 경기장'이라는 말로 표현한다. 지배계급은 몸을 만족시키기 위해 충분한 먹을거리를 제공하고 마음을 즐겁게 해주기 위해 충분한 볼거리를 제공하면서 사회적 불만을 가라앉힐 수 있었다.

여가 기회를 충분히 제공하여 공동체의 붕괴를 모면하려는 현상은 로마 제국만의 전유물은 아니었다. 서양 최초의 역사가인 헤로도토스는 『페르시아 전쟁사』에서 소아시아의 리디아 왕인 아티스가 잇따른 흉년으로 민심이 흉흉해지자 백성의 관심을 호도하기 위해 이미 삼천 년 전에 구기(球技)를 도입했다고 전한다. 이런 식으로 그들은 18년을 더 끌 수 있었다.

비잔틴 제국이 기울어가던 무렵 콘스탄티노플에서도 비슷한 양상이 벌어졌다. 지배계급은 시민들에게 즐거움을 주기 위해 도시에서 대규모 전차 경주를 벌였다. 뛰어난 경주자들은 명예와 재산을 얻었고 힘을 들이지 않고도 원로원에 들어갈 수 있었다. 스페인 정복이 있기 전 중앙아메리카에서도 마야인이 농구와 비슷한 시합을 발전시켜 사람들은 몇 주 동안 그것을 구경하느라 정신이 없었다. 지금도 마찬가지다. 권리를 누리지 못하는 오늘의 소수인은 스포츠나 연예 분야로 진출해 사회적 신분상승을 이루겠다는 꿈에 젖어 있다.

유머와 웃음이 넘치는 생활을 한다

'유머(Humor)'의 원래 어원은 '우머(umor)'이고, 그 뜻은 '액체'라한다. 유머가 웃음과 관련된 체내의 액체라고 보았던 것이다. 4세기 무렵에 출간된 『인간의 특성』이라는 의학서를 보면 웃음은 그리스어로 겔로스(gelos)이고, 이 말의 어원은 헬레(hele)인데 그 의미는 건강(health)이다. 고대인들이 웃음을 건강이라고 생각했다는 것은 매우 흥미 있는 일이 아닐 수 없다.

『순수이성 비판』으로 유명한 칸트는 웃음이 활기찬 신체과정들을 촉진함으로써 건강하다는 느낌을 만들고 내장과 횡격막을 움직이는 정서 상태를 유발하여 우리가 만족을 느낄 수 있는 건강한 정서를 만들어준다고 말했다. 이와 같이 우리는 정신적 건강을 통해 신체적 건강에 도달할 수 있다고 보아, 정신을 신체조건의 진단 기준으로 사용할 수 있다고 했다.

웃음의 임상학적 연구로 잘 알려진 화이트는 질병의 90퍼센트는 마음에서 발생하는 것이므로 마음의 즐거움과 기쁨이 건강에 중요하다고 강조했다. 정신분석학의 개척자 프로이트도 1905년 『유머와 무의식과의 관계』라는 책에서 유머, 위트, 웃음은 걱정, 공포, 분노와 다른 부정적인 감정을 극복하는 방어기제가 된다고 보았다.

미국에서 웃음 치료학의 체계를 세운 스탠포드 의과대학의 프라이 교수는 일찍부터 웃음과 유머가 건강에 효과가 있다는 것을 발견하고 『치료제로서의 웃음』이라는 책을 펴냈다. 그는 특히 폭소가 건강에 대단한 효과를 보인다고 평가했다. 캐나다의 심리학자 레프코트와 마틴도 『유머와 라이프 스트레스』라는 책에서 스트레스와 정서반응에 대한 연구결과를 밝혔는데, 특히 웃음과 유머를 집중적으로 조명했다. 이들에 따르면 스트레스를 해소하는 많은 방법 중에 유머와 웃음이 가장 탁월한 결과를 가져다준다고 주장했다.

웃음요법에 대한 의학적인 근거는 두 명의 의대 교수에 의해 전환기를 맞게 된다. 버크와 탠은 웃음과 면역체에 대한 연구로 전 세계 의학계에 비상한 관심을 불러일으켰다. 이들은 10명의 남자들에게 1시간짜리 배꼽 잡는 비디오를 보여주면서, 비디오를 보기 전과 볼 때, 그리고 보고 난 후 혈액 속의 면역체의 증감을 연구한 결과 예상한 대로 웃을 때 체내에서 병균을 막는 항체인 인터페론 감마 호르몬이 많이 분비된다는 것을 발견했다. 그리고 1996년에 개최된 심리신경면역학 연구학회의 연례 모임에서 이러한 연구결과를 발표하여 비상한 관심을 끌었다.

버크 교수는 웃음이야말로 대체 의학이 아니라 진짜 의학이라고 주장한다. 이것은 바로 웃음에 대한 장기간의 생리학적 연구를 거친 그가 웃음에 대한 치유 효과를 한마디로 표현한 말이다. 그는 특히 웃음과 몸의 항체에 대한 연구에 몰두하여 많은 임상적 논문을 냈고, 지금도 웃음요법에 있어서는 의학계의 권위자로 인정받고 있다.

미국에서 가장 활발하게 웃음의 치유능력을 홍보하고 있는 사람은 캘리포니아 중부 데이비스에서 살고 있는 우턴을 꼽을 수 있다. 그녀는 이미 간호사를 위한 웃음교본을 두 권이나 저술했고, 1996년도 세계웃음요법학회 회장을 맡았다. 그녀는 자신의 책에서 "전통적인 의과대학에서 웃음을 치료제로 가르치지는 않지만 상황은 바뀌고 있다고 지적하면서 앞으로 간호대학과 의대에서 웃음요법이 정규과목으로 채택될 것이라고 전망하고 있다.

그녀의 가장 큰 업적은 병원에 웃음을 선사하는 간호사 웃음부대를 조직한 일이다. 현재 미국의 550여 개 병원에서 질병치료에 이용하고 있는 이 간호사 웃음부대는 간호사들이 광대차림으로 병실을 돌면서 환자들의 기분을 전환해주고, 웃음을 환자들의 치유제로 사용하고 있다. 유머와 웃음이 보조치료의 개념을 넘어 '주 치료제'로서의 기능을 하고 있다고 말한다. 지금까지 알려진 웃음의 생리적 효과와 심리적 효과에 대해 알아보자.

웃음의 생리적 효과

버크 교수는 「웃음과 면역체의 관계」라는 논문에서 "육체적, 정신적 스트레스는 행동적, 심리적 표현으로 전이되는 내분비선을 변화시킨다"는 결론에 도달하고, 웃음이 스트레스 해소에 상당한 영향을 준다고 주장했다. 즉 부정적 스트레스는 코르티솔, 코티코트로핀과 카테콜라민, 베타 엔도르핀, 성장 호르몬, 프로락틴 등의 스트레스 호르몬을 증가시킨다는 것이다.

그는 계속해서 동료인 탠 박사와 함께 웃음이 인체의 면역체에 미치는 영향에 대해 연구했다. 앞에서도 말했듯이 이들은 60명의 성인에게 금식을 시킨 후 배꼽 잡는 비디오를 60분간 보여주고 그들의 혈액을 뽑아 체내의 항체인 인터페론 감마(IFN)의 변화를 비교했다. 그 결과 인터페론 감마의 양이 200배나 증가한 것을 볼 수 있었다. 인터페론 감마는 T세포의 성장과 세포독소의 구별 기능, 그리고 백혈구의 활성과 면역 글로블린을 생성하는 기능을 갖고 있는 B세포의 성장 요인으로 작용한다. 그는 웃음같이 아주 흔한 것이 체내의 복잡한 면역 활동을 솜씨 좋게 조정한다는 것을 생각할 때 놀라울 따름이라고 연구 소감을 피력했다.

『웃음 : 신학적 조명』을 저술한 독일의 신학자 쿠셀은 그의 책에서 "웃음은 마음의 치료제일 뿐만 아니라 몸을 아름답게 한다. 웃는 사람보다 더 아름다운 사람은 없다"라면서 웃음을 높이 평가했다. 웃음은 현대인들의 가장 무서운 질병의 원인이 되는 스트레스에 대한 최고의 해소책이고, 스트레스 때문에 나타날 수 있는 질병을 미리 막아주는 예방주사다. 웃음은 체내에서 면역체를 강화시켜 세균의 침입이나 확산을 막아주며, 엔도르핀이라는 강력한 천연적 진통제를 분비해 육체의 고통을 경감시킨다.

아기들은 생후 2~3개월부터 웃기 시작해 급속하게 웃음의 횟수가 많아진다고 한다. 보통 6세 아이의 경우 하루에 300회 정도 웃는다. 하지만 성인이 되면 15~100회 정도 웃으며 개인에 따라 차이가 있기는 하지만 점차 웃음이 줄어든다. 학자들은 우리가 크게 웃을 때 신체에서 혈액 순환을 증가시키고 상체의 근육을 운동시키며 심장 박동 수를 높여주고 허파에서 노폐 공기를 바깥으로 내보내준다고 말한다.

　낙관자에 대한 연구로 유명한 셀리그먼은 그의 저서 『학습된 낙관자』에서 다음과 같은 연구결과를 밝혔다. 1980년에 심장마비를 앓았던 96명을 면밀히 조사한 결과 8년 내에 두 번째 심장마비가 왔을 때 가장 비관적으로 분류된 16명 중 15명이 사망했으나, 가장 낙천적인 16명 중에서는 단지 5명만 죽었다. 그는 또한 웃음이 많은 낙천가인 학생들의 경우 학업성적이 더 높고, 스포츠 분야에서 더 두각을 나타내며, 생명보험회사의 생활설계사의 경우도 낙천가가 훨씬 더 높은 성적을 올린다고 지적했다.

　뉴욕 주립대 심리신경면역학과의 스톤 교수는 무작위로 뽑은 72명을 대상으로 웃음과 면역체의 상관관계를 연구했다. 그는 그들에게 하루 동안 웃는 횟수를 기록하게 하고 그들의 점액을 분석한 결과 많이 웃는 사람의 점액에 항체인 면역 글로블린 A의 양이 많은 것을 발견했다. 캘리포니아 대학 통증 치료소의 책임자였던 브레슬러 박사는 극심한 통증을 호소하는 환자들에게 두 차례씩 거울을 보고 웃게 했다. 그 결과 가짜 웃음을 웃는 사람조차 치료에 상당한 효과를 보는 것으로 나타났다.

　이제 웃음의 생리적 효과는 충분히 검증되었으며, 치료현장에서 실제로 적용되기 시작했다. 1996년 11월 3일 플로리다 주 올랜도에 500여 명의 의사와 간호사들이 모였다. 이들은 미국 웃음요법협회의 회원들로, 그곳에서 열리는 연례회의에 참석하기 위해 온 것이었다. 미국은 4월을 '전국 유머 강조의 달'로 제정하여 각지에서 다양한 행사를 거행한다. 이 행사는 해가 갈수록 국민들의 호응을 크게 받고 있다. 4월은 잔인한 달이라고 노래한 시인 엘리어트의 나라에서도 4월을 많이 웃는 달로 지키고 있다.

웃음의 심리적 효과

발칸반도의 세르비아에는 웃음에 대한 아주 독특한 전설이 있다. 사랑하는 외아들이 죽었는데 어머니가 그 시체 앞에서 많이 웃으니 신이 죽은 자식을 살려주었다는 민담이다. 또 동방정교의 옛 이야기에는 이런 것도 있다. 신이 어떤 마을의 아버지에게 아들을 죽이라고 명령하자 신앙심이 강한 그 아버지도 할 수 없이 아들을 죽였다. 그러자 예수가 그의 신앙이 돈독하다는 사실을 알고 지상에 내려와 죽은 아이의 시체 앞에서 있는 힘을 다해 웃으니 아들이 다시 살아났다는 얘기다.

러셀은 1918년 반전운동을 하다가 6개월 간 감옥에 갇힌 적이 있었다. 그는 독방에서 밀려오는 정신적 고통을 막기 위해 유머 책을 읽었다. 그리고 너무 우스워 배꼽을 쥐고 웃었다. 이때 간수가 찾아와 "감옥은 벌 받는 곳이지 웃는 곳이 아니다"라고 면박을 주고 웃음을 금지했으나 그는 터져 나오는 웃음을 막을 수 없었다고 한다. 그가 웃고 있는 한 그 처벌은 아무런 힘을 발휘하지 못했다. 그는 후일 "웃음은 가장 값싸고 효과 있는 만병통치약이다. 웃음은 우주적인 약이다"라고 적었다.

심리학자 자누스와 과학자 피셔는 많은 코미디언들의 생애를 연구한 후에 코미디언들이 유머를 하는 것은 그들이 직면한 고통에 대한 무기였기 때문이라고 지적했다. 채플린은 영국에서 가장 가난한 빈민가에서 태어났고, 5세 때 부친이 술 때문에 목숨을 잃었다. 그리고 그의 어머니도 미쳐버렸다. 이런 참혹한 삶의 밑바닥을 거쳤기 때문에 서부개척 당시 노다지의 꿈을 안고 금광을 찾았던 사람들의 허망한 삶을 그린 '골드러시'에서, 먹을 것이 없는 남자가 구두를 삶아먹는 연기를 그렇게 리얼하게 할 수 있었을 것이다. 채플린은 웃음과 유머가 생존의 수단이었다. 그 처절한 삶의 정황에서 웃음만이 그를 살려주는 유일한 낙이었다.

채플린은 "인생은 접근해보면 하나의 비극이다. 하지만 멀리서 보면 하나의 코미디다"라고 말했다. 멀리서 보는 달은 시상을 떠올리게 한다. 누나의 엉덩이 같은 보름달, 미인의 눈썹 같은 초승달, 낮에 나온 반달, 쟁반같이 둥근 달, 갑돌이와 갑순이가 우러러보며 한없이 울었던 말이 없던 하현달. 그러나 암스트롱이 직접 발을 디딘 달은 계수나무나 토끼는커녕 생명이라고는 찾아볼 수 없는 황량한 땅이었다. 멀리서 보면 아름다운 시적 감동을 주는 존재이지만 가까이서 보면 마실 물 한 모금, 공기 한 줌 얻을 수 없는 죽음의 땅이었다.

인생도 좀 더 접근해보면 고해이며 기쁨보다는 슬픔이 더 많다. 이 세상에 행복하다고 큰소리치는 사람도 그 내면에 들어가 보면 어둡고 아픈 구석이 있기 마련이다. 하지만 채플린이 말한 것처럼 인생은 현미경처럼 초점을 맞추어 확대해볼 것이 아니라 멀리서 망원경으로 보아야 한다. 우리의 눈이 너무 맑아 공기 중에 돌아다니는 병균과 유해 물질이 가득한 물을 볼 수 있다면 도리어 건강을 더 해칠 것이다. 웃음은 바로 삶에 대한 시야를 넓혀준다.

유머감각을 증진시키는 방법은 크게 두 가지 이론적 전통에 근거하고 있다. 하나는 정신분석적 전통으로 유머는 직접적으로 향상될 수 있는 것이 아니라 심리적 성숙과 치료를 통해서 간접적으로 생성되는 것이라는 주장이다. 또 다른 하나는 인지행동적 전통으로서 유머가 행동 강화와 인지적 재구성을 통해서 증진될 수 있다는 입장이다. 대부분의 유머능력 향상 프로그램은 후자의 이론에 근거하고 있다.

인간관계를 돈독히 한다

사람을 흔히 사회적 동물이라 한다. 이는 사람들이 어떤 종류의 관계를 맺으면서 사회생활을 해나간다는 의미다. 그런데 오늘날에는 서구문화의 보편적 개인주의가 일반화되면서 현대인들을 더욱 더 우울하게 만들고 있다.

행복의 비밀을 풀기 위해 셀리그먼과 디너는 매우 행복한 사람들 중에서 상위 10퍼센트에 드는 사람들을 조사했는데, 이들이 알아낸 사실 중에서 가장 흥미로운 점은 행복한 사람은 타인과 좋은 관계를 맺고 있다는 것이다.

인간관계는 돈, 명성, 전통적인 의미의 성공이나 물질적 풍요보다 정신적, 육체적으로 건강에 훨씬 도움이 된다. 우정은 '건강한 정신의 표현'이라고 말한다. 대개 외로운 사람은 건강하지 못하고 불행한 삶을 살며 수명이 짧다.

개나 고양이 등은 새끼를 낳으면 어미가 열심히 핥아준다. 쥐를 관찰해보면 엉덩이와 하복부를 핥아주는 시간이 가장 많은데 그곳을 자극해주면 새끼의 신장 기능이 활발해져서 배뇨를 하게 된다. 이와 같이 포유동물들은 일반적으로 갓 태어난 새끼의 건강을 위해서 자주 핥아준다. 핥아주는 피부자극은 척수를 통해 뇌에 전달되는데, 충분한 자극을 받은 뇌는 출생 후 아기가 제대로 살아갈 수 있는 능력을 갖추게 해준다. 노인들이 아침 운동으로 큰 나무에 등을 두드리거나, 중환자들이 욕창으로 등이 썩지 않도록 하기 위해 마사지를 해주는 행위 등은 모두 접촉부위에 생명의 에너지인 산소를 넣어주기 위한 목적이다.

이와 같은 피부접촉, 즉 스킨십은 뇌 생리학적으로 볼 때 성장호르몬 분비와 면역기능 등에 결정적인 영향을 준다는 사실이 입증되었다. 갓 태어난 염소새끼를 핥아주고 털을 깨끗이 해주면 새끼염소의 피 속에 산소가 증가한다는 사실이 증명되었다. 피부자극을 받지 않고 제왕절개 수술로 태어난 아기가 '산성 중독증'을 일으키기 쉬운 이유가 여기에 있다. 접촉을 신체적 접촉과 대인관계 접촉으로 나누어 좀 더 상세하게 알아보도록 하겠다.

양수 속에서 조용히 손발을 움직이고 떠 있는 태아에게 아버지가 "그 아이 지워버려!" 하고 소리를 지르면 태아가 갑작스런 경악동작을 보인다. 이 장면은 실제로 텔레비전에서 방영된 적이 있다. 사람을 움직이는 힘은 무엇일까? 살아가려는 의지, 즉 태아의 마음은 어머니의 자궁 속에서부터 자라나기 시작한다. '마음의 씨앗'이 어머니의 자궁 속에서 싹트기 시작하는 것이다. 육신이라는 신체는 부모로부터 전수되고, 정신이라는 심리적 과정은 접촉을 통해서 싹트기 시작한다.

그러므로 태아의 마음씨를 기른다는 것은 어머니의 마음먹기에 달렸다. 임신 중에 "아! 기쁘다, 예쁜 아기를 낳아야지!" 하고 행복한 생각을 하면 이 마음은 곧바로 아이에게 전달된다. 태아는 어머니가 자신의 출생을 기뻐해준다는 사실을 알고 활발하고 명랑하며 똘똘하게 자란다. 그러나 반대로 "아이고! 임신했네! 지워버려야지!" 하는 생각을 하게 되면 태아는 이때부터 충격을 받는다. 그래서 마음의 성장은 정지되고 마음의 씨앗은 말라버려 매우 어두운 아이로 태어나게 된다.

생물체로서 우리가 최초로 받는 인상은 어머니의 자궁벽에 둘러싸여 떠다닐 때의 친밀한 신체접촉으로부터 형성되기 시작한다. 어머니의 따뜻한 양수 속에서 부드러운 감촉은 점점 더 강해지고 시간이 갈수록 꼭 안겨 있다는 느낌을 받게 된다.

그러나 생애 최고의 외상적 경험의 하나인 출산이라는 행위로 인해 자궁 내의 행복은 깨지고 만다. 잃어버린 자궁 내의 아늑함을 보상

받기 위해 아기는 어머니의 다독거리는 소리와 접촉과 친밀감을 요구하게 된다. 자궁의 포옹을 대신하는 어머니의 팔에 의한 포옹이 필요한 것이다.

그래서 어머니의 가슴과 팔과 손은 최선을 다해 잃어버린 자궁의 포옹을 재현하지 않으면 안 된다. 아기가 불편해하면 아기를 팔에 껴안고 앞뒤로 서서히 움직여준다. 아기가 자궁 속에서 학습한 리듬 속도에 따라 분당 70회 정도 흔들어주게 되면, 곧바로 진정하고 울음도 그친다. 아기의 머리를 심장 고동소리의 발원지인 엄마의 왼쪽 가슴에 접촉시켜주면서 흔들어주면 더 좋은 결과를 기대할 수 있을 것이다. 어머니는 단순한 음식물 공급자에 그치지 않고 부드러운 접촉을 통해 애정의 고리를 이어주는 열쇠가 되어야 한다. 그렇게 만들어진 애정의 고리는 앞으로 사회적 생활을 원활히 하기 위해 매우 중요한 요소라는 사실을 깨닫게 된다.

인간관계에 대한 유명한 심리학적 실험은 할로우가 1962년에 시행한 애착실험일 것이다. 그는 어미에게서 분리시킨 원숭이를 철사로 만든 대리모와 부드러운 천으로 싼 대리모가 있는 방에 놓아두었는데, 새끼 원숭이들은 대부분의 시간을 '천 대리모'와 보낸다는 사실을 발견했다. 이 실험은 새끼와 어미 간의 애착형성이 '젖'을 주기 때문이라는 종래의 가설에서 벗어나 '피부접촉'이 애착형성의 주요 요인임을 밝혀주는 것이었다. '먼저 애정을, 다음에 자유를'이라는 육아방식은 인간뿐 아니라 모든 영장류에 공통적으로 기본이 되는 원칙이다.

동물이나 인간은 태어나면서부터 신체접촉을 통해 친밀성을 유지해 간다. 인간 신생아는 동물적 흔적인 파악 반사 또는 모로 반사라고 부르는 행동흔적이 아직도 남아 있다. 신생아는 주먹을 꼭 쥐고 있는데, 그 힘은 상당히 강해서 아기가 매달려도 떨어지지 않는다. 이런 반사행동은 태어나자마자 엄마에게 매달리려고 하는 유전적 행동의 흔적이다. 마치 새끼 원숭이가 어미의 등에 올라타서 땅에 떨어지지 않기 위해 어미의 털을 꼭 잡는 행위와 같다. 그렇지만 인간 아기는 그럴 필요가 없어져서 그런 반사행동은 퇴행하고 흔적만 남게 되었다.

아기가 성장함에 따라 어머니와 자식 간에는 새로운 관계가 형성된다. 어머니는 아기를 애무하고 키스하고 어루만지면서 피부를 비벼주고 살살 마찰하면서 부드럽게 쓸어준다. 뿐만 아니라 아기를 율동적으로 두드려주기도 한다. 이 두드리는 동작을 동물학자들은 '의미동작'이라 부른다. 어머니의 손은 한번 두드릴 때마다 "자! 엄마가 너를 꽉 껴안고 위험에서 보호하고 있으니 아무 염려 말고 푹 쉬어라!" 또는 "염려 마! 위험이 닥치게 되면 이렇게 꼭 껴안아줄게!" 하고 말하는 셈이다. 이러한 신호가 반복적으로 전달되면서 아기는 곧 온순해진다.

어머니의 접촉행위를 재촉하고 유지시키는 아기의 두 가지 신호가 있다. '울음'과 '미소'가 그것이다. 울음은 접촉을 유도하는 신호이고, 미소는 접촉을 지속시키는 신호가 된다. 우는 소리는 "이리오세요"의 신호이고, 미소는 "아무 데도 가지마세요"의 신호이다. 아기에게 우유를 주고 다시 재우려 할 때 금세 다시 우는 경우가 있는데, 이는 충분한 접촉을 요구하는 항의의 신호다.

대인관계와 건강

인간관계를 심리학적으로 설명하고 있는 심리학자 중에 프롬이라는 사람이 있다. 그는 인간은 원래 자연과 관계를 맺으면서 생활해왔는데, 인간 스스로 자연과의 이런 관계를 끊고 인공적으로 만들어놓은 도시로 모여 살기 시작했다고 주장하면서, 이런 자연 및 타인과의 관계단절이 고독과 소외감을 느끼도록 하는 결정적 원인이 되었다고 말한다. 어린이는 부모와의 기본유대에서 해방되면서 결과적으로 고독과 무력을 느끼게 되는 것이다.

노예로 있을 때에는 비록 자유롭지는 않으나 누군가에게 소속되어 있고, 타인과 관련을 가지고 있다는 것을 느낀다. 반면에 해방되어 자유를 갖게 되면 몹시 낯선 세계에서 헤매고 있는 자신을 발견하게 된다. 『자유로부터의 도피』에서 그는 나이를 먹음에 비례해서 더욱 많은 자유를 얻게 되지만, 반면에 그만큼 더 많은 외로움을 느끼게 된다는 명제를 전개한다.

관계를 단절하면 수명도 짧아진다는 재미있는 실험이 있다. 쥐의 수명은 보통 2년(700여 일)인데, 독방에서 혼자 살게 했더니 600여 일 만에 죽어버렸다고 한다. 접촉의 단절이 100여 일의 수명을 단축시킨 것이다.

역으로 말하면 접촉과 사랑의 관계가 수명을 늘려주는 것이다. 인간이 풍부한 먹이와 깨끗한 환경에서 사는 것보다 중요한 것은 '관계', 즉 '사랑'의 관계를 맺는 일이다. 돈이 있는 사람이 부자가 아니라 인간관계와 사랑을 주고받는 사람이 진실한 부자인 것이다. 시설에서 자라는 아동들의 성장이 부진한 이유를 알 수 있을 것 같다.

친밀한 대인관계가 적을수록 이혼율과 사망률이 높다는 연구결과도 있다. 한 역학조사에 의하면 결혼 파탄자는 전염병이나 암 발생률이 현저히 높다. 별거생활을 1년 정도 경험한 여자의 면역기능은 크게 약화되어 있다. 별거 전 남편에 대한 애정이 강했던 부인이라 하더라도 면역기능이 크게 떨어졌을 뿐 아니라 그들은 매우 우울하고 심한 고독감을 느끼며 산다.

부부간의 사별은 특히 면역기능을 크게 약화시켜주는 주요 요인으로 작용한다. 부인이 유방암으로 사망한 남편의 임파구 증식반응을 측정해보면 부인의 사망 이후에는 그 전보다 기능이 더 크게 떨어졌음을 알 수 있다. 즉 화목하지 못한 부부관계가 지속되는 과정에서 그들의 생리적 각성수준은 높아지고 그에 따라 내분비 기능이 크게 떨어지는 것이다.

사회적 접촉이 적으면 그만큼 사망률도 높아진다. 이런 사실은 캘리포니아 앨러미다 지역주민 6,928명을 대상으로 9년간의 사망률 추적조사를 통해 밝혀졌다. 예를 들면 30~49세 남자의 경우 사회적 유대관계가 적은 집단의 사망률은 사회적 유대관계가 가장 많은 집단에 비해 2.5배나 높았다. 사회적 고립은 건강을 위태롭게 하는 변인이라는 것은 틀림없는 사실이다.

반면에 사회적 대인관계에 만족하면 죽음을 지연시킬 수 있다. 여

자의 경우 자선단체에 적극 참여하고 이에 만족하는 사람 가운데는
사망자가 적으나, 그런 활동에 참여하지 않는 사람 중에는 사망자가
많다는 사실도 밝혀졌다. 감옥에 있는 죄수에게 가장 잔인한 대우는
그를 독방에 있게 하는 것이다. 접촉이 거부되어 사랑이라는 인간관
계가 단절될 때 사람들은 고독해지고 방황하게 된다.

긍정심리학을 선도하고 있는 디너와 셀리그먼은 '아주 행복한 사
람들'과 '덜 행복한 사람들'을 비교하여 관찰했다. 두 그룹의 유일한
차이는 '풍부하고 만족스러운 사회적 관계'의 존재 유무에 있었다.
친구, 가족, 또는 연인과 함께 의미 있는 시간을 보내는 것은 행복을
위한 필수조건이다. 베이컨은 "우리는 함께함으로써 기쁨은 두 배가
되고 슬픔은 반절이 된다"고 말했으며, 아리스토텔레스는 "우정이 없
다면 행복도 없다"고 말했다. 이처럼 모든 종류의 대인관계가 중요하
지만 그중에서도 연인관계가 맨 위에 있다. 행복에 대한 연구를 요약
하면서 마이어스는 이렇게 말하기도 했다.

"공평하고 친절하며 서로 돌봐주면서 평생을 함께하는 동반자 관
계보다 강력한 행복의 조건은 없다."

좋은 결혼은 10만 유로의 추가 소득과 같은 만족도를 선사하는 효
과가 있다고 한다. 그러나 더욱 중요한 점은 이렇게 해서 얻은 만족감
은 화폐가치로 얻는 행복감보다 더 길게 지속된다는 점이다.

심리학자 위니코트는 어머니가 지켜보고 있는 곳에서 노는 아이들
이 어머니와 따로 떨어져 노는 아이들보다 놀이를 할 때 보여주는 창

의성의 수준이 더 높다는 것을 발견했다. 그는 어머니의 손길이 닿는 반경 안에서 아이들이 창의성을 보이는 공간을 '창의성의 원'이라고 불렀다. 아이들은 '창의성의 원' 안에서 자유롭게 모험하고, 시험하면서 넘어지면 다시 일어나야 성공할 수 있다. 왜냐하면 아이들은 자신을 무조건적으로 사랑하는 사람이 옆에 있을 때 안전하고 안정적이라고 느끼기 때문이다.

운동으로 몸과 마음을 다진다

건강을 위해서 보통 일주일에 2킬로미터만 더 걸어도 눈에 띄게 좋은 효과를 거둘 수 있다. 일주일에 세 번씩 3.2킬로미터를 걸으면 3주마다 373그램의 체중을 감량할 수 있다. 수명은 1분을 걸을 때마다 1.3~2분씩 늘어난다고 한다. 목표는 하루에 만보를 걷는 것이다. 그 정도면 대략 8킬로미터를 걸어야 한다. 일주일에 세 번씩 30분간 느긋하게 걷기만 해도 학습능력, 집중력 및 추상적 사고능력을 15퍼센트나 끌어올릴 수 있다. 일반적으로 6개월 동안 1주일에 3회 이상 20~30분간 운동을 하면 현재 느끼고 있는 행복지수보다 적어도 10~20퍼센트 정도 더 상승한다는 연구보고가 많다.

근래에 많은 사람들에게 유행하는 마라톤, 등산, 수영, 에어로빅처럼 오랫동안 지속적으로 하는 운동은 베타 엔도르핀의 생산과 분비를 촉진한다고 알려져 있다. 베타 엔도르핀은 분자 구조가 모르핀과 매우 흡사하며 '러너스 하이(runner's high)'라고 하는 도취감을 유발한다.

엔도르핀은 마취성분이 함유되어 있기 때문에 통증을 제거하는 기능도 하며, 기분을 긍정적인 쪽으로 전환시키는 기능도 한다. 그래서 운동 연구가들은 엔도르핀이 기분을 조절한다는 점에 특별한 관심을 갖고 있다. 장거리 달리기를 하는 사람들이 엔도르핀 때문에 쾌감을 느낀다는 주장은 논리적 측면에서 일관성이 있어 보인다. 적극적으로 운동을 하면 혈액 속에서 베타 엔도르핀이 검출된다는 사실이 입증되었기 때문이다.

최근 들어 한국에 달리기가 붐을 이루고 있다. 공식적인 통계는 아니지만 달리기 동호인의 수는 약 400만 명에 이른다고 한다. 성인 기준으로 10명 중 1명 정도가 달리기를 한다는 계산이다. 달리기 붐은 '88 서울올림픽' 직후인 1990년대부터 2000년대에 접어들면서부터였다.

운동은 얼마만큼, 어떻게 해야 하나?

운동 횟수가 주당 3회 미만이고 1회 운동량이 20분 이하인 사람을 좌정문화 생활자로 규정한다. 뿐만 아니라 영양 과잉으로 비만자가 급증하고, 사회생활이 복잡함에 따라 스트레스 관련 생활습관병(성인병)도 급격히 늘어나고 있다. 오늘날 이런 질병은 의학적인 처방으로만 해결할 수 없게 되었다. 세계보건기구가 '운동을 통한 건강증진'이라는 슬로건을 내세우는 이유도 여기에 있다.

운동은 최소한 일주일에 3일 이상은 해야 비로소 효과가 나타난다. 더 큰 효과를 얻기 위해서는 일주일에 5일은 해야 한다. 어떤 사람은 별다른 신체적인 부담이나 정신적인 노력도 없이 무턱대고 강변이나 아파트 주변을 산책하는데, 이것은 체력증진에 큰 도움이 되지 않음은 물론 생활습관병 예방에도 거의 보탬이 되지 않는다.

그 이유는 분명하다. 생활습관병은 심장기능 향상을 통해 예방되는 것이기 때문에 산책 정도로는 심장기능의 향상을 거의 기대할 수 없다. 심장기능의 향상을 위해서는 최소한 자기의 최대 운동능력의 50퍼센트 이상의 강도를 유지해야 한다.

운동강도는 일반적으로 맥박 수로 환산하여 적용하는데, 이를 공식으로 대비하면 '0.5(220-연령-1분간 맥박 수)+1분간 맥박 수'로 계산한다. 예를 들면 나이가 40세이고 1분간 맥박 수가 70회일 경우의 최소 운동 맥박 수는 125회가 된다. 40세인 이 사람은 맥박 수가 적어도 125회 이상 유지되는 운동을 해야 한다는 의미다.

그렇지만 너무 강한 운동도 바람직하지 않기 때문에 운동강도가 최대 운동의 80퍼센트를 넘어서지 않는 것이 바람직하다. 이를 공식으로 대입하면 '0.8(220-40-70)+70=158'로 계산할 수 있다. 이는 운동 중 맥박 수가 158회 이상 올라가는 무리한 운동은 하지 않는 것이 상해와 불의의 사고를 방지하는 데 도움이 된다는 뜻이다. 요약해서 말하면 운동은 자기가 최대로 발휘할 수 있는 운동능력의 50~80퍼센트 범위 내에서 하는 것이 가장 이상적이다.

생활습관병 예방의 측면에서 운동강도는 낮게 하고 운동시간은 다소 길게 잡는 것이 바람직하다. 비만일 경우에는 시간을 좀 더 길게 잡아 60분 이상 하는 것이 체내의 지방을 더 많이 연소할 수 있어서 효과적이다. 30분 정도의 운동은 체내 에너지만을 소모하기 때문에 축적되어 있는 체지방을 없애기 위해서는 적어도 50~60분 정도는 운동을 해주어야 한다. 다시 요약하면 운동강도는 50~80퍼센트 범위 내에서, 운동시간은 하루에 20~40분 정도로, 일주일에 3~5일 운동하는 것이 이상적이다.

운동은 양보다 질이 중요하다. 하버드 보건대학 연구팀은 그동안의 상식을 깨고 가벼운 운동보다 오히려 강도 높은 운동이 심장병 예방에 더 효과적이라고 주장했다. 이 팀의 연구결과에 따르면 낮은 강도로 운동한 사람들에 비해 강도를 높인 사람들의 심장병 발병확률이 17퍼센트 낮아진 것으로 나타났다. 실제 하루 30분씩 시속 5킬로미터 이상의 빠른 걸음으로 걷는 사람은 전혀 운동을 하지 않는 사람에 비해 심장병 위험이 18퍼센트 낮아지지만 시속 3킬로미터 정도로 걷는 사람은 거의 효과가 없었다. 일주일에 한 시간 이상 시속 10킬로미터로 뛴 경우엔 심장병 위험이 42퍼센트나 줄어들었다.

그러나 지나치게 과도한 신체운동은 골격과 근육을 손상시키는 등의 여러 가지 문제를 일으킬 수 있다. 주당 14킬로미터를 달리는 습관을 가진 사람의 20퍼센트, 60킬로미터를 달리는 습관을 가진 사람의 50퍼센트 이상 뼈에 손상을 입었다. 손상을 입은 후에도 운동을 계속하면 관절염 등 다른 건강상의 문제가 발생할 수도 있다. 운동량이 과도하게 많다든지 심한 운동을 하게 되면 피로와 기력저하를 느끼게 되고 성욕도 감퇴될 수 있다. 남성의 경우 테스토스테론 호르몬 수준이 현저하게 떨어지기 때문이다. 이러한 현상을 포괄적으로 '스포츠 빈혈증'이라고 한다.

운동의 생리 · 신체적 효과

운동이 우리에게 주는 영향은 크게 생리 · 신체적 효과와 심리적 효과로 나누어 알아볼 수 있다. 우선 운동의 생리 · 신체적 효과부터 알아보기로 하겠다.

첫째, 운동은 체력과 건강증진에 크게 도움이 된다. 체력증진 효과는 나이와 상관없이 나타난다. 60대 이후에도 웨이트 트레이닝을 시작하면 자신의 근력이 300퍼센트까지 증가한다는 연구도 있다. 특히 운동은 심장이나 호흡기 계통을 건강하게 유지시켜주는 데 도움이 된다. 심장호흡기의 건강을 증대시키기 위해서는 유산소 운동을 해야 하는데, 이를 흔히 '에어로빅스'로 통칭하여 부르고 있다.

유산소 운동은 본인이 낼 수 있는 최대 운동능력의 50퍼센트에서 80퍼센트까지 점차적으로 증진시키면서 운동하는 것이 바람직하다. 배드민턴이나 걷기, 달리기 등과 같은 유산소 운동을 하면 산소 포화도, 즉 세포 하나가 포함하는 산소의 양이 늘어난다. 산소는 우리 몸속에서 포도당과 결합하여 에너지를 만드는데, 산소의 양이 많은 사람은 그만큼 더 많은 에너지를 만든다. 자동차로 치면 배기량이 늘어나는 셈이다.

둘째, 운동은 신체 지방성분의 비율을 낮추는 데 효과가 있다. 자

신의 체중을 통제하기 위해서 운동을 하는 사람을 흔히 보는데 이들
의 궁극적인 목적은 보다 이상적인 신체 지방성분의 비율을 유지하려
는 데 있다. 그래서 운동을 좋아하는 사람들은 운동이 지방에 미치는
영향에 많은 관심을 보인다. 체중조절과 유산소 운동 프로그램과의
관계를 다룬 여러 연구결과에 의하면 주당 4회 이상의 운동은 체중조
절에 도움이 되지만 그보다 빈도가 낮을 경우에는 별로 도움이 되지
않는다고 한다.

셋째, 운동은 뇌세포의 성장을 돕는다. 노인의 인지기능이 운동 때
문에 향상된다는 연구보고를 근거로 한다면 특히 노인들에게 운동의
효과는 크다. 운동을 하면 혈액순환과 산소 운반능력이 향상되어 뇌
기능을 높여주는 효과가 있다. 정기적으로 산책을 하는 노인은 운동
을 하지 않는 동년배에 비해 기억력 검사에서 더 좋은 결과를 보인다.
뇌와 운동의 궁합이 잘 맞는 이유는 운동이 새로운 뇌세포의 성장을
돕는다는 사실에 기인한다.

인간은 태어날 때 모든 뉴런을 가지고 출생하기 때문에 그 후로는
새로 만들어지지 않는다는 의견이 지배적이었다. 그러나 최근의 연구
결과에 따르면 운동은 늙은 신경세포 간의 연결망을 새롭게 만들어
내며, 뇌세포에 혈액과 영양을 공급한다는 사실이 밝혀졌다. 특히 운
동을 할수록 항신경성 물질이 더 많이 생산되는데, 이것은 지적 능력
을 향상시켜준다는 사실이 입증되기도 했다.

넷째, 운동은 인지능력을 높여준다. 장기간에 걸쳐 스포츠를 실천
하면 인지능력이 좋아진다. 연령대에 따라 효과의 차이는 있지만

45~60세의 중·장년층에게 가장 효과가 크다고 한다. 1회성 활동에 비해 장기간에 걸친 스포츠 활동의 효과가 더 좋다는 점은 운동을 꾸준히 해야 한다는 생각을 뒷받침해준다. 운동과 인지능력 사이에는 대체로 긍정적인 관계가 있다. 어렸을 때의 운동은 지능발달을 촉진시키고, 성인기의 운동은 체력과 건강상태를 향상시켜 학습능력 신장으로 이어진다.

수십 년간 꾸준히 운동한 사람은 그렇지 않은 사람에 비해 두뇌 기능이 뛰어나다는 연구결과가 보고되고 있다. 규칙적으로 이뤄지는 적당한 운동은 우리 몸에 좋은 약 이상의 효력을 발휘한다. 두뇌 활동을 더 강하게 유지하려면 혈압과 콜레스테롤 관리, 금연, 포화지방 및 트랜스 지방산이 낮은 식사, 폭음 등을 줄이면서 규칙적인 운동을 하면 된다.

운동의 심리적 효과

운동이 심리적 상태를 좋게 해준다는 사실은 이미 잘 알려져 있다. 여러 조사에 의하면 모든 활동 중에서 운동이 행복을 증진시키는 데 가장 빠른 효과가 있다고 한다. 스포츠 심리학자들은 운동이 웰빙이라는 행복감을 가져다주는 현상을 다음과 같은 몇 가지 이유를 들어 설명하고 있다.

첫째, 운동은 기분과 정서를 좋게 해준다. 운동을 하는 중요한 이유 중의 하나는 기분이 좋아지기 때문이다. 이러한 긍정적인 정서효과는 2~4시간 지속되다가, 시간이 지나면서 다시 활동 전의 수준으로 돌아가기는 하지만 적극적이고 긍정적인 체험을 매일 반복하게 되면 삶의 태도도 점차 긍정적으로 바뀌게 된다. 운동이 정서를 긍정적으로 변화시켜준다는 근거로는 생리적 입장, 심리적 입장, 그리고 사회적 입장이 있다.

'생리적 입장'에는 다시 엔도르핀 가설, 모노아민 가설, 심폐계 체력 가설, 뇌변화 가설 등이 있다. 우선 엔도르핀 가설은 운동 중과 후에 베타 엔도르핀 분비가 늘어나서 정서가 개선된다는 가설이다. 뇌와 뇌하수체 등에서 분비되는 엔도르핀은 통증을 낮추고 행복감을 유발하는 효과가 있다. 엔도르핀은 러너스 하이 현상을 경험하게 한다. 모노아민 가설은 운동을 하면 세로토닌, 노에피네프린, 도파민과 같은 신경전달물질에 변화가 생겨 우울증과 같은 정서가 개선된다는 설명이다. 심폐계 체력 가설은 운동을 하면 심폐계 체력이 좋아지며, 이로 인해 심리적 혜택이 생긴다는 설명이다. 그리고 뇌변화 가설은 운동이 대뇌피질에 있는 혈관의 밀도를 높이고 뇌혈관의 확산을 향상시켜 전반적인 뇌 구조의 변화를 가져온다고 주장한다.

'심리적 입장'으로는 기분전환 가설, 자신감 가설, 기대 가설 등이 있다. 기분전환 가설은 운동 중에는 운동 자체에 집중하여 일상생활로부터 벗어나기 때문에 정서적 건강에 도움이 된다는 가설이다. 자신감 가설은 체력과 운동능력이 좋아지면 신체적 자신감이 증진되고, 이로 인해 성취감, 자기 효능감, 통제감이 높아지고 장기적으로는 행복감도 높아지게 된다는 가설이다. 기대 가설은 운동을 하면 기분이 좋아질 것이라는 기대 때문에 운동 후에 기분이 좋아진다는 가설인데, 운동의 실체적 효과라기보다는 위약효과(placebo effect)를 강조한다.

'사회적 입장'으로는 상호작용 가설이 있다. 이 가설은 운동을 하면 타인과 인간관계가 많아지기 때문에 정서적 효과가 발생한다는 가설이다. 사회적 상호작용은 운동에 참가하는 이유이기도 하지만 소속감과 즐거움을 높여주는 요소이기도 하다. 사회적 상호작용은 경력이 많은 운동자보다는 초보 운동자에게 더욱 중요한 역할을 한다.

둘째, 운동은 자아 존중감을 높여준다. 자아 존중감은 자신에 대해 느끼는 가치이기 때문에 정신건강에 가장 핵심이 되는 요소다. 운동을 하게 되면 행복감이나 삶의 만족감과 같은 자아 존중감에 도움이 된다고 한다. 왜냐하면 운동을 포함한 신체활동은 신체적인 건강뿐만 아니라 삶의 궁극적인 가치를 높이는 데도 상당히 기여를 한다고 보기 때문이다. 뿐만 아니라 운동을 꾸준히 하면 자신에 대한 생각도 긍정적인 방향으로 변해 자아 존중감이 향상된다고 알려져 있다.

운동을 통한 자아 존중감 향상은 일반인보다는 원래 자아 존중감이 낮은 사람들에게 더 큰 효과가 있다. 비만으로 분류된 중학교 남학생 30명을 운동집단과 통제집단으로 구분한 후 주 3회 12주간 유산소 운동을 시키자 체지방률이 낮아지고 건강, 협응력, 신체활동, 체지방, 스포츠 유능감, 외모, 근력, 유연성, 지구력에서 의미 있게 향상된 것으로 나타났다. 임신 중과 출산 후의 여성, 저소득층 노인, 발달장애가 있는 아동과 성인, 장애인 올림픽 참가 선수 등을 대상으로 한 연구에서도 운동은 자아 존중감에 도움이 된다는 것을 알 수 있다.

셋째, 운동은 몰입경험을 얻도록 한다. 운동을 하면 플로우(flow)라 불리는 일종의 몰입 또는 무아지경의 체험을 통해 고도의 행복감과 충만감을 느낄 수 있다. 앞에서도 밝혔듯이 달리기 등의 활발한 신체 활동을 하게 되면 그에 따른 심리적 행복감, 즉 달리기를 하는 도중에 느끼는 도취감, 힘, 스피드, 우아함, 영속성, 잠재력 실현, 완벽성, 자동화된 움직임, 유쾌한 현기증 등이 포함된 절정경험이나 몰입경험을 하게 된다.

스포츠 활동에서의 몰입은 일반적으로 운동기술의 수준과 운동의 성취목표가 일치할 때 일어난다. 기술수준이 운동 목표보다 높으면 지루해지고, 반대로 운동 목표가 기술수준보다 지나치게 높으면 불안감을 느끼게 된다.

운동 중 몰입에 빠져 있을 때는 운동 기술동작에 대한 몰입, 자의식의 상실, 주변에 대한 초연함, 시간 및 공간감각의 변형, 정신집중, 힘들이지 않음 등과 같은 공통된 감정을 느낄 수 있게 된다. 이 순간은 타인의 강요나 자신의 의지에 의해 움직이는 것이 아니라 대부분 순간적으로 어느 시점에 저절로 일어나게 되므로 만족감과 즐거움이 배가되는 것이다.

넷째, 운동은 불면증을 해소시킨다. 대부분의 사람들에게 수면은 자연스러운 현상이며, 일상적인 경험이다. 그러나 일반적으로 20~40퍼센트의 사람들이 불면증에 시달리고 있다. 이러한 수면장애는 개인의 활력, 인생의 맛, 평안함 등을 파괴하며, 정신의학적 장애나 생산성 감소를 불러일으키고, 여러 사고의 원인이 될 수 있다. 수면장애를 치료하는 방법은 약물치료나 정신·심리적 중재, 사회적 중재, 알코올 섭취 등 다양한 방법이 있지만 근래에는 잠을 잘 자기 위한 운동요법이 자주 거론된다.

운동은 숙면을 취하는 데 도움이 된다. 적당히 운동을 한 후 수면을 취하면 숙면 시간이 길어지고, 뇌파에서도 긍정적 변화가 있는 것으로 밝혀졌다. 조명노출이 약해 빛이 어두워지면 우울증을 유발해 수면을 방해한다고 한다. 갑자기 일조량이 뚝 떨어지는 늦가을이나, 겨울이 긴 북부 지방 등은 우울증 환자가 많아서 불면증을 경험하는 사례가 많다. 따라서 햇볕이 드는 야외에서 운동을 하면 숙면과 수면 시간을 연장할 수 있다.

생활리듬의 변화에 따라서 수면이 지장을 받는 경우도 있다. 예를 들면, 갑자기 시차가 변한다든지, 주야간 근무시간의 변화에 의해 수면장애가 올 수 있다. 이런 경우에는 운동이 수면에 도움이 된다고 한다. 운동을 하면 아데노신의 분비가 촉진되어 수면에 도움이 된다는 것이다. 카페인을 섭취하면 수면에 방해가 되는데, 그 이유는 카페인이 아데노신의 신경전달을 방해하기 때문이다.

다섯째, 운동은 우울증을 감소시킨다. 스포츠 활동은 우울증을 감소시키는 데 상당한 효과가 있으며, 그 효과는 심리적 건강상태가 나쁜 사람에게서 더 높다고 한다. 특히 다른 연령층에 비해 25~64세에 속하는 중년층의 우울증 감소 효과가 가장 높다는 점도 주목할 만하다. 이처럼 스포츠 활동을 통한 우울증 개선 효과는 장기간 지속된다는 점이 매력이다.

우울증 진단을 받은 환자를 달리기 집단, 시간제한이 있는 심리치료 집단, 시간제한이 없는 심리치료 집단으로 나누어 실험을 했다. 달리기 집단은 운동 지도자의 도움을 받아 매주 3회에 걸쳐 45분간 달리기를 했고, 시간제한이 있는 심리치료집단은 전문가와 10분간 상담했으며, 시간제한이 없는 집단은 시간제한 없이 상담을 받았다. 10주 후에 세 집단 간 우울증 차이를 비교해본 결과 달리기 집단이 다른 두 집단에 비해 우울증이 크게 낮아져 있었다.

운동은 남녀노소 할 것 없이 전 연령층에 걸쳐 우울증 개선 효과가 있다. 운동시간을 길게 하면 할수록 효과도 더 좋아진다. 하지만 운동 강도와 우울증 개선 간에는 뚜렷한 관계가 없다. 효과를 높이려고 심하게 운동을 할 필요가 없다는 뜻이다. 운동은 우울증 환자에게 심리치료 못지않은 효과를 가져올 수 있다. 물론 심리치료와 운동을 병행하면 더 좋은 결과가 기대된다.

여섯째, 운동은 스트레스를 해소하는 데 도움이 된다. 만병통치약은 없지만 만병의 근원은 있다. 그것이 바로 스트레스다. 체력과 스트레스는 뗄 수 없는 관계에 있다. 체력이 좋으면 일상생활에서 스트레스를 덜 느낀다. 스포츠로 단련된 사람은 그렇지 않은 사람에 비해 스트레스를 덜 받는 것으로 밝혀졌다. 체력이 강한 사람은 스트레스를 받는다 하더라도 스트레스로부터 빠르게 회복하는 능력을 갖고 있다.

운동이 스트레스에 대한 반응성을 낮추고 회복력을 높이는 이유는 교감신경계의 적응, 자아 효능감 향상, 체력 향상 측면에서 설명이 가능하다. 우선 운동을 규칙적으로 하면 교감신경계를 적응시켜 스트레스에 대한 반응성을 낮추어준다. 그리고 운동 목표를 성공적으로 달성하면 삶의 일부를 통제할 수 있다는 자신감이나 자아 효능감이 높아져서 스트레스 극복에 도움을 주게 된다. 마지막으로 운동의 스트레스 감소 효과는 향상된 체력 때문이라는 설명이다. 체력이 좋아지면 스트레스 요인을 극복할 수 있다는 믿음이 높아져 보다 효율적으로 스트레스를 관리한다는 것이다.

간접적인 행복추구 활동

친절한 행위가 사람을 기분 좋게 만든다는 생각은 전혀 새로운 것이 아니다. "행복해지고 싶다면 자비심을 품어라"라는 말은 티베트 불교 지도자 달라이 라마가 자주 되풀이하는 가르침이다. 힌두 금언에 따르면 "너의 행복은 다른 사람을 행복하게 만들어주는 데 있다"고 한다. 자원봉사자들을 조사해보면 자원봉사를 통해 우울증 증상이 감소되며 행복감, 자존감, 통제력, 주도권을 행사하는 느낌이 증가하는 현상, 즉 도와주는 사람이 행복을 느끼는 감정인 '핼퍼스 하이(helper's high)'와도 연관된다는 사실을 알 수 있다.

친절과 감사를 생활화한다

친절한 행위가 사람들을 행복하게 만드는 이유 몇 가지가 있다.

1 친절하고 너그럽게 행동하면 다른 사람들을 더 긍정적이고 자비롭게 인식하게 되며 당신이 속한 사회 공동체 안에서 상호 의존과 협동의 개념을 강화시켜준다. 친절한 행위를 하면 종종 다른 사람의 어려움과 고통으로 인한 죄책감, 고민, 불편함이 줄어들며 자신의 행운을 더 의식하고 감사하게 된다.

2 친절은 자기 인식에 긍정적인 효과를 미친다. 당신은 친절한 행위를 하면서 자신을 이타적이며 자비심이 있는 사람이라고 생각하기 시작한다. 이렇게 새로워진 정체성은 자신감, 낙관주의, 자신이 유용한 존재라는 느낌을 강화시킨다.

3 친절은 인간관계에서 긍정적인 결과를 폭포수처럼 쏟아지게 만드는 원동력이 될 수 있다. 다른 사람을 도우면 사람들이 당신을 좋아하고 인정하게 된다. 다른 사람을 도와주는 것은 다른 사람과 유대를 맺고 미소와 감사와 소중한 우정을 얻고자 하는 인간의 기본 욕구를 만족하게 해줄 수 있다.

감사의 표현은 행복을 달성하기 위한 중요 전략이다. 삶 속에서 누군가에게 고마워하는 행위이고 신에게 감사하는 행위이다. 감사는 부정적인 감정의 해독제이며 질투와 탐욕, 적의와 근심, 짜증의 중화제이다. 감사하는 마음을 가질수록 우울하거나 불안하거나 외롭거나 질투하거나 신경증적인 양상을 보일 가능성이 줄어든다.

행복한 사람은 남을 더 많이 도와준다. 행복한 사람이 다른 사람들과 함께 어울리는 행동은 자연스레 이타주의로 이어진다. 아이나 어른이나 행복한 사람이 더 많은 동정심을 베풀고 어려운 이웃을 돕는데 더 많이 기부한다는 사실도 알게 되었다. 사람은 행복할수록 자기중심적인 사고에서 벗어나며, 다른 사람들을 더 많이 좋아하고 낯선 사람들과도 자신의 행운을 나누고 싶어 한다. 그렇지만 자신이 불행하다고 생각하는 사람은 불신감이 깊어지고 오직 자기만을 생각하며 자기 자신의 욕구에만 몰두하게 된다.

미국의 철강 왕이며 자선가로 유명한 카네기는 뉴욕 필하모닉의 중요한 후원자였다. 어느 날 이 악단의 직원이 그에게 찾아와 6만 달러를 후원해줄 것을 요청했다. 그는 기부할 만한 다른 사람이 또 있을 테니 먼저 3만 달러를 받아오면 나머지 반을 주겠다고 말했다. 얼마 후 그 직원은 3만 달러를 후원받았다며 카네기를 다시 찾아왔다. 카네기는 수표에 서명하면서 물었다.

"그 돈을 기부한 사람을 말해줄 수 있겠는가?"

직원이 대답했다.

"물론입니다. 그는 바로 당신의 부인인 카네기 여사입니다."

부창부수였던 것이다. 카네기가 66세 때인 1901년 자신이 일생을 공들여 키워온 철강회사를 처분하고 받은 돈은 4억 9,200만 달러였다. 그리고 그가 평생 기부한 액수는 모두 3억 2,500만 달러였다고 한다. 자선과 기부에 얼마나 열심이었는지 알 수 있는 대목이다.

그런데 최근에 미국 마이크로소프트사의 빌 게이츠 회장이 528억 달러로 추산되는 재산의 대부분을 사회에 환원하겠다고 밝혀 또다시 지구촌에 큰 감동을 안겨주었다. 세계 제일의 부자이며, 사상 최대의 자선재단을 설립한 의인다운 결심이다. 미국인의 1인당 기부금은 1972년에 96달러, 1982년에 102달러, 1992년에 130달러, 2002년에 199달러, 2007년에 229달러로 해마다 조금씩 증가하고 있다.

선행을 하면 뇌의 'A10 영역'이라는 곳에서 엔도르핀과 엔케팔린이라는 물질이 분비되어, 면역력이 상승하면서 진통작용도 생긴다고 한다. 뿐만 아니라 이웃에게 너그럽게 베푸는 사람들은 뜻하지 않게 일찍 사망할 확률이 60퍼센트가량 줄어든다는 연구결과가 있다. 심리학자 브라운 박사가 최근 발표한 연구보고에 따르면 423쌍의 노인부부를 대상으로 5년간 분석한 결과 생존한 사람들 가운데 75퍼센트가 조사시점 이전에 아무 대가 없이 남을 도와준 일이 있다는 것이다. 그는 남을 돕는 것이 장수의 비결이라고 결론을 내렸다. 자선을 하면 실제로 건강하고 장수할 수 있다는 이론이다. "주는 것이 받는 것보다 복 받는 것이다"는 성경의 말씀이 과학적으로 확인된 셈이다.

나눔을 실천하는 아름다운 삶의 주인공들은 대부분 어려움 속에서 작은 것이라도 자신의 것을 나누고 베푸는 데 아낌없는 사람들이다. 물질의 나눔보다 더 중요한 것은 사실 마음의 나눔이다. 고 케네디 대통령의 비석에는 "국가가 나에게 무엇을 해주기를 바라기에 앞서 내가 국가를 위해 무엇을 해야 할 것인가를 생각하라"는 말이 새겨져 있다.

자리리타(自利利他)라는 말이 있는데 이것을 해석하는 방법은 세 가지가 있다. 내가 이로워야 비로소 타인도 이로울 수 있다는 나 중심의 해석방법이다. 그리고 내가 이로운 것은 남도 이로운 것이라는 나와 타인과의 동등한 관계를 인정하는 해석방법도 있다. 그런데 가장 바람직한 해석방법은 내가 이롭기 위해서 타인이 먼저 이로워야 한다는 해석이다. 우리는 평소에 타인을 어떠한 위치에서 해석하고 있는지 다시 한 번 반성해볼 필요가 있다. 남에게는 늘 장점과 긍정적인 말을 해주려고 노력하고, 나에게서 고쳐야 할 점이나 반성해야 할 점을 생각하면서 살아간다면 그것이 곧 행복한 삶의 길이 될 것이다.

감사하는 마음이 행복을 증진시키는 이유 몇 가지가 있다.

1 감사하게 생각하면 삶의 긍정적인 경험들을 더욱 음미할 수 있다. 삶에서 받은 선물들을 맛보고 그로부터 즐거움을 느낌으로써 현재 상황에서 최대한의 만족과 즐거움을 끌어낼 수 있다.

2 감사를 표현하면 자기의 가치와 자존심이 강화된다. 사람들이 당신을 위해 얼마나 많은 도움을 주었는지 깨달을 때 자신감이 커지고 스스로 유능하다고 느끼게 된다.

3 감사는 스트레스나 정신적 외상에 대처하는 데 도움이 된다. 삶의 환경에 감사하는 능력은 스트레스를 유발하는 부정적인 체험을 긍정적으로 해석하는 적응방법이 될 수 있다.

4 감사의 표현은 도덕적인 행동을 촉진한다. 감사하는 사람은 다른 사람을 도울 가능성이 더 높다. 어쩌면 다른 사람의 친절하고

깨끗한 행동을 더 잘 의식하게 되기 때문에 보답을 해야겠다고 느끼는 것일 수도 있다. 또한 물질주의에 치우칠 가능성이 적어진다. 자신이 가진 것에 감사하면서 더 많은 것을 얻으려는 욕심은 줄게 된다.

5 감사는 사회적인 유대를 쌓고 기존의 관계를 강화하며 새로운 관계를 맺는 데 도움이 된다. 몇몇 연구를 통해서 특정인에게 감사를 느끼고 있는 사람은 그 사람과 더 가깝고 깊이 있는 관계를 체험한다는 사실이 드러났다.

6 감사를 표현하면 다른 사람과의 비교를 억제하는 경향이 나타난다. 자신이 가진 것에 진정으로 감사하고 이해하게 되면 이웃이 가진 것에 관심을 가지거나 부러워하게 될 가능성이 줄어든다.

7 감사의 실천은 부정적인 감정과 공존하기가 어렵다. 감사는 분노, 비통함이나 탐욕과 같은 감정을 억제하거나 감소시킨다. 어떤 정신과 의사가 주장하듯이 감사는 부정적인 느낌을 녹여준다. 분노와 질투는 감사의 품 안에서 녹아버리며 두려움과 방어본능은 위축된다.

8 감사는 쾌락적응을 저지하는 데 도움이 된다. 감사의 실천은 사람들이 자기의 삶에 주어진 좋은 것들을 당연하게 여기지 않게 함으로써, 즉 긍정적인 여건들에 적응하지 않게 해줌으로써 쾌락적응의 효력을 직접적으로 상쇄시켜줄 수 있다.

용서하는 생활을 한다

사람은 서로 다른 사람과 유대관계를 맺으면서 살아간다. 그리고 그 관계 속에서 얼마든지 배신을 하거나 배신을 당할 수 있다. 중요한 것은 배신을 당하는 것보다 배신을 당했을 때 어떻게 반응하는가 하는 것이 문제다. 이때 많은 사람들이 복수를 생각하지만 나쁜 감정을 계속 생각하는 것은 육체적으로나 정신적으로 바람직하지 않기 때문에 배신으로 인한 상처에서 오는 나쁜 감정들을 빨리 없애야 한다.

부처는 "분노에 집착하는 것은 누군가에게 던지기 위해 뜨거운 숯을 움켜쥐고 있는 것이나 마찬가지다. 불에 데는 것은 바로 너 자신이다"라고 말했다. 용서 중에서도 남을 용서하는 것은 쉬울지 모르나 자신을 용서하는 것은 더 어렵다고 한다. 용서는 사회 통념상 바람직한 방법으로 나쁜 감정들을 없애는 것을 가능하게 하기 때문에 꼭 필요하다. 나쁜 감정을 마음 속 깊이 간직하고 있으면 정신적 건강이나 육체적 건강에 모두 좋지 않은 영향을 끼친다. 풀어내지 않으면 후에 화병으로 고생할 수 있다. 참는 자에게는 복이 오는 것이 아니라 질병만 온다는 사실을 알아야 한다. 다시 말해 인자위덕(忍者爲德)이 아니라 인자위병(忍者爲病)임을 명심해야 한다.

미국의 로울러에 의하면 용서는 배신이나 해를 입혔을 때 반응하는 것으로서 두 가지 형태가 있다고 한다. 첫째는 마음속으로 나쁜 감정, 부정적인 생각, 복수를 하고 싶은 감정을 없애는 것이고, 둘째는 상대방에게 좀 더 다가가 상대방이 잘 되기를 바라거나 용서해주는 것이다. 여기서 더 나아가면 완전히 화해하고 관계를 다시 시작할 수 있다. 그러나 용서를 통해 원래 있던 곳으로 되돌아가는 것은 불가능하다. 상처받기 전과 '똑같은' 지점으로 돌아가는 것으로 마무리된다기보다는 '다른' 지점으로 돌아가 마무리되는 것이다.

용서를 하면 당신이 용서하는 대상뿐 아니라 당신에게도 유익하다는 사실은 긍정심리학이 발견한 놀라운 사실 중 하나다. 연구에 따르면 타인을 용서하는 태도를 가진 사람은 친구와 이웃, 직장동료들을 더 잘 사귈 뿐 아니라 스스로도 더욱 행복하고 건강하게 오래 살며 사회적으로도 성공한다는 것이다. 행복하기 때문에 남을 용서할 수 있는 걸까 아니면 용서하기 때문에 행복해지는 걸까? 연구에 따르면 후자가 옳다고 한다.

용서는 심리학에서는 상대적으로 새로운 연구 분야다. 용서 연구자인 버지니아 대학 심리학과의 워딩턴 교수는 자신에게 잘못한 사람을 용서하지 못하는 사람은 행복지수가 낮다는 사실을 발견했다. 다시 말해서 일반적인 사람들보다 스트레스 관련 장애에 더 취약하고 면역체계 기능이 낮으며 심혈관 질환에 걸릴 가능성이 높다는 것이다. 결국 용서하지 못함으로써 우리는 스스로를 벌하게 되는 것이다.

그에 따르면 용서를 했을 때는 육체적인 변화도 따라온다고 한다. 혈압과 심장 박동 수가 줄어들며 용서를 잘하는 사람일수록 우울증과 스트레스가 적게 나타나고 긍정적이고 행복함을 더 느낀다. 근육 긴장도에서도 용서를 한 사람은 다르다. 특히 용서한 사람이 용서하지 못한 사람에 비해 얼굴근육 긴장도가 낮게 나타났다. 숙면과 질병에서도 용서한 사람이 숙면을 취하고 두통, 요통, 감기와 같은 병치레가 적었다. 용서가 혈압과 심장에 미치는 영향도 있다. 화가 났던 일을 말하게 하고 그것을 용서했는지 용서하지 않았는지 물었을 때 화났던 일을 회상하면 혈압이 상승하고 심장박동이 빨라진다. 그러나 용서했던 것을 말하면 몸이 회복된다. 그래서 용서는 빠른 시간 안에 몸의 변화를 드러낸다.

용서 전문가로 20여 년간 용서를 연구하고 『용서는 선택이다』라는 책을 집필한 위스콘신 대학교의 엔라이트에 의하면 가장 극적이고 정서적인 변화는 우울증 진단을 받은 사람이 우울증에서 벗어나는 것이라고 한다. 용서함으로써 에너지가 생기고 집중을 더 잘할 수 있으며, 마음이 편해지고 인생을 잘 보낼 수 있게 되는 것이다. 그는 또 용서의 생리학적 건강을 알아보기 위해 심장병 환자를 대상으로 용서하는 집단과 그렇지 않은 집단으로 나누어 실험을 했다. 그 결과 용서집단의 심장상태가 다른 집단에 비해 더 나아졌음을 발견했다.

용서를 배우기 위해서 우리는 보통 다섯 가지 단계를 거쳐서 그 길을 터득할 수 있는데, 이 단계를 리치(REACH)라 부른다.

R은 자신이 받은 상처를 돌이켜 생각하는 것, 즉 회상(Recall)을 뜻한다. 이때는 최대한 객관적인 자세를 취해야 한다. 가해자를 악한으로 생각해서도 자기연민에 휩싸여서도 안 된다. 천천히 심호흡을 하면서 마음을 가라앉히고 그때의 사건을 되짚어보아야 한다.

E는 감정이입(Empathize)을 의미한다. 나에게 피해를 준 이유가 무엇인지 가해자의 입장을 헤아려보려고 노력하는 것이다. 이것은 그다

지 쉬운 일은 아니다. 그래도 가해자에게 해명할 기회를 주었을 때 그가 했을 법한 이야기를 꾸며본다.

A는 용서가 곧 이타적인 선물(Altruistic gift)임을 상징하는 머리글자인데, 이것 또한 몹시 어려운 단계다. 먼저 자신이 다른 누군가를 해코지하고 죄의식에 시달리다 용서받았던 때를 돌이켜보라. 그 용서는 자신이 다른 사람에게 받은 선물인 셈이다. 용서를 필요로 하는 사람은 자신이고, 그 용서라는 선물을 고마워하는 것 또한 자신이기 때문이다. 용서는 대개 주는 사람의 기분도 한결 좋아지게 하는 선물이다.

C는 공개적으로 용서하는 것(Commit)을 의미한다. 가해자에게 보내는 용서의 편지를 쓰거나, 일기, 시, 노래로 용서를 표현하거나, 절친한 친구에게 자신이 한 용서에 대해 털어놓는다. 이런 것들이 모두 용서계약자가 되는 셈인데, 이것이 마지막 단계로 나아가게 해주는 밑거름이 된다.

H는 용서하는 마음을 굳게 지킨다(Hold)는 의미다. 이 마지막 단계 또한 어렵다. 그 사건에 대한 기억이 어느 순간 불쑥 되살아나곤 하기 때문이다. 용서란 원한을 말끔히 지워버리는 것이 아니라 기억 끝에 달린 꼬리말을 긍정적으로 바꾸는 것이다.

용서함으로써 얻게 되는 신체적 이익은 당장 나타난다기보다 더 나이 들어서 50~60세쯤에 나타난다. 용서하지 못하는 상황과 사람에 대해 자꾸 생각하면 스트레스 유발 호르몬인 코르티솔이 면역관계에 영향을 주어 스트레스 관련 질병에 걸릴 확률이 높고, 혈관에 콜레스테롤이 쌓여 50~60세경이 되면 심장병이 될 확률이 높아진다.

10년 동안 '스텐포드 용서 프로젝트'를 진행해온 러스킨 교수는 용서의 기법을 다음과 같은 단계로 진행하면 더 큰 효과를 볼 수 있다고 한다. 그리고 이 단계들을 연습하고 자신에게 적용해보면 스스로 관대해지는 것을 느낄 수 있다고 한다.

1 어떤 일이 있었는가를 스스로 알아야 한다. 가령 "우리 아버지는 좋은 부모가 아니다"라는 말은 너무나 막연하다. 구체적으로 부모가 어떤 잘못을 했는가에 대한 생각이 있어야 한다.

2 용서는 자기 자신을 위한 것이지 상대방을 위한 것이 아니라는 사실을 깨달아야 한다. 상대방이 더 나은 인생을 살기 원해서 용서하는 것이 아니라 자신이 더 나은 인생을 살고 싶어서 용서하는 것이다.

3 용서한다는 것은 괜찮지 않은 것, 잘못된 것에 대한 것이다. 그냥 묵과할 수 있고 참아줄 수 있는 것이라면 굳이 용서할 필요는 없다.

4 화가 치밀 때마다 스트레스를 다뤄줄 수 있는 신체적인 행동을 한다. 짧게 15~20초간 심호흡을 한다든지 사랑하는 사람을 생각한다든지 해서 자기 신체를 가라앉혀 준다.

5 차분해졌을 때 스스로에게 물어보아야 한다. 내가 정말로 우주의 중심인가? 모든 것들이 내 방식대로 이뤄져야만 하는 것인가? 아니면 인생을 현실 그대로 받아들이고 살아갈 것인가를 자문한다.

6 현실의 세계 안에서 어떻게 하면 자신이 원하는 것을 성취해 갈 수 있을 것인지 생각한다. 현실의 인생에서 자신이 어떻게 하면 최대한의 행복과 성공을 얻을 수 있을 것인가를 찾아본다.

7 어느 것에서나 좋은 점을 찾아보고, 사람들에게 감사하고 고맙게 여기며, 웃어줄 만한 모든 것들을 미소로 대한다.

8 너무 많은 불평을 하지 않는다. 대신 자기 입으로 보다 친절한 말을 한다.

과도한 생각과 사회적 비교를 피한다

과도한 생각이란 쓸데없이 수동적으로 끝없이 자신의 성격, 느낌, 문제 등의 의미나 원인 또는 결과에 대해 지나치게 생각하는 것이다. 지난 20여 년간의 연구에 의하면 과도한 생각은 여러 가지 부정적인 결과를 가져온다고 한다. 과도한 생각은 슬픔을 지속시키거나 악화시키고, 지나치게 부정적인 쪽으로 생각을 강화한다. 그리고 문제해결 능력을 손상시키고, 동기를 약화시키며, 집중력과 창조성을 방해하는 것으로 알려져 있다.

흔히 사람들은 심사숙고를 하면 자신이나 문제에 대해 보다 깊은 통찰의 기회를 갖는다고 믿고 있지만 실제로 그런 경우는 별로 없으며, 오히려 자기 삶에 대해 왜곡되고 비관적인 견해만을 얻게 된다. 슬프거나 낙심했을 때 곰곰이 생각하는 사람들은 포위당한 듯하고,

무기력하다고 느끼며, 비관적으로 생각하거나 자신을 비하하는 등 대체로 부정적인 생각으로 치우칠 가능성이 높다. 테레사 수녀도 "자신의 문제를 지나치게 생각할수록 부정적인 생각을 하게 될 가능성이 높다"고 말한다. 진정으로 행복한 사람들은 어둡고 불안한 생각을 떨쳐버릴 수 있는 활동에 자신의 에너지와 관심을 활용하는 사람들이다.

때때로 남과의 비교를 통해 자신의 목표달성을 위한 전략이나 약점을 개선할 수 있지만, 대부분의 경우 다른 사람들이 어떻게 하고 있는지, 무엇을 했는지를 지켜보는 것은 아주 해로울 수 있다. 특히 상향비교는 열등감, 고민, 자존심 상실을 유발하는 반면 하향비교는 죄책감, 다른 사람의 시샘과 분노에 대처해야 한다는 생각이나 자기도 똑같은 운명을 겪게 될지 모른다는 두려움을 일으킬 수 있다. 사회적 비교를 많이 할수록 불리한 비교를 더 많이 하게 되고 비교에 더 예민해지며 부정적인 결과에 고통받게 될 가능성이 높아진다. 실제로 우리가 아무리 성공하고 부유하고 운이 좋아도 언제나 우리보다 나은 사람이 있기 때문에 사회적 비교를 하면 기분이 나빠질 수밖에 없다.

과도한 생각과 사회적 비교를 떨쳐버릴 수 있는 몇 가지 방법을 소개하면 다음과 같다.

1 사로잡혀 있는 생각으로부터 벗어나는 것이다. 과도한 생각을 멈추는 첫 번째 전략은 바로 분위기를 전환하고 다시 분위기를 전환하고, 또 분위기를 전환하는 전략이다. 이때 선택하는 분위기 전환용 활동은 다시 생각 속으로 빠지는 것을 막을 수 있게 완전히

몰입할 수 있는 것이어야 한다.

2 "멈춰!" 기법이다. 과도한 생각에 다시 빠져드는 자신을 발견할 때 스스로에게 "멈춰!" 또는 "안 돼"라고 말하거나 소리를 크게 지르는 것이다. 지적 능력을 총 동원해서 무엇인가 다른 것을 생각하도록 한다.

3 잠시 지연시키는 기법이다. 부정적인 생각들이 서로 밀고당길 때 "나중에 이것을 생각할 30분의 기회가 있으니까 지금은 멈출 수 있어"라고 자신을 타이를 수 있다. 시간이 지나면 억지로 깊이 생각하는 것이 오히려 어렵고 부자연스럽게 느껴지며 심사숙고하려고 치워두었던 문제들이 이전보다 덜 중요하다는 생각이 들 것이다.

4 당신을 이해해주고 신뢰할 수 있는 사람에게 생각과 고민을 털어놓는 것이다. 그렇지만 여기에는 주의할 점이 있다. 우선 속을 털어놓을 상대를 조심스럽게 골라야 한다. 그 사람이 당신의 기분을 더 나쁘게 만들거나 결과적으로 과도한 생각을 더 부추기는 꼴이 되지 않도록 객관적으로 생각할 능력이 있는 사람을 골라야 한다.

5 글로 쓰는 것이다. 근사한 일기장, 컴퓨터 파일, 메모지 등 어느 것에라도 과도한 생각을 적어 놓은 다음에 그것들을 다시 정리하고 이해하게 되면 전에는 느끼지 못했던 것들을 관찰할 수 있다. 글로 적게 되면 과도한 생각을 할 때 나타났던 감정이 객관적이고 합리적인 방향에서 다시 한 번 조정될 수 있는 장점이 생길 수 있다.

빠른 삶을 버리고 느린 삶을 즐긴다

밀림이나 사막에 거주하는 원시인들은 생계를 위해 하루에 불과 네 시간 이상을 쓰지 않았다. 남은 시간에는 쉬거나 잡담을 나누고 노래를 부르거나 춤을 추며 시간을 보냈다. 그리고 산업화에 들어선 1844년, 영국에서 처음으로 최신식 증기기관차가 시속 약 70킬로미터의 속도로 객차를 끌고 출발하자 기자들은 무리한 속도에 공포감을 감추지 못했고 의사들은 너무 빠르게 움직이면 질식사할 가능성이 있다며 기차를 타지 말라고 당부했다.

오늘날에는 평범한 일상의 사건들조차 이보다 훨씬 더 빠른 속도로 진행된다. 현대의 자본주의에서는 빠른 마음과 행동이 부를 이루는 성공의 중요한 열쇠가 되어 버렸다. 빠른 마음과 행동, 즉 '보폭 증후군'에 걸려야만 성공을 약속한다는 개념을 'A형 행동유형(Type A Behavior Pattern : TABP)'이라고 부르며, 이와는 반대로 느린 행동을 'B형 행동유형(Type B Behavior Pattern : TBBP)'이라고 부른다. 최근에는 'C형 행동유형(Type C Behavior Pattern : TCBP)'도 보고되고 있는데, C형은 친절하고 자기희생적이며, 협조를 잘하고 외적 권위에 잘 따르는 성격으로 묘사되고 있다.

프리드먼과 로젠만은 A형 행동유형을 "보다 적은 시간에 보다 많은 일을 만성적으로 성취하려 하며, 이러한 행동에 이의를 제기하거나 방해하는 사람이나 대상에 대해서는 강하게 저항하려는 사람들에게서 관찰될 수 있는 행동 – 정서 콤플렉스"라고 규정했다. 즉 A유형 행동은 보다 짧은 시간 내에 더욱 많은 일을 성취하려는 만성적이고 지칠 줄 모르는 노력을 경주하며, 빠른 말을 구사한다. 이들은 느린 것을 참지 못하고, 동시에 한 개 이상의 일에 집중하며, 자아 선입견 적이다. 또한 자신의 생활에 불만족하고, 바둑이나 테니스 같은 비경 쟁적인 상황에서도 타인과 경쟁하는 이른바 '일 벌레'를 지칭한다.

이처럼 A형 행동유형은 빠르고 경쟁적일 뿐만 아니라 대단히 감정 적이며 경쟁상대에 대한 적대심이 매우 높다. 이들은 어떤 상황에서 도 빠르게 움직이기 때문에 사회에서 그만큼 성공하기 쉬울 것이라고 예상하지만, 신체 건강에는 부정적 영향을 미칠 수도 있을 것이다. 이 제 이런 문제들을 하나씩 살펴보겠다.

A형 행동유형과 사회적 성공

A유형 특성자들에 대한 연구의 초점은 A유형 특성이 직업상 승진 및 성취와 어떤 관련이 있느냐 하는 문제다. 여기에는 A유형이 사회 적 성공에 긍정적 영향을 미친다는 입장과 반대로 사회적 성공에 부 정적인 영향을 미친다는 서로 상반된 두 가지 이론이 있다.

긍정적 효과를 미친다는 이론은 메트린과 같은 학자들이 지지하고 있는데, 그들은 A유형 행동이 현대인의 직업 성공에 필수적이라고 하 면서 대부분의 연구에서 직업수준과 A유형 점수 간에는 분명히 높은 상관관계가 있음을 주장한다.

한편 이런 견해와는 반대로 A유형 행동은 높은 직업성취에 필요한 창의성과 예리한 판단력에 오히려 해가 된다고 주장하는 프리드먼과

로젠만 같은 학자도 있다. 이들은 A유형이 직업적으로 성공하는 것은 그들이 일을 더 잘해서가 아니라 일을 그만큼 더 많이 하기 때문이라고 주장한다. 다시 말하면 메트린은 '질의 가설'을 주장하는 데 반해 프리드먼 등은 '양의 가설'을 주장한다.

지금까지의 연구를 종합해보면 A유형이 모든 종류의 직업성공을 위해 반드시 필요한 조건이 아니라는 증거는 확실하다. 어떠한 연구에서도 높은 직업신분이 유일하게 A유형에 의해서 결정될 수 있다는 사실은 발견하지 못했다. 캐나다에서 가장 큰 회사를 대상으로 수행한 연구에서 가장 빠르게 승진한 중견사원들 가운데 3분의 1은 여전히 B유형으로 분류된 사람들이었다. 미국의 전 대통령인 레이건이 B유형적인 습관과 태도를 유지한 대표적인 인물이다.

A형 행동유형과 관상동맥성 심장병

흔히 심장병이라고 말하는 관상동맥성 심장병은 심장에 산소가 불충분하게 공급되는 결과로 나타난다. 그렇게 되는 원인들이 완전히 밝혀지지는 않았지만, 주요 원인은 동맥혈관 내벽에 프라그나 스케일링이 서서히 축적되어 그 결과 동맥이 좁아지기 때문인 것으로 알려져 있다. 슐츠와 같은 학자는 흡연, 비만, 운동부족과 같은 물리적 요인들이 심장병을 일으킬 수 있다고 하지만, 이런 요인들은 전체 사례의 25퍼센트도 설명할 수 없으며, 심장병의 주원인은 A유형 성격과 관련된 스트레스에 있다고 말한다.

A유형 행동이 심장병을 일으키는 과정에 대해 가장 잘 설명한 학

자는 아마도 그래스일 것이다. 그는 다음과 같은 두 가지 가설로 A유형 행동이 심장병을 일으키는 과정을 설명한다.

첫 번째 가설은 A유형이 통제 상실의 위협에 대처하기 위해 사용하는 대응반응이 사회적, 심리적 또는 생리적 과잉반응을 불러일으켜, 그런 것들이 심장병에 걸리기 쉬운 조건을 만든다는 것이다. 즉 통제 상실의 신호가 있게 되면 A유형 특성자들은 숙명적으로 보다 많은 정신적·신체적 노력과 신속성, 그리고 높은 경쟁심을 동원하여 통제력을 다시 회복시키려는 초기 반응을 보인다. 그럼에도 불구하고 통제가 불가능하게 되면 이들은 이러한 사실을 순수하게 받아들이고 그동안 투입했던 적극적인 노력을 급격히 포기하면서 학습된 무기력에 빠져들게 된다.

두 번째 가설은 A유형이 B유형보다 자기몰입적인 특성이 있음에 주목한다. 자기몰입성은 현재의 자신과 이상적 자신을 끊임없이 비교하면서 결과적으로 성취 지향적 성향으로 되든지 아니면 인내심을 잃어버린 A유형으로 귀착될 수 있다. 이렇게 자신에게 초점을 맞추게 되면 감정적 반응을 강화시키게 되고, 이것은 다시 생리적 반응을 증가시켜 결과적으로 심장병에 걸리기 쉬운 조건을 만들게 된다는 것이다. 이후의 지속적인 연구에 의하여 A유형 행동특성 중에서 특히 분노와 적대감이 심장병을 가장 잘 예언하는 요인이라는 사실을 밝혀냈다.

A유형 행동 수정과 느린 생활 즐기기

사람들은 보통 바쁜 것은 좋은 것이며 생산적인 것이라고 생각한다. 너무나 많은 생각들이 여러 방향으로 치닫고 있어서 항상 다음 일을 생각하며 서두르게 되고, 그 때문에 다른 사람들의 말을 제대로 들어주지 못하는 경우가 많다. 다른 사람들의 말이 끝날 때까지 도저히 기다릴 수가 없어서 그들이 하고자 하는 말을 대신해버리곤 한다. 지금 중요하고 바쁜 일을 끝내고 나중에 좀 더 조용한 인생을 즐길 수 있을 것이라고 생각하지만 그런 날은 절대로 오지 않는다. 그런 때가 와도 그는 늘 지금처럼 바쁠 것이기 때문이다.

여기서 우리는 앞으로 남은 행복한 삶을 위해 이런 A형 행동을 잠시 점검하는 여유를 가져야 한다. 예전의 생활이 백미러를 한 번도 보지 않고 도로를 질주하는 경주용 자동차 같았다면, 앞으로는 인생의 목적지로 향하는 동안 주변의 풍경까지 감상하는 여유를 지닌 시골길을 달리는 자동차와 같아야 한다. 그렇게 하면 좀 더 천천히, 자신이 스스로 조절할 수 있는 속도로 인생을 사는 것이 가능할 뿐만 아니라, 사실은 이러한 방법으로 사는 것이 아주 간단하다는 것을 알게 될 것이다.

이제부터 이러한 즐거운 생활을 영위하기 위해 스스로를 점검해 보아야 할 몇 가지 이론적 가정을 살펴보기로 하겠다.

첫째, 사람은 누구나 건강하게 살고자 하는 선천적 동기를 가지고 태어났다는 점을 인식해야 한다. 우리는 태어나면서부터 정신적 건강과 행복한 삶을 누릴 권리를 가지고 있다. 그렇다고 해서 정신적으로 건강해지는 방법을 굳이 따로 배워야 할 필요는 없다. 우리의 몸이 상처를 치유하는 법을 자연스럽게 알고 있듯이 정신적 건강을 유지하는 방법도 우리 내부에 원래부터 존재하고 있다. 정신적 건강을 유지하는 방법을 배울 수는 없다. 그저 우리 내부에 잠자고 있는 천성적인 능력을 다시 일깨우면 된다. 마음만 먹으면 눈 깜짝할 사이에 원래대로 회복할 수 있다. 자연스럽게 타고난 정신적 건강을 유지하는 방법을 이해하고 순간에 충실하면서 사는 능력을 '지혜' 또는 '성숙'이라고 부른다. 이 내재적인 정신적 건강의 힘이야말로 행복하고 생산적인 삶을 살 수 있도록 해주는 무한한 잠재력의 근원이다.

둘째, 생각의 명령에 따라 느끼고 행동해야 한다. 생각은 인생이라는 이름의 펜 속에 들어 있는 잉크와 같다. 그리고 우리는 그 펜으로 그림을 그리고 있다. 우리가 생각하는 것들이 감정이 되고 느낌이 되며 결정이 되고 행동이 된다. 부정적인 생각을 하지 않는다면 부정적인 감정을 경험하는 것은 불가능하다. 생각은 언제나 우리가 인식하는 현실을 창조해낸다. 우리가 성급하게 구는 것은 단지 우리가 성급한 생각을 하고 있기 때문이다.

그런데 우리는 외부의 여건이 느낌을 만들어낸다고 믿고 있기 때문에 외부 여건만 바꾸면 정신적인 건강과 행복을 회복할 수 있다고 생각한다. 긴장을 풀기 위해 진정제를 먹는다든지, 다른 사람들에게 신경질을 부린다든지, 시간을 절약해주는 기계를 사들인다든지, 직장을 그만두는 것 등 외부 여건을 바꾸어서 건강과 행복을 다시 찾으려

한다. 그러나 우리의 경험을 결정하는 것은 이 같은 외부의 여건이 아니라 자신의 생각이다. 우리가 어떤 환경에 처해 있든지 그 환경에 대한 경험을 만들어내는 것은 결국 자신의 생각이다. 생각이 없으면 경험도 없는 것이다.

셋째, 내가 생각한 느낌대로 내 생각을 결정하는 것이다. 생각의 부정적 효과가 위력을 발휘하는 것은 생각을 깨닫는 능력을 잃어버렸을 때, 즉 우리가 생각하고 있다는 사실과 함께 우리의 생각이 경험을 만들어내고 있다는 사실을 잊어버렸을 때다. 우리는 항상 생각하고 있다는 사실을 명심해야 한다.

자신이 생각하고 있다는 사실을 잊어버리기는 아주 쉽다. 우리는 자신이 '생각'을 하고 있다는 사실을 잊어버리고 자신의 불행을 주변의 상황 탓으로 돌린다. 그렇게 되면 정신은 우리의 손이 닿지 않는 곳으로 달아나서 혼자 움직이기 시작한다. 우리가 항상 바쁘게 쫓기는 듯한 느낌을 받는 가장 큰 원인은 바로 이 때문이다.

인생이 공평하지 못하다는 생각이 떠오르게 되면 그것에 매달려서 "왜 내 인생은 항상 엉망일까?"라는 생각까지 하게 된다. 또는 자신이 해야 할 수많은 일들을 떠올린 다음 "왜 나는 항상 쫓기듯 살아야 하는지 모르겠어"라고 불평하기도 한다.

이때의 해결책은 자신의 생각과 느낌 사이의 상관관계를 깨닫는 것이다. 생각을 하는 사람이 바로 자신이고, 느낌을 결정하는 것이 '생각'이라는 사실을 기억한다면 한 걸음 물러서서 삶의 속도를 늦추고 사물을 넓게 볼 수 있는 시야를 되찾을 수 있다. 그러면 생각 속에 빠지는 대신 자신의 생각을 관찰할 수 있다. 이를 통해 자신이 처한 상황과 인생의 속도에 대해 새로운 선택을 할 수 있게 된다.

넷째, 감정이란 것은 마음의 속도를 조정하는 자명종이라는 사실을 깨닫는 일이다. 삶의 순간마다 우리는 갈림길에서 어느 길로 갈 것인가를 선택해야 한다. 감정은 마음이 너무 빠르게 움직이고 있어서 속도를 늦출 필요가 있을 때 이를 알려주는 역할을 한다. 타이머를 맞춰 놓으면 정해진 시각에 소리를 울려서 알려주듯이 건강하지 못한 방법으로 생각하고 있을 때, 우리 몸속에 내장된 벨이 울리는 것이다. 이 감정에 귀 기울이고 감정이 하는 말을 믿으면 정신적 건강이 주는 평화와 즐거움, 그리고 행복을 경험할 수 있을 것이다. 그러면 더 이상 인생이 응급실을 향해 달리는 구급차처럼 보이지는 않을 것이다.

현재 지구 상에는 속도지향적인 사회 대신에 느린 삶을 지향하는 목소리가 점차 확산되고 있다. 1999년 이탈리아의 소도시 키안티에서 시작된 '슬로우 시티(slow city)'가 대표적인 운동이다. 슬로우 시티 운동은 처음에 슬로우 푸드(slow food)운동을 기반으로 했다. 이 운동은 통조림, 냉장식품, 가공식품, 아이스크림, 술, 담배, 청량음료 등을 안 먹고 안 피우고 안 마시자는 운동에서 시작했는데, 2009년 현재 16개국 116개 도시가 슬로우 시티 국제연맹에 가입되어 있다.

스트레스를 잘 관리한다

2장에서 살펴본 바와 같이 우리의 조상 호모 사피엔스는 처음부터 이기적이고, 부정적이고, 폭력적이고, 경쟁적이고, 공격적이고, 불만과 의심이 많은 생활을 해왔다. 그래서 우리의 몸속에는 코르티솔이라는 호르몬이 널리 흐르고 있다.

코르티솔이란 무엇인가? 그것은 바로 스트레스 유발 호르몬이다. 스트레스 호르몬은 환경에 대한 인식을 강화하고 시력과 청력을 향상시키며 근육을 좀 더 잘 움직이도록 해서, 우리의 몸을 좀 더 효과적으로 사용하도록 해준다. 더 일반적으로 말하면 스트레스는 삶의 요구를 처리하는 하나의 기제다.

원시시대 사람들은 개인적으로 맞닥뜨리는 걱정거리로 인해 스트레스를 받았기 때문에 스트레스는 개인적 시야의 한정된 범위 내에서 일어나는 극히 제한적인 것이었다. 그러나 이제 현대를 사는 모든 사람들은 '과장된 헤드라인에 의한 불안' 때문에 전 세계에서 발생하는 끔찍한 사건과 미래의 위협 요소들을 한눈에 알게 되었다. 걱정할 필요가 있을 것 같은 스트레스 목록이 엄청나게 늘어난 것이다.

점점 더 많아지는 걱정거리는 우리 인간을 점점 더 이성적이지 못하고 불합리한 공포를 느끼게 만들었다. 이는 생물학적으로 더 많은 스트레스 호르몬을 분비시키는 결과를 초래하게 된다. 다시 말해서 우리는 현대를 살면서 더욱 더 많은 스트레스를 느끼고, 거기에 적응하기 위해 또 다른 과외의 스트레스 호르몬을 생산·분비해야 하고,

있을지도 모를 예상 위협요소들에 대해 공포증을 학습하면서 살아가고 있다.

스트레스를 받게 되면 우리 몸은 이를 어떻게 처리하는가? 스트레스라는 자극이 감각기관을 통해 뇌로 들어오면, 이러한 자극은 대뇌의 시상하부라는 곳에 모이게 된다. 이곳에서 과거의 자료와 종합하여 현재의 자극을 분석하고, 사고와 기억 등을 거쳐 우리의 감정이나 행동을 변화시킨다. 이런 결과에 따라 긴장감이 고조되고, 집중력, 주의력, 분석력 등이 향상된다.

이러한 과정에는 몇 가지 경로가 관여하는데, 여기서는 신경계, 호르몬계 및 면역계의 역할을 중심으로 그 과정을 살펴보겠다.

신경계와 스트레스와의 관계

사람의 신경계는 골격근을 통제하는 '체성신경계'와 내장기관을 통제하는 '자율신경계'로 분류된다. 그중에서 사람이 스트레스 상황에 처하게 될 때 의식적 노력과는 무관하게 자동적으로 우리의 감정과 행동을 조정하고 통제하는 신경이 자율신경계다. 따라서 스트레스와 신경계와의 관계는 대개 자율신경계와의 관계를 말한다. 자율신경계는 활동형의 교감신경과 휴식형의 부교감신경의 균형에 의해 내장기관의 작용을 조절한다.

교감신경계는 힘을 주는 부분인데 인체로 하여금 도전이나 위험한 상황에서 잘 대처할 수 있도록 준비시키는 기능을 한다. 교감신경의 활동에 의해 놀아드레날린과 아드레날린이라고 하는 이른바 스트레스 호르몬이 분비되어 내장기관 전체가 활성화된다. 즉 동공이 커지고, 호흡과 심장의 박동이 빨라지고, 산소를 더 많이 흡수한다. 그 결과 혈류의 양은 증가하고 혈압도 상승한다.

그러나 부교감신경의 지배를 받는 소화기관 등의 작용은 저하된다. 그리고 혈액은 교감활동을 위해 사용되는 뇌, 심장, 근육 등에 집중되기 때문에 피부 말단과 소화기관 등에는 혈류량이 급격히 감소된다.

호르몬계와 스트레스와의 관계

스트레스를 받는 동안 시상하부는 에피네프린과 노르에피네프린이라는 두 가지 호르몬을 분비하게 한다. 이 두 호르몬은 혈액을 통해 신체를 순환하면서 심장박동 증가, 혈관수축, 근육긴장 등 교감신경 활성화의 방향으로 신체를 변화시킨다. 이를 통해 우리는 경계를 하게 되고 정신을 차리며 일상적인 한계 이상의 수준에서 행동할 수 있게 될 것이다. 그래서 그것이 스트레스로 다가오면 혈압이 증가하고 심장박동률이 높아지며 소화를 방해하는 동시에 면역체계를 억제하게 된다.

또 다른 스트레스 호르몬인 부신피질호르몬은 크게 무기질피질호르몬과 당류부신피질 호르몬으로 나뉜다. 무기질피질 호르몬은 체내의 무기질, 특히 나트륨, 칼륨 및 염소의 수준을 조절하는 데 기여하기 때문에 뉴런의 흥분 전도에 결정적인 영향을 준다. 이는 신체근육이 왕성한 활동을 하도록 하는 역할을 한다.

그러나 스트레스에 보다 강력한 작용을 하는 호르몬은 당류부신피질 호르몬이다. 이 호르몬은 단백질과 지방질을 포도당으로 전환시켜 에너지를 활성화시킨다. 특히 17-OHCS라는 당류부신피질 호르몬은 스트레스의 생리적 지표로서 매우 중요하게 사용된다. 이 호르몬은 성장호르몬과 함께 전신의 세포를 자극하여 당, 단백질, 지방, 수분, 무기질 등의 대사를 조정하여 에너지를 활성화시키고 그 결과 공격성과 활동성을 촉진시킨다.

면역계와 스트레스와의 관계

면역체계는 박테리아나 바이러스와 같은 외부로부터의 항원과 종양세포와 같은 내부로부터의 항원으로부터 인체를 방어함으로써 인체가 건강을 유지할 수 있도록 하는 것을 주 기능으로 삼는다. 면역체계 그 자체는 혈액 속에서 운반되는 특별한 세포인 백혈구로 구성되어 있다. 건강한 성인은 1조 정도의 엄청난 양의 백혈세포를 갖고 있는데, 이 말은 1평방 밀리미터의 혈액 속에 7,000개의 백혈세포가 있다는 것을 의미한다.

면역체계는 인체를 방어하기 위해 두 가지 방법을 사용한다. 첫 번째 방법은 세포성 면역(cell-mediated immunity)이라고 불리는 것인데, 어떤 세포가 인체의 동일한 부분이 아닌 이질적인 세포인지를 확인하고 그것을 직접 처리하는 것이다. 두 번째 방법은 체액 면역(humoral immunity)의 방법이다. 이 방법을 통해 서로 다른 전문화된 세포들이 박테리아와 같은 특수한 항원을 파과하기 위해 대형 분자인 항체를 만들어낸다. 이러한 방법을 동원해 면역체계는 무엇을 공격하고 무엇을 남겨두어야 할지를 안다. 예컨대 소화를 돕는 창자 내에 살아 있는 수많은 박테리아는 남겨둔다.

이러한 면역계통의 능력이 스트레스에 의해 영향을 받는다는 증거가 확인되고 있다. 많은 동물연구에서 실험적으로 유발된 스트레스가 감염성 물질에 대한 취약성을 증대시키고 종양의 발생률과 빈도를 증가시킨다는 결과들이 증명되고 있다.

사람에 대한 자료를 얻기는 어렵지만 몇 가지 연구에서 스트레스가 면역기능을 저하시킨다는 증거를 제시할 수는 있다. 젬모트 등은 학생들이 시험이나 학업 압력을 받는 동안에 호흡기 감염을 방어하는 항체의 수준이 낮아진다는 사실을 발견했다. 부인이 유방암으로 사망한 남편들에 대한 연구에서 일종의 백혈구세포인 림프톨이 부인 사망 1개월 내에 급격히 감소되었으며 몇 명의 사례에서는 감소현상이 1년간 지속되었다는 사실을 증명하기도 했다.

스트레스를 받게 되면 신경계, 호르몬계 그리고 면역계의 활발한 상호협력의 결과로 해서 신체는 다시 평온상태를 유지할 수 있게 된다. 그러나 스트레스의 수준이 너무 강하면 신체는 원활한 기능을 멈추어 신체적·심리적 혹은 행동적인 증상을 나타내게 된다. 어떤 경우에는 스트레스가 직접적으로 신체질환이나 질병을 일으키기도 한다.

스트레스 반응이 소화기관의 활동을 느리게 하여 생기게 되는 만성 설사, 변비, 메스꺼움, 가슴앓이, 궤양이나 장염 등의 신체적 장애를 일으킬 수 있다. 호흡기도 마찬가지로 스트레스에 의해 영향을 받는다. 스트레스가 오래 지속되면 천식이 심해지거나, 감기에 자주 걸리거나, 호흡기 감염이 심해지거나, 과다 호흡을 유발할 수 있다.

그러나 스트레스와 관련된 가장 심각한 문제는 고혈압과 심장병, 그리고 소화기 계통의 질병이다. 스트레스를 받으면 스트레스와 싸워 이겨내야 할 에너지가 필요한데, 이런 경우 신체의 특정 기관의 에너지를 차용해서 사용해야 한다. 스트레스를 받았을 때 에너지를 차용하는 첫 번째 기관이 바로 소화기 계통의 기관이다. 스트레스를 받으면 소화기 계통의 기관은 항시 에너지를 차용해야 하며, 그래서 스트레스를 받는 동안에는 소화기 계통의 기관은 올바른 기능을 할 수 없거나 임시 기능 정지를 당해야 한다. 이런 과정이 오래 지속되면 소화기 계통의 기관에 여러 가지 질병이 찾아오는 것이다.

이러한 스트레스성 질병은 잠복기를 거쳐 시기적으로 40대부터 나타나기 시작하는데 우리는 이를 성인병 또는 현대병이라 불렀다가 요즈음에는 '생활습관병'이라고 부른다. 말 그대로 생활환경에 부적절하게 대처하는 생활습관 질병이다. 전체 질병의 80퍼센트가 스트레스성 생활습관병으로 분류될 정도로 이와 관련된 질병은 헤아릴 수 없이 다양하다. 한국인의 생활습관병 발병률은 세계 1위를 자랑한다.

종교생활과 영성훈련을 한다

종교는 오랫동안 인간의 삶에 지대한 영향을 미쳤다. 특히 서구문화에서는 인간의 원죄의식을 강하게 강조한 나머지 인간의 삶은 오로지 종교적 원죄에서 구원을 받는 것 이상 아무것도 아니라는 사상까지 만들어지게 되었다. 그러나 프로이트가 이러한 생각은 한낱 환상에 지나지 않는다고 강조한 이래 50여 년간 사회과학계에서는 종교에 관해 모호한 입장을 취해왔고, 순수과학계에서는 종교를 죄의식, 성적 억압, 다른 종교에 대한 편협성, 반지성주의, 맹종주의를 유발한다고 비난했다.

그러나 20여 년 전 종교가 심리작용에 긍정적인 영향을 미친다는 연구결과가 발표되면서 예전과는 다른 각도에서 종교를 보기 시작했다. 미국의 경우 종교인들이 약물중독, 범죄, 이혼, 자살 등을 행하는 확률이 훨씬 적었기 때문이다. 아울러 신체적으로도 훨씬 더 건강하고 오래 산다. 장애아를 둔 어머니가 신앙생활을 하면서 우울증을 한층 쉽게 극복하는가 하면 종교인들은 비종교인들에 비해서 이혼, 실직, 질병, 사망에 이르는 경우가 훨씬 적다. 게다가 종교인들이 비종교인보다 삶에 만족하고 더 행복해한다는 연구결과가 꾸준히 나오고 있다. 종교는 특히 사회적 지지가 부족한 사람에게 큰 도움이 된다고 알려졌다.

종교는 행복과 정신건강에 도움이 된다. 종교활동에 적극적으로 참여하고 종교심이 깊은 사람일수록, 정신적으로 더 건강한 경향을 보인다. 기독교인의 경우 하느님과 얼마나 친밀한 관계를 맺고 있는가 하는 주관적 인식이 삶의 만족도를 예측하는 강력한 요인이다. 특히 나이가 많을수록 종교심과 행복과의 관계가 더 밀접하다. 노년기가 다가오면 사람들은 가치의 우선순위를 새롭게 바꾸고 다가오는 죽음의 현실을 받아들이기 위해 종교를 찾는 경향이 있기 때문인 것으로 해석된다.

종교심은 신체적 건강에도 긍정적인 영향을 미치는 것으로 알려졌다. 종교성 척도에서 높은 점수를 얻은 사람일수록 질병에 덜 걸리고 심장마비와 암 발생률이 낮다. 뿐만 아니라 질병이나 수술로부터 회복도 빠르고, 고통을 잘 참으며, 더 오래 사는 것으로 나타났다. 일반적으로 종교는 신체적 건강보다 정신적 건강에 더 긍정적인 영향을 미치는 것으로 알려지고 있다.

그러나 종교가 행복에 미치는 영향은 그다지 크지 않은 것으로 보인다. 한 연구자에 따르면 종교는 삶의 만족도의 5~7퍼센트, 정서적 안녕의 2~3퍼센트 정도만 설명하고 있을 뿐이다. 이러한 결과도 모든 연구에서 일관성 있게 나타나는 것도 아니다. 종교가 건강과 행복을 위해 순기능적 역할을 함에도 불구하고 행복과의 상관이 낮은 이유는 무엇일까?

그 한 가지 이유는 개인의 종교심을 어떻게 평가하느냐에 따라 종교와 행복과의 관계가 달라질 수 있기 때문이다. 예를 들어 교회 출석률과 같은 겉으로 나타나는 종교활동은 진정한 의미의 종교심과는 상당한 거리가 있을 수 있다. 매주 교회에 나가지만 종교심에 따라 산다고 보기 어려운 사람들이 상당수 있기 때문이다.

이런 문제를 해결하기 위해서 종교를 대하는 주된 동기에 따라 내재적 종교심과 외현적 종교심으로 구분하여 연구한다. 어떤 사람들은 종교를 개인적 또는 사회적 목적을 위한 수단으로 여긴다. 겉으로는 종교적 활동에 열심히 참가하는 듯 보이지만 진정한 종교심은 낮은 사람들이다. 외현적 종교심은 이처럼 종교를 개인적 이익, 심리적 위안, 사회적 활동, 지위 향상 등을 위한 수단으로 접근하는 종교적 태도를 뜻한다. 반면에 내재적 종교심은 어떠한 이해관계와 무관하게 인생의 의미와 목적을 추구하기 위해 접근하는 종교적 태도를 의미한다.

이러한 두 가지 종교심을 측정할 수 있는 척도를 계발하여 실증적인 연구를 했는데, 긍정적 정신건강과 관련성을 지니는 것은 내재적 종교심이었다. 외현적 종교심은 편견, 독단적 태도, 죽음에 대한 두려움과 상관을 나타냈을 뿐만 아니라 이타심과는 상관을 보이지 않았다.

이 밖에도 다양한 개인적 특성이 종교와 행복의 관계에 영향을 미칠 수 있다. 여성은 남성보다 행복에 있어서 종교가 차지하는 비중이 더 큰 경향이 있다. 또한 나이가 많을수록 종교와 행복도와의 관계가 강해진다. 개인의 성격 요인에 따라서도 행복도는 달라질 수 있다. 외향적인 사람은 종교활동을 통해서 실존적 의미를 얻기보다 실제적인 사회적 보상을 추구하는 경향이 있다. 즉, 내재적 종교심보다 외현적 종교심을 지닐 가능성이 높다. 또한 종교를 중요시하는 사회일수록 종교가 주관적 안녕에 더 강한 영향을 미칠 것이다.

경전의 원리를 굳게 믿는 근본주의 종교일수록 낙관적인 신자가 더 많다. 다시 말해 정통유대교의 경우, 기독교 근본주의자나 이슬람 원리주의자들이 개혁파 유대교도나 기독교의 정통 삼위일체설을 부정하는 유니테리언 교도들보다 더욱 더 낙관적이라고 한다. 신앙심이 깊어질수록 낙관주의가 증가하고 더욱 희망에 찬 사람이 될 가능성이 높다.

그러나 종교는 인간의 삶에 부정적인 영향을 미칠 수도 있다. 종교 생활에 과도하게 몰두하는 사람은 자녀양육이나 직업 활동에 소홀할 수 있다. 또한 종교는 과도한 죄책감을 심어주는 등 정신건강에 부정적인 영향을 미칠 수 있을 뿐만 아니라 종교적 신념 때문에 의료서비스를 거부할 경우에는 신체건강에도 해로운 영향을 미칠 수 있다. 의학적 치료보다 신앙치료를 선호하는 가정에서는 아동의 사망률이 그만큼 더 높다. 기도의 치료적 효과를 과도하게 신뢰하는 사람들은 자신의 건강에 적절한 관심을 갖지 않아서 잘 관리하지 못하는 경향이 있다. 특히 독단적이고 배타적인 종교심은 매우 위험할 수도 있다.

인간은 일상적 삶을 넘어서 좀 더 궁극적인 삶의 의미와 가치를 추구하고자 한다. 즉, 인간은 세속적인 것들보다 좀 더 성스럽고 영원하며 절대적인 것을 갈망하고, 개체적인 자아를 넘어서 무언가 좀 더 가치 있는 커다란 것과 연결되기를 원한다. 이러한 노력이 바로 영적 추구다. 영적 추구는 종교를 통해 이루어지는 경우가 흔하다.

영성은 '인간의 자기초월적 노력', '실존적 의미를 발견하기 위한 노력', '성스러운 것의 추구', '인간이 될 수 있는 최선의 상태' 등 다양한 의미로 정의되고 있다. 영성은 삶의 궁극적 의미를 추구할 뿐만 아니라 개별적인 자기를 넘어서 무언가 더 큰 것과 연결되기를 원하는 자기초월적 욕구를 말한다. 영적 추구는 인생의 초월적 측면에 대한 관심과 믿음, 그리고 수행 노력을 의미한다. 이는 어떤 대상을 신성시하는 과정을 통해서 이루어진다. 그래서 신성시는 어떤 대상을 성스러운 것으로 인식하는 심리적 과정을 의미한다. 신성시를 통해서 이 세상 모든 것은 성스러움의 대상이 될 수 있다. 신성시는 신과의 관련성 속에서 일어날 수도 있고, 그렇지 않을 수도 있다.

유일신을 숭배하는 종교에서도 신의 모습이 모든 것에 발현된다고 믿으며, 범신론적인 종교에서는 모든 것에 성스러운 영혼이 깃들어 있다고 여긴다. 무신론자들의 경우에는 어떤 대상이나 활동에 일상적인 것과는 다른 위대한 가치나 의미를 부여함으로써 성스러움을 느낄 수 있다.

신성시를 통해서 개인에게 세 가지의 변화가 일어난다. 첫째로 신성하게 여기는 대상을 계속 유지하고 보호하려고 한다. 둘째로 신성한 것을 위해서 자신의 많은 것을 투자하거나 희생할 수 있다. 셋째로 신성한 것과의 관계를 통해서 인생의 의미를 발견하고 강인한 힘을 얻으며 행복감을 느낀다.

성스러운 존재와의 관계를 형성하고 유지하는 방법은 다양하다. 기도, 명상, 암송, 사경, 헌신, 이타행동, 일상생활에서의 영적의미 발견 등이 있다. 이 중에서 가장 대표적인 방법은 기도다. 기도는 성스러운 존재와의 상상적 또는 실제적 만남 속에서 의사소통하는 경배행동을 뜻한다.

기도를 그 형식과 내용에 따라 크게 네 가지 유형으로 구분하고 행복과의 관련성을 탐색한 연구가 있다. 첫째로 기도문을 읽거나 암송

하는 등의 의례적 기도, 둘째로 신에게 물질적 도움을 요청하는 기복적 기도, 셋째로 자신의 죄에 대해 용서를 비는 회개적 기도, 그리고 넷째로 그저 신과 함께 존재하며 시간을 보내는 명상적 기도가 그것이다. 연구에 의하면 다른 형태의 기도보다 명상적 기도가 개인적 행복감이나 신과의 친근감에 더 밀접한 것으로 나타났다.

참고문헌

이 책을 쓰기 위해 많은 통계자료와 학술잡지를 인용했으나 여기에서는 주요 단행본만을 소개했다.

Giving Korea(2008). 「제8회 국제 기부문화 심포지엄」, 서울, 아름다운재단 기부문화연구소.

이영돈(2006). 「마음」(KBS 특별기획 다큐멘터리), 예담.

Hoggard, L(2006). 「행복」(영국 BBC 다큐멘터리, 이경아 옮김), 예담.

김용하, 윤강재, 김계연(2009). 「OECD 국가행복(well-being)지수 산정에 관한 연구」, 한국보건사회연구원.

이종목(1997). 「동서양 정신문화권의 구조와 경제발전의 관계에 관한 연구」, 원광대학교 동양학대학원 석사학위논문, 원광대학교.

권석만(2008). 『긍정심리학』, 학지사.

김병준(2006). 『운동심리학-이해와 활용』, 무지개사.

서울대학교 스포츠 심리학실(2009). 『스포츠심리학』, 레인보우북스.

이종목(1989). 『직무 스트레스의 원인, 결과 및 대책』, 성원사.

이종목, 이계윤, 김광운(2003). 『스트레스를 넘어 건강한 삶 가꾸기』, 학지사.

이종목(2008). 『직무 스트레스의 이해와 관리전략』, 전남대학교출판부.

이종목, 이계윤(2009). 행복을 만드는 심리학 이야기, 전남대학교 출판부.

최정규(2009). 『이타적 인간의 출현』, 뿌리와 이파리(개정증보판).

한국스포츠심리학회편(2005), 『스포츠심리학』(핸드북), 무지개사.

한명우(1996). 『운동심리학』, 태근문화사.

Argyle, M(2005). 『행복심리학』(김동기, 김은미 공역), 학지사.

Albert V. Carron, Heather A. Hausenblas, paul A. Estabrooks(2004). 『운동심리학』(김성옥 · 김병준 · 김경원 · 한명우 · 송우엽 공역), 대한미디어.

Baron-Cohen, S(2007). 「그 남자의 뇌, 그 여자의 뇌」(김혜리, 이승복 옮김), 바다출판사.

Ben-Shahar, T(2007). 『해피어』(노혜숙 옮김), 위즈덤하우스.

Csikszentmihalyi, M(2008). 『몰입의 즐거움』(이희재 옮김), 해냄.

Dawkins, R(2006). 『이기적 유전자』(홍영남 옮김), 을유문화사.

Dilman, V, M(1991). 『생체시계』(김정기 옮김), 밝은세상.

Easterbrook, G(2007). 『진보의 역설－우리는 왜 더 잘 살게 되었는데도 행복
　　하지 않은가』(박정숙 옮김), 에코리브르.

Gilbert, D(2007). 『행복에 걸려 비틀거리다』(서은국, 최인철, 김미정 옮김), 김
　　영사.

Hayflick, L(1994). 『How and why we age』, New York, Ballantine Books.

Lewis, J. A., L Sperry, & J Carlson(1996). 『헬스 카운셀링』(주왕기 옮김), 한
　　국경제신문사.

Lopez S.J., C.R Snyder(2008). 『긍정심리평가－모델과 측정』(이희경, 이영호,
　　조성호, 남종호 공역), 학지사.

Lyubomirsky, S(2008). 『행복도 연습이 필요하다』(오혜경 옮김), (주)지식노
　　마드.

Midley, M(1996). 『이타적 유전자』(신좌섭 옮김), 사이언스북스.

Miller, A.S., & Kanazawa, S(2007). 『처음 읽는 진화심리학』(박완신 옮김), 웅
　　진지식하우스.

Muchinsky, P.M(2006). 『산업 및 조직 심리학』(유태용 옮김), 시그마프레스.

Roskies, E(1998). 『건강성격을 위한 스트레스관리 프로그램』(이종목, 이계윤,
　　김광운 공역), 학문사.

Seligman, M(2007). 『긍정심리학』(김인자 옮김), 도서출판 물푸레.

Snyder C R., S J Lopez(2008). 『긍정심리학』(핸드북, 이희경 역), 학지사.

Willenbrock, H(2007). 『행복경제학』(배인섭 옮김), 미래의 창.